Franz Furger
Moral oder Kapital?

Franz Furger

Moral oder Kapital?

Grundlagen der Wirtschaftsethik

BENZIGER/ST. GABRIEL

Die Deutsche Bibliothek – CIP-Einheitsaufnahme

Furger, Franz:
Moral oder Kapital? : Grundlagen der Wirtschaftsethik / Franz Furger.
Zürich : Benziger ; Mödling : St. Gabriel, 1992
ISBN 3-545-24102-5 (Benziger)
ISBN 3-85264-394-5 (St. Gabriel)

Umschlaggestaltung: Graphisches Atelier Hartlieb

ISBN 3-545-24102-5 (Benziger)
ISBN 3-85264-394-5 (St. Gabriel)

Im 100. Jahr des Bemühens
um eine christliche Sozialethik
und damit um eine Wirtschaftsethik
aus dem Geist des
Evangeliums Jesu Christi

dem Gründer des Lehrstuhls für christliche
Sozialwissenschaften an der
Westfälischen Wilhelms-Universität Münster

Franz Hitze
(1851–1921)

sowie dem Initiator des Instituts für christliche
Sozialwissenschaften (ICS)

Joseph Kardinal Höffner
(1906–1987)

und allen Mitarbeitern des ICS

Inhalt

Vorwort

Als vor genau hundert Jahren Papst Leo XIII. sein «Rundschreiben über die Arbeiterfrage» unter dem kritischen Stichwort «Rerum novarum» veröffentlichte, und damit erstmals kirchenoffiziell zur «Sozialen Frage», d. h. zur Not des Industrieproletariats Stellung nahm, sprach er zwar verschiedentlich auch schon wirtschaftsethische Fragen an und stand auch damals schon in einer alles andere als unkritischen, auch innerkirchlichen Auseinandersetzung. Dennoch hätte damals wohl kaum jemand geahnt, daß hundert Jahre später die damals so hart umstrittene Bejahung einer staatlichen Sozial- und damit auch Wirtschaftspolitik, also der Verzicht der Kirche auf den Anspruch, allein für die Heilung aller sozialen Übel zuständig zu sein, dazu führen könnte, daß es heute vor allem die allgemeine gesellschaftliche Öffentlichkeit ist, welche in einer Zeit weltweiter und zu einem guten Teil wirtschaftlich bedingter Probleme und Verunsicherungen gerade auch von einer christlichen Sozial- und Wirtschaftsethik Zielrichtung und Orientierung erwartet oder deren Stimme in allgemeinen Fragen nach ethischer Weisung doch zumindest zu hören gewünscht wird und Aufmerksamkeit findet.

Nicht als ob dabei ein Angebot an fertigen Lösungen erwartet würde, und schon gar nicht möchte man besserwisserische Moralpredigten hören. Was gefragt ist ist das sachliche Argument, das, in den interdisziplinären Dialog eingebracht, Probleme klären wird und dabei seine Wertgrundlagen im Glauben an die Heilsbotschaft Christi durchaus nennen soll. In einem solchen Dialog braucht der Christ auch als theologischer Ethiker nicht in allen einschlägigen Fachgebieten Fachmann zu sein. Dennoch sollte er, um wirklich Gesprächspartner sein zu können, über ein solides theologisch ethisches Glaubenswissen hinaus auch die großen Linien der wirtschaftswissenschaftlichen Problemstellung wie die wichtigsten theoretischen Zugänge zu ihrer Bewältigung so kennen, daß er weiß, wovon die Rede ist und auch angeben kann, weshalb vom christlichen Verständnis vom Menschen her konkrete Lösungen in dieser und eben nicht in jener Richtung gesucht werden müssen. Nicht der Theologe, der auch noch Wirtschaftswissenschaftler und -politiker ist, ist gefragt, sondern der realistische und doch vom christlichen Glauben motivierte und von daher an den wirtschaftsethischen Sachfragen interessierte Dialogpartner. Diesem zu solchem Gespräch eine allgemeine Übersicht über die grundlegenden Sachfragen zum leichteren Einstieg in eine für das Wohl der Menschheit zunehmend wichtigere Diskussion bereitzustellen, ist daher das Ziel der nachstehenden Ausführungen.

Mit vielen Anregungen kritisch begleitet haben meine Assistenten Dr. Marianne Heimbach-Steins, Dr. Joachim Wiemeyer sowie Andreas Lienkamp die Entstehung dieser Übersicht, während Ira Kroker, Markus Gisbers und Burkhard Kohn die Betreuung des Manuskripts besorgten. Ihnen wie auch den Verantwortlichen in den Verlagen St. Gabriel und Benziger sei daher für alle Hilfe bei der Entstehung dieses Buches herzlich gedankt.

Münster/Westfalen am 1. November 1991 *Franz Furger*

I. Einleitung

1. Wirtschaft als Herausforderung an christliche Ethik

«Wirtschaft ist ein gesamtgesellschaftlicher Prozeß zur Dekkung des Bedarfs an Gütern und Dienstleistungen» – diese scheinbar harmlose Definition, die vor einiger Zeit ein Gesprächskreis Kirche-Wirtschaft[1] einem Thesenpapier voranstellte, enthält in all ihrer Sachlichkeit eine ganze Anzahl ethischer Anfragen, wie z. B.: Welche Bedürfnisse sollen in Anbetracht stets knapper Güter mit welcher Priorität gedeckt werden? Wie ist dieser Prozeß, der zunächst als isolierter Bereich von Produktion und Verteilung von Gütern erscheint und in einer speziellen Fachdisziplin analysiert wird, dennoch gesamtgesellschaftlich integriert und damit offenbar auch von dieser Warte her zu beurteilen? Welche Regeln sollen diesen Prozeß bestimmen, damit er wirklich der Bedarfsdeckung und nicht anderen Zwecken, wie z. B. der Machterhaltung einer herrschenden Schicht oder deren Luxusbedürfnissen und Privilegien dient? Wie weit soll/darf dieser offenbar notwendige wirtschaftliche Prozeß die Existenz des einzelnen Menschen in Beschlag nehmen, ist er Lebenszweck oder bloß Mittel zur Daseinsgestaltung, die sich ja nicht mit der Deckung des Existenzminimums begnügen darf, sondern kulturelle Belange aller Art ebenfalls umfassen muß? Ist dieser Prozeß allein auf den Zweck der Wohlstandsmehrung im materiellen Sinn ausgerichtet oder nur, insofern ein gewisser (dann aber: in welcher Größe?) Wohlstand Voraussetzung für das Streben nach geistigen Werten ist?

All diese Fragen stellen sich, weil wirtschaftliche Prozesse menschliche Existenz auf all ihren Vollzugsebenen bedingen: Das physische Wohlergehen wie die geistige Entfaltungsmöglichkeit des Individuums sind davon ebenso betroffen wie die persönliche soziale Stellung eines Menschen. Aber auch in sozialer Hinsicht beeinflussen wirtschaftliche Parameter die Familienstruktur, die Kultur wie den interkulturellen Austausch, die Machtverhältnisse bis hin zu kriegerischen Auseinandersetzungen[2], aber auch den gesamten Umgang mit der nichtmenschlichen Umwelt.

Dies bedeutet aber: Hinter den konkreten Wirtschaftsformen und den sie stützenden erklärenden Theorien stehen Weltanschauungen und Lebenskonzepte mit entsprechenden Menschenbildern, die als tragende Wertvorstellungen eine christliche Ethik nicht gleichgültig lassen können, einmal weil gerade für die modernen ökonomischen Konzepte die abendländische, also vom Christentum geprägte Tradition mitbestimmend war; dann aber auch, weil christliche Verkündigung und christlicher Glaubensvollzug sich in diesen wirtschaftlichen Rahmenbedingungen verwirklichen müssen. Dennoch ist der christliche Umgang mit wirtschaftlichen Problemen traditionell eher von einer gewissen Skepsis geprägt, die in der Reichtumskritik des Evangeliums ihre Wurzeln hat und in einer gewissen Weltdistanz[3] und Bedürfnislosigkeit ihren letztlich stets auch sozialkritischen Ausdruck findet. Die mittelalterlichen Armutsbewegungen geben dafür typische Beispiele, die aber in ihrem gesellschaftlich relevanten Einsatz für Sozialeinrichtungen (bis hin zur Gründung von Sparkassen) zugleich auch sozialethisch relevante Momente einbringen und – analog zu den befreiungstheologischen Ansätzen des 20. Jh. – eine reine Jenseitsbezogenheit christlicher Gläubigkeit als dem Evangelium nicht angepaßte Haltung anprangern. Für Martin Luther sind darüber hinaus Fleiß und sorgfältige Arbeit Zeichen des gerechtfertigten Menschen. Der daraus resultierende Reichtum ist im Calvinismus gelegentlich sogar als Hinweis für die Prädestination zum Heil verstanden worden. In Anbetracht des im Zug der Industrialisierung entstandenen Proletarierelends ist schließlich die sozialethische Auseinandersetzung – zuerst im praktischen Einsatz, aber bald auch zu dessen gezielter Entfaltung in der theoretischen Reflexion – vollends als ein christliches Glaubensanliegen erkannt worden, dessen Fehlen den Glauben in reine Heuchelei abgleiten ließe. So dürfte heute in der christlichen Theologie einhellig anerkannt sein: Für alle Menschen auf der Erde die materiellen Grundvoraussetzungen für ein menschenwürdiges Leben im Sinn der Menschenrechte zu schaffen, ist die große sozialethische Herausforderung, der sich die Christen keinesfalls entziehen dürfen.

Diese Menschenrechte weisen gerade im Bereich der Sozialrechte, die eine Grundversorgung mit Nahrung, Kleidung, Wohnung, Gesundheit und Bildung stipulieren, eine wichtige ökonomische Dimension auf. Aber auch individuelle Freiheits- wie politische Mitwirkungsrechte setzen einen gewissen materiellen Standard (Bildung, Freizeit usw.) voraus. Die Wirtschaft innerhalb der einzelnen Länder wie auch die Zusammenarbeit der einzelnen Volkswirtschaften im internationalen Rahmen so zu organisieren, daß dieses Ziel erreicht wird, ist damit das Grundanliegen gerade auch einer christlich motivierten Wirtschaftsethik, die dabei allerdings zugleich auch im nationalen und innerbetrieblichen Bereich die die Menschlichkeit betreffenden Belange nicht außer acht lassen darf. Daneben gehören jedoch die Gestaltung von Arbeit als ein die Lebenswirklichkeit eines Menschen zeitlich wie für sein Selbstwertgefühl und seine soziale Stellung wesentlich prägendes Moment und die Verwendung ihres Ertrags in einer Konsumgesellschaft nicht weniger zu den Problemen, denen sich eine Wirtschaftsethik als Teil der Sozialethik stellen muß.

Schließlich darf die Frage nach einer möglichst großen, der menschlichen Person und ihrer Würde eigentlich allein angemessenen Mitwirkung bei jeder wirtschaftlichen Entscheidungsfindung, also die sog. Partizipation, nicht übergangen werden. Gerade wo sich relativ neue Möglichkeiten der größeren Achtung der menschlichen Person erschließen, darf eine vom Evangelium dazu kritisch wie stimulativ besonders motivierte Ethik sich keinesfalls auf den Hinweis auf allfällige sog. Sachzwänge zurückziehen. Was auf der Entscheidungsebene des einzelnen oder des einzelnen Betriebs geleistet werden kann, soll schon dort unternommen werden. Was sich auf dieser mikroökonomischen Ebene dagegen als Sachzwang erweist, braucht auf der makroökonomischen Ebene der Weltwirtschaftsordnung noch längst kein solcher zu sein. Auch diesbezüglich ist christliche Ethik folglich herausgefordert.

2. Methodologische Vorbemerkungen

Wie jede Sozialethik ist auch die Wirtschaftsethik nur in interdisziplinärer Zusammenarbeit denkbar, wo wirtschaftswissenschaftliche Erkenntnis und entsprechende verstehende Theoriebildung in die globale menschliche Zielsetzung als ausrichtendem Werthorizont einbezogen, also ethisch gewertet werden. Ob dazu der Sozialethiker selber auch qualifizierter Nationalökonom sein muß, wie dies vor allem in den 1950er Jahren in der Schule von J. Höffner († 1987) vorausgesetzt wurde, oder ob ein Wirtschaftswissenschaftler mit ethischer Kenntnis und entsprechenden Interessen dazu geeigneter sei – so die Meinung bei der Errichtung der ersten wirtschaftsethischen Lehrstühle in St. Gallen und Ingolstadt – ist nicht von vornherein zu entscheiden. Dennoch scheint die Erfahrung zu lehren, daß weder die eine noch die andere Lösung voll zu befriedigen vermag, da sie leicht zu Einseitigkeiten und Vorrangigkeiten (wie etwa: Wirtschaft hat sich ethischen Ideen unbeschadet der Sachzwänge unterzuordnen, bzw. Ethik hat, was wirtschaftswissenschaftlich als Sachzwang erscheint, ungefragt zu akzeptieren) führen und daher wirklichkeitsfernen Ideologien Vorschub leisten. Konkrete Wirtschaftsethik wird daher gut daran tun, in der direkten interdisziplinären Auseinandersetzung die gleicherweise menschlich wirklichen Dimensionen, die materiellen Gegebenheiten und humanistischen Zielsetzungen auszuloten und nach praktikablen, dynamisch zukunftsoffenen Verhaltensmaximen zu suchen. Dazu ist es freilich unerläßlich, daß jeder Gesprächspartner sich mit den Grundkonzepten der anderen Disziplin, mit ihren Vorgehensweisen und ihren Fachterminologien soweit vertraut macht, daß gegenseitiges Verstehen in Anfrage und Antwort möglich wird.

Für die Ökonomie (von oikos = Haus, das Wissen um die richtige Bestellung des Haushaltes) ist dabei – was im einzelnen geschichtlich noch näher zu beleuchten sein wird – zunächst festzuhalten, daß sie sich als selbständige Wissenschaft aus der Staatsphilosophie zur politischen Ökonomie entwikkelte und in T. R. Malthus († 1834), einem protestantischen Theologen, den ersten Inhaber eines eigenständigen Lehrstuhls am Kolleg der ostindischen Kompanie in Haileybury fand. Von da aus entwickelte sich die zunächst noch in die juristisch-staatswissenschaftlichen Fakultäten integrierte Disziplin zur Wirtschaftswissenschaft als einer zunächst normativen Reflexion über wirtschaftliche Zusammenhänge, um dann zu einer empirisch exakten Wissenschaft der Ökonomik zu werden. So hilfreich sich diese Spezialisierung zur Erklärung ökonomischer Sachverhalte und Zusammenhänge wie zur kritischen Hinterfragung normativer Ideologien erwies, so sehr erscheint diese Entwicklung gerade heute als ungenügend, um die offensichtlich zumindest auch wirtschaftlich bedingten, existenzbedrohenden Welt-Ungleichgewichte in den Griff zu bekommen. Das seinerzeit erhobene Postulat der Wertfreiheit aller Sozialwissenschaften (Max Weber/Werner Sombart) erweist sich zunehmend als praxisfern und ruft so nach bewußtem Einbezug der finalen Wertdimensionen in die ökonomische Überlegung. Denn wo dies unterlassen wird, entsteht nicht etwa Wertfreiheit, sondern Wertbestimmung durch die je schon gegebenen sozialen Wertungen, die gerade als unkontrollierte Vorurteile wirksam werden.

Dies vorausgesetzt, befaßt sich die Wirtschaftswissenschaft im engeren Sinn mit dem Umgang der Menschen mit knappen Ressourcen und den gesellschaftlichen Institutionen, innerhalb und vermittels derer man versucht, Kosten zu minimieren und Erträge zu maximieren. Ohne es deshalb zu bestreiten, wird dabei bewußt von einem umfassenden Menschenbild abstrahiert. Der «homo oeconomicus» der sein Handeln stets nach wohlverstandenem Eigeninteresse bestimmt, ist daher ein methodologisch theoretisches Konstrukt und keine objektive Beschreibung und schon gar nicht eine ethische Normgröße. Wo es – methodisch allerdings falsch und praktisch Menschlichkeit zerstörend – dennoch als solche Norm verstanden wird, entsteht die «anthropologische Ungeheuerlichkeit einer Fratze» (O. von Nell-Breuning), bzw. das «bedauernswerte Geschöpf unter dem immanenten Zwang zur Nutzenmaximierung» (W. Weber), das mit Recht abgelehnt wird und eine danach konzipierte Wirtschaft in Verruf gebracht hat. Richtig verstanden, nämlich als methodologisches Konzept, bedeutet es jedoch nur, daß der Mensch faktisch nach Eigeninteressen handelt und die ethische Frage offen bleibt, wie weit dieses Eigeninteresse (etwa im Sinn der evangelischen Forderung, den Nächsten wie sich selbst zu lieben) berechtigt ist und wo ihm durch die Existenz des Nächsten Grenzen gesetzt werden. Zugleich wird in Ermangelung fester Parameter zur globalen Beurteilung komplexer wirtschaftlicher Zusammenhänge vorausgesetzt, daß der einzelne in seinem jeweiligen sozialen Kontext über sein (und der Seinen) Wohl selber noch am besten zu urteilen vermag, wobei zur Sicherung einer grundsätzlichen Chancengleichheit wie zum Schutz von konstitutionell Schwachen allerdings durch angemessene Rahmenbedingungen seitens der politischen Gesellschaft Vorsorge getroffen werden muß. Damit erweist sich das Konzept des «homo oeconomicus» als ein heuristisches Modell, das nüchtern mit den eigennützigen, individuellen wie gruppenegoistischen Verhalten rechnet (nicht fordert) und dafür nach Rahmenbedingungen sucht, welche Erhalt und Mehrung von Wohlstand bestmöglich sichern. Ethische Rückfragen sind damit nicht nur offengelassen, sondern letztlich komplementär unerläßlich.

Das heißt, so nützlich dieses Konzept als heuristisches sein kann und so sehr es festgefahrene soziale Privilegien (als Nutznießung ohne Leistung auf Kosten der Allgemeinheit) zu entlarven vermag, so sehr ist es ethisch noch inkonsistent. Für sich alleingelassen und – nun als ethische Norm – akzeptiert, schlägt es um in eine Wirtschaftsmoral des Stärkeren, bzw. bestenfalls (nämlich unter Akzeptanz einer langfristigen sozialen Nutzenregelung) in das sozialeudaimonistische Prinzip des «größten Glücks der größten Zahl» (J. Bentham † 1832), das zugleich zur Optimierung dieses Ziels die Vernachlässigung einer kleineren Zahl gegebenenfalls zuläßt.

Menschlich zu verantworten ist dieses heuristische Konzept der Wirtschaftswissenschaften also nur, wenn es in den ethischen Rahmen einer unbedingten Achtung der Würde eines jeden Menschen (und dies sogar unter Einbezug zukünftiger Generationen) eingelassen ist. Eben darum ruft eine in ihrer eigenen Methodik saubere, d. h. auch ihrer methodischen Abstraktionen und Begrenzungen bewußte Ökonomik nach der Ethik als ihrem Korrelat. Diese hat dann einmal das Bewußtsein dafür wachzuhalten, daß der Mensch als solcher stets mehr ist als ein Wirtschaftssubjekt und ihm daher ein heuristisches Konzept stets nur partiell entspricht. Wo immer diese «pars» unterschwellig oder gar bewußt als das «totum» bzw. der supponierte Egoismus auch als wohlverstandenes Eigeninteresse, statt als der Minimalfall (oder als «worst case») als die eigentliche Norm behandelt zu werden beginnt, muß Ethik zweitens darauf hinweisen, daß hier, und zwar meist im Interesse des Stärkeren, menschlich existentielle Belange ausgeblendet werden. Sie ist zudem drittens zu dieser Warnung umso mehr verpflichtet, als die von solcher Engführung der Methode am meisten Betroffenen ihre Vernachlässigung selber meist auch besonders schlecht anmahnen können. Daß unter diesen Vorzeichen gerade auch eine Ethik aus christlichem Veständnis besonders gefordert ist, versteht sich dann von selbst.

Man hat die Frage gestellt, ob Ethik im Wirtschaftlichen ein Störenfried oder eine konstitutive Dimension dieser Diskurse sei[4]. Dies ist jedoch keine echte Alternative. Denn eine auf ihre Funktionalität des kostengünstigsten Umgangs mit stets knappen Sachen fixierte Ökonomik braucht das Korrektiv des eine umfassende Menschlichkeit anmahnenden Gegenübers, um nicht zum letztlich zerstörerischen Moloch zu entarten. Der scheinbar unerwünschte ethische Störenfried könnte sich dann sogar, wenn nicht als Retter, so doch vielleicht als Helfer in der Not erweisen. Dies setzt freilich voraus, daß Ethik weder besserwisserisch vorgibt, die sittliche Dimension so zu kennen, daß es nur mehr der korrekten Anwendung ihrer Normen auf die konkrete Situation bedarf, um die ethisch richtige Lösung auch schon zu wissen, noch sich auf den Appell an das Gewissen der einzelnen Verantwortlichen beschränkt, sondern sich um die wirtschaftliches Verhalten und Tun bedingenden gesellschaftlichen und politischen Ordnungen kümmert. Weder ideologische Kasuistik noch paränetischer Appell an einzelne Wirtschaftssubjekte sind gefragt. Es geht vielmehr um eine offene soziale Ethik gesellschaftlicher Institutionen und Ordnungen. Da sich in der abendländischen Geistesgeschichte die Ökonomik ursprünglich auch als gesamtgesellschaftliche politische Ökonomie zu entwickeln begann, ist zudem ein solcher Rückbezug der Nationalökonomie, bzw. der modernen Ökonomik als einer in sich stehenden Spezialwissenschaft wirtschaftlicher Interaktionen auf die politisch-ethische Dimension auch von der Tradition der Disziplin her alles andere als abwegig.

Diesen geschichtlichen Werdegang als Verstehenshorizont der heute anstehenden Probleme wenigstens in den großen Zügen sich zu vergegenwärtigen, dürfte sich daher als Einstieg in eine wirtschaftsethische Überlegung besonders nahelegen.

II. Die Problemstellung in ihrer Geschichte

A. Ethische Rückfragen im Bereich der vorwissenschaftlichen Entwicklung der Wirtschaft und ihrer Ethik

1. Ansätze in der Antike

Natürlich kennen die antiken Ethiker und Staatsphilosophen noch keine Ökonomik im Sinn von Wirtschaftswissenschaften. Wohl aber machen sie sich Gedanken über die Gestaltung des «Oikos», des Haushalts, dem die Großfamilie mit zumindest drei Generationen und das oft zahlreiche Gesinde, von den familiari (Hausdienern) bis zu den Landarbeitern (meist Unfreie oder Sklaven, douloi oder servi) angehört. Aber auch hinsichtlich des Gemeinwesens und seiner wirtschaftlichen Ordnung, dort freilich unter dem Stichwort der «Chrematistik» stellten sie Überlegungen an. Abgeleitet vom griechischen: «Chrema» (Sache, Geld) bezeichnete man damit den Umgang mit Geld, bzw. das reine Geldstreben durch Tausch und Handel, das aber Philosophen wie Aristoteles († 322 v. Chr.)[1] im Gegensatz zur guten Haushaltskunst als unethisch ablehnten, ein Urteil das bis in die beginnende Neuzeit nachwirken sollte. Landbau, vor allem großer Grundbesitz, der von Sklaven bearbeitet wurde, stand dagegen in hohem Ansehen, während Handwerk, körperliche Arbeit, aber auch der Handel wenig geachtet waren[2]. Erst mit dem Aufblühen Athens als Handelsmacht im 5. Jh. und der damit zusammenhängenden Einführung des Geldverkehrs beginnen auch andere Überlegungen Platz zu greifen. Das Zinsverbot verschwindet, Eigentumsschutz und Steuerwesen durch Geldabgaben finden Interesse, und soziale Probleme beginnen die Menschen zu beschäftigen[3].

Bei Plato († 347 v. Chr.) finden sich dann erstmals Aussagen über wirtschaftliche Sachverhalte, die freilich ganz in sein idealistisches Weltbild und seine Ideenethik eingebaut sind. Materielles Gewinnstreben ist geistiger Entfaltung abträglich und zugleich eine Gefahr für die gemeinschaftserhaltende Gerechtigkeit. Deshalb haben die Philosophen – und sie allein sind zur Leitung des Gemeinwesens berufen – darauf zu verzichten und ihren Lebensbedarf aus Gemeineigentum zu bestreiten. So wenig sich freilich Platos Staatstheorie praktisch durchzusetzen vermochte, so groß war dennoch – besonders in Verbindung mit der christlichen Mönchsbewegung – ihr späterer geistiger Einfluß: Positiv im Sinn einer Relativierung ökonomischer Werte, die menschlich nicht Ziel, sondern nur Mittel zu sein haben, wie vor allem negativ, indem die Abwertung des Umgangs mit materiellen Werten eine positive ethische Auseinandersetzung erheblich erschwerte. Trotz seiner Skepsis gegenüber der Chrematistik bot dagegen Aristoteles in seinen Überlegungen zur Oikonomia, als der Kunst des rechten Haushalts, wozu er auch die Probleme des Erwerbs und damit des Geldes (also vom Zins und gerechten Preis) zählte, auch Elemente zu einer konstruktiven Auseinandersetzung. Neben den Hinweisen in seinen Büchern über die «Politik» befaßt sich so vor allem seine Ethik an Nikomach[4] mit wirtschaftsbezogenen Gerechtigkeitsproblemen, wobei für die Bestimmung des gerechterweise einem Menschen zukommenden Anteils (das «suum cuique», wie man später sagen wird) nicht nur der Produktions-, sondern auch der Tausch- und der Gemeinwesenaufwand im Sinn der distributiven wie der kommutativen Gerechtigkeit bedacht zu werden beginnt. Für das mittelalterliche Verständnis wirtschaftlicher Gerechtigkeit sind diese Ansätze, sofern sie nicht platonisch spirituell verdrängt wurden, prägend geblieben.

Wie in Griechenland stand auch in Rom die «agri-cultura» im Zentrum wirtschaftlicher Überlegung[5], bis im Kaiserreich sich für Preise, Löhne und Steuern weitere Überlegungen aufdrängten. Außer in den stoischen Forderungen gegen die Korruption und für eine allgemeine Menschenachtung[6] zeitigten diese jedoch weniger ethische als rechtliche Konsequenzen, die aber immerhin die Idee des regulativen Einflusses der öffentlichen Hand schon ins Spiel brachten, und zwar sowohl hinsichtlich einer angemessenen Gesetzgebung wie – hier im Rückgriff auf altägyptische Erfahrungen – im Aufbau der für einen aufblühenden Welthandel nötigen Infrastruktur[7].

2. Biblische Hinweise

Obwohl sich die Wirtschaftsbeziehungen im alttestamentlichen Horizont zunächst auf ein anfänglich noch halbnomadisches, landwirtschaftlich geprägtes Umfeld beschränken, finden sich in der späteren Entwicklung doch verschiedentlich, vor allem zur Existenzsicherung wirtschaftlich schwächerer Glieder des Volkes, wirtschaftsethische Weisungen. Dazu zählt im Grund schon der dekalogische Eigentumsschutz (Dtn 5,19), dann aber dessen präzisierende Anwendung mit dem Zinsverbot für den Volksgenossen (Dtn 23,20) oder der Schuldentilgung im Jubeljahr (bzw. einer offenbar genau berechnenden Schuldenzession und Rückgabe genutzten Fremdgutes (Lev 25,13–17)), die zudem eingebettet ist in ein selbstverständliches und generelles Verbot, den anderen zu übervorteilen (Lev 5,14 und 17) oder mit falschem Maß und Gewicht sich Vorteile zu verschaffen (Dtn 25,13–16). Aber auch das Verbot, von Mittellosen (Witwen, Waisen) oder Fremden ein Pfand zu nehmen (Dtn 24,17 f) bzw. dafür lebensnotwendige Gegenstände (z. B. die täglich gebrauchte Handmühle) zu beanspruchen (Dtn 24,6), das Pfand «durch Betreten des Hauses» selber auszusuchen, oder es über Nacht zu behalten (Dtn 24,10–13), kann man als «wirtschaftsethische» Forderung ansehen. Dies gilt nicht weniger für die Verpflichtung, dem Taglöhner den Lohn pünktlich am Abend des Arbeitstages auszuzahlen (Dtn 24,15). Das heißt konkret: In der nachexilischen Zeit wird äußerlich von Spannungen im Volk Israel den wirtschaftlichen Konflikten zwischen den größeren Grundbesitzern und den Kleinbauern und Pächtern mit klaren sozialethischen Forderungen begegnet.

So bedeutend für das harmonische Zusammenleben in einem Volksganzen solche Regeln ehrlichen Geschäftsgebarens sind und so unerläßlich sie zu einer wenigstens minimalen Existenzsicherung der wirtschaftlich Schwächeren bleiben, so wenig könnte man jedoch aufgrund solcher einzelner Weisungen auf eine ethische Theorie schließen. Typisch ist dagegen für das religiöse Selbstverständnis des alttestamentlichen Bundesvolkes, daß solche allgemein einsichtigen sittlichen Forderungen als Gottesgebot verstanden werden. Für eine christliche Wirtschaftsethik wird aus diesen Zeugnissen deutlich, daß dem biblischen Denken das Ökonomische keinesfalls gleichgültig ist oder einfach sich selbst überlassen bleiben dürfte. Das heißt: Wo immer aufgrund weiterer kulturell-zivilisatorischer Entwicklungen eine weitergehende ethische Auseinandersetzung mit gesellschaftlich-wirtschaftlichen Problemen bzw. ein weitergehender Regelungsbedarf sich aufdrängt, ist von der biblischen Tradition her diese ethische Entwicklung ebenfalls als Herausforderung des Glaubens zu betrachten. Dies bestätigt sich zudem deutlich in der Predigt Jesu wie im frühchristlichen Selbstverständnis der Kirche: Zwar ist das von Jesus verkündete Gottesreich nicht von dieser Welt; es vollendet sich als Reich der umfassenden Gottes- und Nächstenliebe erst im Eschaton bei der Wiederkunft Christi im Endgericht. Aber gerade der dann fällige endgültige Richtspruch Gottes über den Menschen entscheidet sich daran, wie man im Diesseits mit den Mitmenschen, und zwar gerade mit den «Geringsten unter ihnen» umging (Mt 25). Denn ansatzhaft, als «Angeld» (Eph 1,14) in «zerbrechlichen Gefäßen» (2 Kor 4,7) und «erst wie im Spiegel» (1 Kor 13,12) sichtbar, ist es dennoch wirklich schon angebrochen als Gottesreich mitten unter uns und damit als ethische Herausforderung wirksam.

Damit ist das Evangelium zwar ohne Zweifel in erster Linie Heilsbotschaft, die Sinnesänderung (metanoia) im Glauben, also Abkehr von der vermessenen Selbstüberheblichkeit der Sünde, des «Seinwollens wie Gott» verlangt. Aber gerade diese Umkehr bedingt nicht Abkehr von der Welt, sondern Weltgestaltung aus Glauben. Das heißt, sie hat notwendigerweise ethische Konsequenzen. Zwar ist sicher «keines Menschen Leben an sich so beschaffen wie die Bergpredigt es beschreibt»[8] aber diese Predigt meint doch mehr als ein gläubiges Durchhalten der Hoffnung auf das Eschaton hin. Sie fordert vielmehr gesellschaftspolitisch relevante Haltungen, wie etwa aktive Friedfertigkeit, Distanz zu reinem Besitzstreben usw., Haltungen, die dann als solche tatsächlich beharrlich bis hin zur Kreuzesnachfolge auch durchgehalten sein wollen. Aus dem Heils-Indikativ folgt aus innerer Notwendigkeit der Heilsimperativ, der personal- wie sozialethisch sich in diesem Äon auszuwirken hat und reine Jenseitsfrömmigkeit als Heuchelei, also als Glaubensabfall entlarvt. So mißverständlich in metaethischer Sprache die Formel vom «Indikativ=Imperativ» auch ist, die «entsprechungsethische» Forderung[9], daß nämlich der Heilszusage Gottes das innerweltliche Verhalten des Glaubenden zu entsprechen habe, bleibt bei allem Festhalten am «eschatologischen Vorbehalt» (d. h. bei der Ablehnung jeder die Schon-Noch nicht-Spannung aufhebende Verabsolutierung von innerweltlichen Strukturen) Grundlage jeder christlichen Ethik. Diese darf sich dann auch, gerade als Sozial- und Wirtschaftsethik, keinesfalls auf eine bloße Situationsethik beschränken. Jesu

Heilsbotschaft hat aus innerer Notwendigkeit eine sittliche Perspektive, welche die gesellschaftlichen Belange keinesfalls ausblenden darf[10].

Dies heißt freilich nicht, daß sich aus den neutestamentlichen Schriften direkt eine Wirtschaftsethik herauslesen ließe, noch, daß sich heutige ökonomische Ordnungsmodelle ohne weiteres und bleibend als christliche ausgeben könnten. Wohl aber zeigen sich darin jenseits jeder fundamentalistischen Engführung Elemente von zeitübergreifender Relevanz. Folgende wären dabei besonders zu nennen:

Zentral ist zuerst die schon im Alten Testament festgestellte Forderung nach der besonderen Rücksichtnahme auf den wirtschaftlich Schwachen, damit dieser nicht übervorteilt und ausgenützt wird. Was schon in der nachexilischen Zeit betont wurde, gilt noch ausgeprägter unter dem Joch der seleukidischen und römischen Fremdherrschaft, in deren Umfeld die neutestamentliche Botschaft entstand. Um so verständlicher ist daher auch der Nachdruck, den das Evangelium gerade auf diesen Punkt legt.

Eng damit verbunden ist zweitens die neutestamentliche Reichtumskritik: «Eher geht ein Kamel durch ein Nadelöhr als ein Reicher in den Himmel» (Mk 10,25). Radikal wörtlich betrifft diese Aussage eine eschatologische Zeugnisdimension, wie sie zeichenhaft von Jesus selber und seinem engsten Jüngerkreis vorgelebt wurde. Zugleich aber enthüllt sie die allgemeine «dämonische Gefährlichkeit des Besitzes» (H. Ruh). Alltäglich genommen relativiert diese Kritik zugleich den Besitz zum unerläßlichen Mittel (aus dem ja auch die radikalen Wanderjünger ihre Existenz fristeten) und bestreitet zeitübergreifend eine Selbstzwecklichkeit des Besitzes, ohne freilich dafür eine konkrete Organisationsform als verbindlich vorzuschlagen. Denn auch der sog. urkirchliche Kommunismus scheint – wie die Paulus-Briefe zeigen – eine Ausnahme gewesen zu sein. Immer aber wird der Mißbrauch von materiellem Besitz gegeißelt (vgl. Jak 2,7 und 5,6). Die «Sozialpflichtigkeit» jeden Eigentums kündigt sich schon im Neuen Testament keimhaft an. Arbeit dagegen ist für den Erwerb des Lebensunterhalts Pflicht, deren Belastung nicht geleugnet wird, die aber im Dienst am Nächsten auch im Heilsauftrag Gottes steht und damit schöpferisch in den Horizont der Mitwirkung am Aufbau des Gottesreiches einbezogen wird.

3. Elemente im abendländischen Denken des ersten Jahrtausends

Sowohl die wirtschaftlich sich bis zur Völkerwanderung wenig verändernde Gesamtsituation wie die Tatsache, daß das Christentum soziologisch gesehen bis zum Ende des 3. Jh. (im Westen sogar bis 313 n. Chr., also bis zur Konstantinischen Wende) nicht mehr als eine verfolgte Sekte war, lassen zunächst im römischen kulturellen Umfeld wenig wirtschaftsethische Weiterentwicklung aus christlicher Initiative erwarten[11]. Tatsächlich lassen sich denn auch für die Zeit der Kirchenväter wohl epochal angepaßte Präzisierungen der biblischen Ansätze, nicht aber eine eigentliche Theoriebildung feststellen. Dies ist freilich um so weniger erstaunlich, als es (zumal solange der Bedarf an Arbeitskräften durch Sklaven gedeckt wurde, die landwirtschaftliche Produktion dominierte und Handel und Verkehr trotz allen römischen Errungenschaften die breiten Massen nur wenig betrafen) auch keine profanen Versuche zu globalen Erklärungen gab. Wo die genannten wirtschaftsethischen Momente Arbeit, Reichtum und Armensorge weitergedacht wurden, bezogen sie sich auf den einzelnen Christen, wie auf das Leben der Gemeinden und bald einmal der Mönchsgemeinschaften, nicht aber auf die Gesellschaft als solche. Selbst wo der Lebensstil von

Mönchsgemeinschaften in ihren Klöstern, die alles andere als weltflüchtig geistige Kulturzentren waren, solchen Einfluß ausübte, war dieser (wie etwa das benediktinische Motto «Ora et labora» und seine Bedeutung für einen geordneten, auch Freizeit berücksichtigenden Arbeitsrhythmus) nur indirekt und langfristig wirksam. Gesellschaftliche Verhältnisse galten zudem ganz allgemein weitgehend als vorgegebenes Schicksal und nicht als Herausforderung zur Umgestaltung. Der Mangel an technologischen Mitteln bot dafür auch kaum Chancen. Dennoch bleiben aufs Ganze gesehen einige Einflüsse spürbar.

So wurde die antike Verachtung der körperlichen Arbeit abgebaut, der Müßiggang als «aller Laster Anfang» denunziert und der Wert der Arbeit zum Aufbau der Persönlichkeit in körperlicher wie geistiger Hygiene (so Clemens von Alexandrien, † 215) hervorgehoben. Der ökonomische Nutzeffekt der Arbeit stand dabei allerdings weder für die Mönchsväter Basilius und Benedikt noch für die Theologen Hieronymus oder Rustikus im Vordergrund. Anders als die «Schola», die geistige Tätigkeit, wurde Arbeit nicht als in sich wertvoll, oder gar als Gottesdienst und Dankesschuld Gott gegenüber empfunden. Denn diese Sicht wurde trotz des zisterziensischen Arbeitsethos im 11./12. Jahrhundert erst von den Reformatoren Luther und Calvin eigentlich in die christliche Theologie eingebracht. Hinsichtlich des Eigentums an irdischen Gütern wird die biblische Reichtumskritik einerseits zugespitzt auf eine Luxuskritik bei der Oberschicht (so Johannes Chrysostomus), vor allem aber die Sozialpflichtigkeit des Eigentums herausgestellt: Besitz ist verpflichtende Voraussetzung für soziale Hilfe (so Cyprian, Tertullian oder Basilius, der sogar meint, Reichtum, der nicht genutzt werde, sei wertlos und liege brach, er müsse, um gemeinnützig und fruchtbar zu werden, vielmehr in Umlauf kommen). Daneben kommt in einer – vom 4. Jh. an nun christlichen Gesellschaft – erneut die Zinsfrage zur Diskussion. Zins ist dabei, wie schon in biblischer Zeit, «Gewinn aus der Not des Nächsten» (also etwas wesentlich anderes als der mit der eigentlichen Geldwirtschaft erst sich entwickelnde Zins auf Investitionskapital, der eine Art Lohn für zuvor erbrachte Arbeit darstellt). Wie das Alte Testament verbieten auch alle Kirchenväter direkt aufgrund der biblischen Aussage – also ohne weitere ethische Begründung – eine solche Ausnützung der Not des Mitmenschen als flagranten Verstoß gegen die Nächstenliebe. Dabei wird u. U. – auch hier analog zum Alten Testament – der feindliche Ausländer, der ggfs. von einem selber auch Zins abpreßt, ausgenommen (so etwa Ambrosius im Anschluß an Dtn 23,19); an sich aber ist Zins Raub am Notleidenden, und die stete Mahnung zeigt, wie groß auch in der christlich gewordenen Gesellschaft die Versuchung zu solchem Raub geblieben war. Aus Reichtum soll nicht Zins, sondern Almosen erwachsen. Nur so wird Reichtum, wie die an sich unfruchtbare Ulme, an der aber die Rebe emporwachsen kann (so das Bild im populären katechetischen Werk «der Hirt des Hermas») selber fruchtbar. Aber nicht nur Zinsnehmen, auch Luxus – so vor allem Chrysostomus in Konstantinopel – ist eine Art von Raub.

Aus der Pflicht zum Almosen erwachsen aber nicht nur die direkten Gaben, sondern bald auch – vor allem in Verbindung mit den Klöstern – erste soziale Einrichtungen zur Linderung der Not der Armen wie Hospitäler, Hospize usw., die die sozialen Wirren der Völkerwanderung und den Untergang der antiken Sozialordnung wie des römischen Reiches überstehen. Tätige Sozialpflichtigkeit und damit verbunden eine sachliche, nicht rigoristische Reichtumskritik[12] gehören so zum wichtigsten wirtschaftsethischen Erbe, das die frühe Kirche späteren Generationen hinterlassen hat.

4. Die Herausforderungen durch die gesellschaftliche Entwicklung im Mittelalter

Die Völkerwanderung und der Einbruch des Islam hatten im bislang christlichen Europa einen Zerfall der politischen und wirtschaftlichen Strukturen zufolge, der die Zivilisation weitgehend auf eine bloße Subsistenzwirtschaft zurückwarf. Die christlich geprägte Kultur wurde, wenn überhaupt, auf einzelne Klosterbezirke zurückgedrängt, aus der sie erst in der karolingischen Zeit wieder als sozial gestaltende Kraft heraustrat. Wirtschaftlich jedoch kam der vom Feudalwesen geprägte Gesellschaftsaufbau noch lange Zeit kaum aus der Subsistenzwirtschaft heraus. Grund und Boden, ihr Besitz und ihre Bestellung sind das Fundament der Sozial- und Wirtschaftsordnung, die, weil dem täglichen Bedarf der Subsistenz dienend kaum Rücklagen zu bilden erlaubte, wenig eigengestalterischen Spielraum offen ließ.

4.1 Die Stadtentwicklung

Immerhin vermögen sich im Schutz dieses Systems nicht nur die klösterlichen Zentren als kulturelle wie verwaltungsmäßige Fixpunkte zu stabilisieren, sondern auch Verkehr und Handel beginnen sich wieder zu entwickeln, wofür vom 11. Jahrhundert an die keineswegs nur geistlich motivierten Kreuzzüge einen erheblichen Beitrag leisteten. Diese Entwicklung begünstigt zudem von etwa 900 an einen kontinuierlichen Aufschwung der Städte, zunächst im christlichen Mittelmeerraum (Italien, Südfrankreich), dann aber auch nördlich der Alpen, vor allem in den Niederlanden, wo Messen und Märkte regionale Zentren des Handels entstehen ließen. Neben den im karolingischen Verwaltungssystem bedeutsamen kirchlichen Institutionen gewinnen so mit dem 12. Jh. die Städte mit ihrem in Handwerk und Handel tätigen

Bürgertum zunehmend an Einfluß und Reichtum, der nun nicht mehr nur im Landbesitz gründet, sondern auf Geldbesitz aufbaut.

Parallel dazu entstehen die Anfänge eines modernen Kredit- und Bankwesens[13], in welchem dem Zins eine völlig neue Bedeutung (nämlich der genannte Lohn für den Kreditdienst) zuwächst; Bankgeschäft und Zinswucher beginnen sich – obwohl in der Praxis noch oft überlappend – zu differenzieren, obwohl die systematisch ethische Begründung dafür erst im 16. Jh. im Calvinismus erarbeitet zu werden vermag. Fürs erste entsteht bloß pragmatisch, sozusagen im Schatten des Zinsverbotes ein neues Gewerbe, in welchem auch kirchliche Stellen, und zwar sogar teilweise aus sozialen Motiven (etwa bei der Gründung der sog. «montes pietatis» als frühen Spar- und Leihkassen zum Schutz vor Zinswucher), mitmachten.

Diese aufs Ganze gesehen Wohlstand fördernde Gesamtentwicklung bleibt allerdings nicht ohne erhebliche Schattenseiten: Während in den Städten ein reiches Bürgertum zunehmend dominiert, verarmt der niedrige Feudaladel, sofern er sich nicht in die Stadtordnung (und dann sogar oft in führender patrizialer Stellung) zu integrieren vermag, während der höhere Adel sich zum Teil hoffnungslos an die Städte verschuldet. Vor allem aber verarmt die Landbevölkerung und kommt als Untertan, als «minore» in die Abhängigkeit der städtischen «maggiori», eine Abhängigkeit, die wachen Christen in ihrer Widersprüchlichkeit zu denken geben mußte und die neu errungene Prosperität fundamental in Frage zu stellen begann und nach einer ernsten ethischen Auseinandersetzung mit den neuen wirtschaftlichen Verhältnissen rief.

4.2 Die Kritik der Mendikanten

Eine erste, weniger theoretische als christlich charismatische Kritik an dieser Entwicklung stellt die sog. Armutsbewegung dar, welche in vielen Formen im 12. Jh. aufflammte und teilweise sozialrevolutionäre Formen annahm (Katharer, Albigenser usw.), teilweise aber auch und ohne das gesellschaftskritische Potential, das den Staat wie die Kirche betraf, einzubüßen, vor allem über die sog. Bettelorden sozialkritisch integriert zu bleiben vermochte. Das herausragendste Beispiel dieses zweiten Typs ist ohne Zweifel die auf den reichen Bürgersohn Franz von Assisi († 1226), der selber mittellos zum «Frater minorum» werden wollte, zurückgehende franziskanische Bewegung.

Obwohl trotz des bischöflichen und päpstlichen Schutzes (Innozenz III.), den Franz genoß, selber nicht unangefochten und bald einmal hinsichtlich der Besitzfrage in sich gespalten und in ihrer eigenen spirituellen Tradition domestiziert[14], vermochte diese Bewegung den neuen Reichtum und die ihn tragenden wirtschaftlichen Voraussetzungen zu hinterfragen und damit zu relativieren. Ihr Einfluß war zudem umso größer, als es ihr gelang, über die sogenannten «Dritten Orden» auch breite Volksschichten für ihre Ideale zu begeistern. Dabei folgte auch diese Bewegung der bewährten christlich-biblischen Tradition, welche die heilsbestimmten, letztlich also eschatologisch bedingten Kriterien dennoch auch für das innerweltliche Geschehen als relevant und prägend einbrachte. Sie versuchte dies aber eher von außen durch kritische Distanzierung, ohne sozusagen von innen die Menschlichkeit des Systems anzufragen.

Dies ermöglichte es zwar, zahlreiche vor allem durch Almosen – als einer ethisch, wenn auch nicht rechtlich verpflichteten «Sozialsteuer» von zumindest 10 % – getragene soziale Institutionen entstehen zu lassen, um so zumindest Härtefälle zu lindern. Eine eigentliche ethisch begründete Wirtschaftstheorie lag aber auch da noch fern.

4.3 Erste ethische Systematisierungen

Ansätze zu einer solchen Ethik bietet dagegen die ebenfalls aus den Mendikantenkreisen hervorgehende, an den eben entstehenden Universitäten aufblühende Theologie, deren Vertreter die zur selben Zeit neu entdeckten griechisch-antiken philosophischen Quellen, vor allem diejenigen des Aristoteles, aufgeschlossen aufnehmen und sie zur Ausbildung für die neue aktuelle Predigttätigkeit dieser volksverbundenen Orden einzusetzen wußten. Neben dem Franziskaner Bonaventura († 1274) ragten diesbezüglich vor allem die Dominikaner Albert der Große († 1280) und dessen Schüler Thomas von Aquin († 1274) heraus. Aufbauend auf den antiken, aristotelisch-stoischen Quellen einer von Natur aus (kata physin) mit dem Menschsein gegebenen Ordnung unter grundsätzlich gleichen und damit zur Gerechtigkeit verpflichtenden Menschen verstand diese scholastische «Naturrechts-Ethik» den Umgang mit den irdischen Gütern unter folgenden Vorzeichen:

– Die Gerechtigkeitsordnung, welche die menschliche Vernunft als die dem Menschen angemessene Ordnung, als «lex naturae», zu erkennen vermag, ist das Abbild des von Gott selber so gewollten Schöpfungsplanes, also der «lex aeterna». Diese gibt damit die grundsätzliche Zielrichtung für das menschliche Handeln, weshalb ihr unbedingte («kategorische») Verbindlichkeit zukommt. Für den gegenseitigen Umgang grundsätzlich gleicher Menschen miteinander erhält diese Forderung nach Gerechtigkeit zudem besondere Dringlichkeit.

– Da der Mensch als leibliches Wesen auf den Gebrauch der materiellen Güter dieser Welt existentiell angewiesen ist, betrifft die Gerechtigkeitsforderung diesen Umgang sogar in herausragender Weise. Unter Berücksichtigung der Gleichheit aller Menschen kann dann nur die Gemeinwidmung (ursprünglich gehören alle Güter allen gleich) als Prinzip der Gerechtigkeit, bzw. als sog. «primäres Naturrecht» gelten. – Die konkrete Organisation dieser Gemeinwidmung bleibt aber der kulturell unterschiedlichen Ausgestaltung überlassen, wobei lang erhärtete Erfahrung lehrt, daß der private Eigenbesitz von Gütern für den sorgfältigen Umgang, für die bessere Nutzung und damit für klare Zuständigkeiten wie für ein friedlich konfliktarmes Zusammenleben sich als besonders vorteilhaft erweist. Die Institution des Privatbesitzes kann so als «sekundäres Naturrecht» gelten. Ein solches sekundäres Naturrecht gilt aber nicht mehr «universaliter», sondern nur noch «ut in pluribus», also nicht «allgemein», sondern nur noch «im allgemeinen». Es läßt also Ausnahmen (etwa Sozialisierungen in einzelnen Bereichen) wie Auflagen (Almosenpflicht, Steuern, soziale Umverteilung usw.) nicht nur zu, sondern fordert sogar deren sinnvolle Vorkehrung. Daß dieses Verständnis im Vergleich zum Radikalismus der Mendikanten eine Konzession an die wirtschaftliche Entwicklung der Zeit darstellt, liegt auf der Hand. Es ist jedoch in seinem pragmatischen Realismus, der übrigens dem biblischen Verständnis offensichtlich nahesteht[15], voll eingebunden in eine christlich schöpfungstheologische Konzeption vom Menschen. Obwohl nach dieser Konzeption ein autonomes Weltethos denkbar wird, bedeutet dies also dennoch in keiner Weise dessen Entlassung in eine säkular gott-lose Weltwirklichkeit, was dann unter neuen gesellschaftlichen Verhältnissen auch für eine christlich verantwortete, sonst aber rein sachliche Wirtschaftsethik nicht weniger zutrifft. Dennoch ist nicht zu verkennen, daß einer die individuellen Entfaltungsmöglichkeiten des einzelnen betonenden und von der Kirche unabhängigen staatlich-positiv rechtlich geregelten Sozialordnung nun ein erheblicher Spielraum eröffnet wird. Vor allem wirtschaftlich wird sich dies in der nachfolgenden Zeit von Renaissance und Reformation rasch bemerkbar machen.

5. Die Wende im 16./17. Jahrhundert

Äußerlich bringen die Entdeckungen der für die Europäer unbekannten Kontinente im Zusammenhang mit der Suche eines die islamischen Sperren im Nahen Osten umfahrenden Seeweges nach Indien durch die südliche Umgehung Afrikas durch den portugiesischen Seefahrer Vasco da Gama († 1524) wie über die Westroute durch Kolumbus im Auftrage Spaniens im Jahr 1492 völlig neue geistige und materielle Perspektiven. Die islamische Gefahr schien mit dem Fall Granadas 1492 endgültig gebannt, während die Entdeckung großer heidnischer Völker zugleich eine neue religiöse Herausforderung darstellte. Verbunden mit dem wachsenden Selbstbewußtsein des Renaissance-Menschen ließ aber gerade die Tatsache des «Unglaubens» dieser «Wilden» jede mitmenschliche Rücksicht rasch verblassen. Schrankenlose Ausbeutung bis hin zur Sklaverei und Vernichtung waren teilweise sogar unter dem Deckmantel der Glaubensverbreitung die Folge dieser Conquista, die der Reconquista gegen den Islam an Härte in nichts nachstand und gegen deren Grausamkeit auch die völkerrechtlich begründeten «leyes nuevas» zugunsten der Indios von 1542 keine Abhilfe brachten: Als den spanischen Interessen zuwiderlaufend wurden sie schon nach fünf Jahren wieder abrogiert.[16]

Parallel zu diesem Niedergang ethischer Kultur führte in Deutschland die in ihren berechtigten kirchenkritischen Anliegen kirchlich übergangene Reformation zu einer Kirchenspaltung, welche die Christenheit in Europa und darüberhinaus für Jahrhunderte in teilweise blutige Konflikte verstrickte und sie in eigene Kontroversen so verwickelte, daß sie als gesellschaftsgestaltender und gesellschaftskritischer Faktor weitgehend ausfiel. Die dabei – von den Protestanten direkt, von den Katholiken wenigstens faktisch – gesuchte Anlehnung an die weltliche Autorität verhinderte kritische Selbständigkeit noch zusätzlich und überantwortete das obrigkeitliche Gewinn- und Machtstreben, das schon bei Annahme und Ablehnung der Reformation eine bedeutende Rolle gespielt hatte, zunehmend der fürstlichen und darin bald auch der nationalstaatlichen Willkür. Daß die Weltdimensionen im Sinn einer Kolonialpolitik davon nicht ausgespart bleiben konnten, versteht sich.

Geld- und Wirtschaftspolitik entwickelten sich so in der beginnenden Neuzeit zunehmend zu einem von ethischen Rücksichten freien Handlungsspielraum für das einzelne Wirtschaftssubjekt wie für die verschiedenen Nationen. Wo das Ethos von einem wohlverstandenen Eigeninteresse geleitet wird, das freilich Gerechtigkeit und goldene Regel noch zu beachten heißt, konnte der einzelne Bürger das in Handwerk und Handel durch selbständigen Fleiß erworbene Gut mit Fug und Recht zugleich auch als sittlichen Wert verstehen und im so angehäuften Reichtum sogar religiös ein Zeichen für seine Auserwählung durch Gott (so bald einmal das calvinistische Verständnis) sehen. Entsprechend wurde aber auch die Armut nicht mehr so sehr als durch die Werke der Barmherzigkeit auszugleichendes Schicksal, sondern als sittlicher Mangel verstanden, während Fleiß und Arbeit vom Mittel zum Lebensunterhalt zu einem in sich stehenden ethischen Wert aufzurücken begannen. Arbeit, Erwerb, Reichtum und dessen Einsatz gehören so nicht mehr in einen teleologisch-eschatologischen Ordnungsrahmen theologisch christlicher Prägung, sondern sind Elemente einer autonomen, menschlich zu gestaltenden Ordnung, die es ursächlich zu verstehen und rational zu organisieren gilt. Was in der gleichzeitig aufkommenden (Natur-) Wissenschaft Geltung erlangt und sich bald einmal auch technisch zu bewähren beginnt, nämlich der Wechsel von einer teleologisch-finalen Weltanschauungserkenntnis zu einem empirisch überprüfbaren Wissen und Nutzen von Kausalzusammenhängen (R. Spaemann), beginnt auch die gesellschaftlichen, vor allem auch die wirtschaftlichen Belange zu prägen. Erste Wirtschaftstheorien lassen entsprechend nicht lange auf sich warten. Auch in diesem Bereich hat deutlich ein Paradigmenwechsel stattgefunden.

So entsteht zunächst die sog. «merkantilistische Theorie, welche der Staatsmacht möglichst viel frei verfügbare Mittel beschaffen sollte und deshalb eine aktive Handelsbilanz durch staatliche Intervention förderte. Niedrig gehaltene Nahrungsmittelpreise zum Teil über Kolonien und auf Kosten der Landwirtschaft zugunsten niedriger Produktionspreise für Exportgüter sollten bei gleichzeitigem Protektionismus (Zölle) die Importe abhalten und so – wie es der darin besonders erfolgreiche »Controlleur général des finances« Ludwigs XIV., J. B. Colbert († 1683) durchsetzte – die Staatskasse zugunsten einer freien und expansiven Außenpolitik füllen.

Dieser der Entfaltung des freien Bürgertums in der Landwirtschaft freilich abträglichen, dem Absolutismus aber förderlichen Theorie wurde dagegen schon bald diejenige der sog. »Physiokraten« entgegengestellt, die sich – nun freilich rein rationalistisch-cartesisch verstanden – in naturrechtlicher Begründung präsentierte: Was menschlich einsichtig ist, ist auch schon das Naturgesetz, das mit dem ewigen Gesetz zusammenfällt. Die emanzipierte autonome Vernunft des Menschen ist von vornherein das Prinzip der ethischen Ordnung, die – obwohl von Gott einmal geschaffen – funktioniert, »als ob es Gott nicht gäbe«. Kirche, Offenbarung, Bibel und Dogmen dagegen entfallen als ethische Bedeutungsträger, die Wirtschaft bedarf ihrer sowenig wie einer staatlichen Leitung. In Freiheit und Vernunft finden sich die besten Lösungen; der Ruf »laissez faire – laissez passer« wird zum Leitwort dieser Theorie. Die Anfänge des Liberalismus, der Kampf gegen die Unterdrückung durch die Privilegien von Adel und Kirche, aber auch das Vertrauen in den frühaufklärerischen Vernunftoptimismus, sind damit erreicht; das Fundament zu einer unabhängigen wirtschaftswissenschaftlichen Theorie ist gelegt.

Herausragender Vertreter dieser Richtung war – erstaunlicherweise nach dem merkantilistischen Wirtschaftsminister Ludwigs XIV. – der Leibarzt Ludwigs XV., F. Quesnay († 1774) der den Wirtschaftskreislauf analog zum Blutkreislauf natürlich-organisch zu erklären versuchte. Analog zum Blut verteilt sich Eigentum als Grundrecht schlechthin von selber im rechten Maß zu den einzelnen Organen des Sozialkörpers, wobei nur allenfalls die freie Zirkulation sicherzustellen sei, damit das allseits harmonische Gleichgewicht sich von selbst einstelle.

Bedeutsamer für die weitere Entwicklung des Wirtschaftsverständnisses als Quesnay, dessen Sicht noch in eine kosmische Ordnung eingelassen war, ist freilich die berühmte Bienenfabel des holländisch-englischen Arztes Bernhard Mandeville († 1733) mit seiner provozierenden These, daß nicht Tugend, sondern das Laster, nämlich der Eigennutz, die größte Prosperität des Gemeinwohls im Gemeinwesen zeitige. Sein Werk, «Der unzufriedene Bienenstock» erschien 1705 mit dem Untertitel «Die ehrlich gewordenen Bienen», weil das freie Gewinnstreben letztlich doch ehrlich allen am besten diene.

Der Wirtschaftsliberalismus als erste umfassende, bewußt ethikfreie Wirtschaftstheorie hatte so das Licht der Welt erblickt und sollte sich zunächst für das 18. Jh. als prägend erweisen. Dabei ist allerdings der eigentliche Vater dieser Theorie weder Quesnay noch Mandeville, sondern der schottische Moralphilosoph Adam Smith († 1790), der als erster die impliziten, ethisch positiven Momente dieser Theorie hervorheben sollte.

B. Die Ethik der Aufklärung und der Beginn der Wirtschaftswissenschaften (18./19. Jahrhundert)

1. Die klassische Nationalökonomie: Adam Smith und David Ricardo

Die «Klassiker» – so die Bezeichnung von Karl Marx – zeichnen sich dadurch aus, daß sie das wirtschaftliche Geschehen mit einer kohärenten Theorie verstehen wollen und dafür einige grundlegende Prinzipien wie das Selbstinteresse als dynamischer Motor des ökonomischen Geschehens, die Tendenz zum Gleichgewicht (im Markt), die Idee des Arbeitswertes und der Produktionskosten, die Forderung nach wirtschaftlicher Freiheit u. a. m. einführen. Mit Hilfe dieser Prinzipien wurde es zunehmend möglich, wirtschaftliches Geschehen als Prozeß in sich «wissenschaftlich» zu verstehen und so Nationalökonomie unabhängig von philosophisch-theologischen Voraussetzungen zu betreiben. Dies hat einerseits zur Folge, daß Nationalökonomie sich auch von ethischen Überlegungen emanzipiert. Ihre Aussagen gelten dann als «richtig» analog zu einer wissenschaftlichen physikalischen Formel, gegen die eine ethische Rückfrage naiv oder anmaßend wäre. Andererseits erlaubt dieser Ansatz auch eine (möglichst) wertfreie Analyse wirtschaftlicher Abläufe, um die ethischen «Schadstellen» zu erfassen und so eine praxisrelevante Wirtschaftsethik zu entwickeln. Das Bemühen um eine wertfreie Analyse wirtschaftlicher Sachzusammenhänge und damit der Ausschluß inklusiver ethischer Urteile kann so zugleich auch den Anfang einer kritischen Wirtschaftsethik darstellen.

Für Adam Smith († 1790), den schottischen Moralphilosophen, dessen Hauptwerk die «Theory of Moral Sentiments» war, trifft dies freilich erst sehr bedingt zu. Sein 1776 erschienenes wirtschaftliches Hauptwerk «An Inquiry into the Nature and Causes of the Wealth of Nations» ist nämlich – so sehr es zum nationalökonomischen Klassiker wurde – nur in diesem ethischen Horizont richtig zu lesen. Denn entgegen mancher Interpretation folgt das Denken des zuerst als Professor für Logik tätigen Smith durchaus einer inneren systematischen Konsequenz. Grundzüge seines Denkens sind ein in einem durchaus frommen Deismus wurzelnder Optimismus, der den Menschen als freies Individuum konzipiert, ein Individuum, das zudem in einer grundsätzlich einsichtigen, mechanizistischen Weltordnung lebt. Es geht bei Smith um ein aufklärerisches Weltbild, das demjenigen eines J. O. de Lamettrie († 1751) nahesteht und das – ohne dessen Atheismus zu übernehmen – dem Menschen zu seinem eigenen Besten rät, seinen natürlichen und letztlich als gut verstandenen Trieben zu folgen.

Diese Triebe sind sowohl «eigennützig» wie etwa Klugheit, Maß und Standfestigkeit als auch «wohlwollend» und damit stets und in beiden Fällen tugendhaft. Da freilich die eigennützigen Triebe stärker sind, müssen sie durch Selbstbeherrschung in Schranken gehalten und die wohlwollenden durch Rücksicht gefördert werden, um über Gerechtigkeit und Rücksichtnahme zu einer ethischen Billigung des konkreten Tuns zu kommen. Sympathie (im Sinn von Mit-leiden, Mitfühlen) und Schicklichkeit (als konkret gelebte Sympathie zur Motivation der Mitmenschen) ermöglichen so den verantworteten Gewissensentscheid, der das eigene Tun wie ein unparteiischer Dritter zu beurteilen erlaubt. Erst in diesem philosophisch theoretischen Rahmen kann die nationalökonomische Theorie dann verstanden werden, wobei diese Ethik der Unparteilichkeit nicht nur seinerzeit das Lob Kants gefunden hat, sondern auch kürzlich bei J. Rawls seinen Widerhall fand[17].

Das Grundprinzip dieser Ethik von A. Smith lautet daher:

«Die Regeln welche die Natur befolgt, sind ihr angemessen; die, welche der Mensch befolgt, sind es für den Menschen nicht weniger. Beide aber sind darauf berechnet, den selben großen Zweck zu befördern, die Ordnung der Welt und die Vollkommenheit und Glückseligkeit der Menschheit[18]. Erst und nur in diesem Ordnungsrahmen redet Smith für das wirtschaftliche Tun des Menschen von «Egoismus», der dann die Sorge des Menschen um sein Glück, seine Gesundheit, den guten Ruf und seinen Wohlstand betrifft und aus solcher Sorge heraus mehr zu produzieren heißt als direkt verbraucht wird. Dies aber fördert den allgemeinen Wohlstand, also die «Wealth of Nations» an sich, vor allem aber im durch den Markt gewährleisteten allgemeinen Interessenausgleich, sofern dieser nur dem freien Spiel der natürlichen (und damit guten) Kräfte überlassen bleibt, also nicht durch Privilegienrecht behindert wird[19]. Im Streben nach Glück und damit auch im egoistischen Streben nach Reichtum verbessert nämlich der Produzent zugleich sein Produkt und fördert so den Kunden wie den Konkurrenten, der ebenfalls zur Verbesserung angehalten wird. Wie von «unsichtbarer Hand gelenkt» führt daher das Verfolgen eigener Interessen zum größeren Wohl des Ganzen.

Kurz: Wo es gelingt, im Markt die Eigenliebe der anderen zu den eigenen Gunsten zu interessieren, festigt sich das Gemeinwohl und damit die Humanität, die als unbeabsichtigter Zweck der gottgewollten Weltordnung gerade so besonders gut gefördert wird; denn man hätte ja niemals gesehen, daß diejenigen viel Gutes bewirkten, die sich den Anschein gäben, um des Gemeinwohls willen allein Handel zu treiben. Für Smith stehen so Egoismus und Markt keineswegs außerhalb eines ordnenden Rahmens. Nur vertraut er – seinem aufklärerischen Menschenbild folgend – darauf, daß es zur Gewährleistung dieser Ordnung genüge, den «natürlichen» Trieben nach individuellem Glück keine Hindernisse in den Weg zu legen. Da aber die Wirklichkeitserfahrung wie die nüchterne Sicht des christlichen Glaubens solchen Optimismus bald als Illusion entlarven, liegt gerade in diesem Weltbild der Schwachpunkt der Theorie, ein Schwachpunkt, den freilich bis heute eine liberale Auffassung von Wirtschaftswissenschaft nie wahrhaben will und es daher vorzieht, die Wirtschaft als geschlossenes, von festen Sachzwängen regiertes Sondersystem zu verstehen.

Diesen Schritt zu einer geschlossenen Auffassung von Wirtschaft vollzog als erster der erfolgreiche Börsenmakler David Ricardo († 1823) nach der Lektüre von Smith's Theorie. Als Autodidakt veröffentlichte er seine Ideen 1817 unter dem Titel «Principles of Political Economy and Taxation», wo er sich weniger mit Wohlstandsproblemen als mit jenen der Verteilung von Werten, Grundrenten, Lohn, Profit usw. beschäftigt. Was ihn dabei interessierte, war aber nicht mehr ein holistisches Verständnis von Weltordnung, sondern die Erkenntnis fester, rational erfaßbarer Gesetzmäßigkeiten. In abstrakter Präzisierung sollen hier die für diese Verteilung des Volkseinkommens relevanten Elemente des ökonomischen Geschehens erkannt und als die grundlegenden Prinzipien einer Lehre herausgearbeitet werden[20].

Ricardo selber hatte zwar durchaus Sinn für ethische Probleme – er verehrte J. Bentham – nur meinte er, in einer (wirtschafts-) wissenschaftlichen Theorie habe sie nichts zu suchen. Die Idee einer modernen positiven Wirtschaftswissenschaft war damit zur Diskussion gestellt. Denn hier geht es um ökonomische Gesetzmäßigkeiten, wo vor allem die Arbeit nach ihrem Marktpreis bedacht wird, ein Preis, der u. U. auch unter den «natürlichen Preis» (er würde das Existenzminimum decken) fallen kann. Das dadurch entstehende Elend des Arbeiters erklärt sich aber nicht eigentlich wirtschaftlich, sondern demographisch und gleicht sich mit der Zeit von selber aus.

In diesem Zusammenhang drängt sich der Verweis auf den ebenfalls aus England stammenden Historiker und Nationalökonomen T. R. Malthus (†1834) auf, der – zwar durchaus kritisch zu Ricardo – in seinem Werk über die «Principles of Political Economy» von 1820 der unvermeidlichen Verelendung des Proletariates durch die niedrigen Löhne nur durch eine rigorose Geburtenkontrolle (bzw. entsprechende Bildungsinitiativen) meinte begegnen zu können und jede Fürsorgemaßnahme als letztlich kontraproduktiv ablehnte. Obwohl diese Ideen scheinbar noch ganz in den Kategorien von Markt und Wettbewerb stehen, wird dadurch die Nationalökonomie faktisch doch wieder aus ihrer rein einzelwissenschaftlichen Optik herausgenommen und – diesmal in einem eher pessimistischen Weltverständnis – den Politikwissenschaften angenähert, ein Gesichtspunkt, der bald einmal von der deutschen sog. «historischen Schule» erneut aufgegriffen werden sollte. Praktisch aber hatte diese Idee zunächst in Anbetracht des großen Bevölkerungswachstums (besonders wegen der im 19. Jh. zurückgehenden Kindersterblichkeit) nur zur Folge, daß man die Ursächlichkeit für das Proletarierelend nicht der Wirtschaft als solcher anlasten mußte und der freien Marktwirtschaft im Sinn der Manchester-Liberalen (vor allem R. Cobden [†1865] und J. Bright [†1889] als Exponenten der Manchester-Freihandelsideologie) Tür und Tor öffnete. Die Gesetze des freien Handels galten als eigentliche, im Sinn der Physik zu verstehende Naturgesetze und «die Verkoppelung vom Ellbogenprinzip und Gottvertrauen ist dabei ein ehrlicher Glaube an den Segen der Freiheit»[21]. Im Licht des sog. Sozialdarwinismus von H. Spencer (†1903) bedingt diese Freiheit einen Verdrängungswettbewerb (nur der Tüchtigste hat Überlebenschancen). Da dabei aber letztlich nur der Untüchtige in Not kommt, ist dem Wohl des Ganzen so dennoch am besten gedient. Der Erfolgreiche dagegen beweist eben dadurch seine menschliche Tugend eines auf der Linie der natürlichen Ordnung Lebenden. Das Ökonomische wird in einer Ökonomie ohne Ethik so selber zum alleinigen ethischen Wert.

Der Liberalismus steht in dieser Engführung dem marxistischen Materialismus zwar näher als er es selber je wahrhaben wollte. Dennoch wurde er gerade so zu dem, was Marx die klassische Schule der Nationalökonomie nannte. Während sich nämlich diese klassische Lehre praktisch im sog. Manchester-Kapitalismus in England verwirklichte und ausbreitete, machte sie auch als Theorie, so etwa über den französischen Ökonomen J. B. Say († 1832), weiter Schule als eine «Erkenntnis natürlicher und unveränderlicher Gesetze, die nicht aus erdachten Systemen oder willkürlichen Organisationsplänen oder grundlosen Hypothesen, sondern aus der empirischen Erfassung von Tatsachen» erhoben sind und praktische Folgerungen und Ratschläge ermöglichen[22]. Es sind dies freilich Ratschläge, die dem ökonomisch materiellen System inhärent bleiben und den Einbezug weiterer geistig kultureller Parameter nicht zulassen können. Von ethisch interessierter Seite mußte solche Engführung der Ökonomik nach kritischen Reaktionen rufen.

2. Reaktionen auf die ökonomische Theorie der Klassik

2.1 Die «Ethische Schule»

Mit der «Klassik» hat sich die Nationalökonomie als selbständige, letztlich am Ideal der Naturwissenschaft orientierte Wissenschaft etabliert und damit von der Philosophie und der Theologie, besonders aber von deren Ethik emanzipiert. Dieser in England und Frankreich vollzogene Schritt stieß jedoch vor allem in Deutschland auf erhebliche Reserven. Der deutsche Idealismus hatte nämlich dort seit Kant ein ethisch geprägtes Weltbild entwickelt, in welchem eine auf Eigennutz aufbauende rational pragmatische Sicht auf wenig Verständnis stieß. Unter dem Vorzeichen der klassischen Ästhetik (F. Schiller [† 1805]) wie vor allem der Romantik mußte dies sogar als eine «menschenmörderische Versachlichung des Lebens» erscheinen. Für den Pädagogen H. Pestalozzi († 1827) etwa galt die Förderung des eigenen Nutzens als eine Tugend sogar als eigentliche Perversion.

Organische Einheit und Totalität, gesamtmenschliche Bildung vor allem im klassischen Bildungsideal W. v. Humboldts († 1835) galten dagegen als Ziel, in welchem auch das wirtschaftliche Geschehen harmonisch eingebettet zu sein hatte; denn Wirtschaftswissenschaft gilt hier (wieder) als historisch philosophische Disziplin und nicht als eine rechnerische Empirie. Die dazu parallele romantische Idealisierung des Bauern und Handwerkers sowie der mittelalterlichen ständisch zünftigen Wirtschaft übersah freilich nicht nur die Not früherer Zeiten, sondern auch die im Vergleich vor allem zu England rückständige Wirtschaftslage in Deutschland. Adam Müllers († 1829) 1809 in Berlin erschienene «Elemente der Staatskunst» dürften die leitenden Ideen dieser Reaktion zusammenfassen. Der Staat ist hier, anders als für die angelsächsischen Staatsphilosophen, keine funktionale (Hilfs-) Größe für den freien Menschen, sondern «innige Verbindung des gesamten geistigen und physischen Bedürfnisses und Reichtums der Nation zu einem großen energisch, unendlich bewegten Ganzen», kurz: er ist Hoheit in geschichtlicher Tradition, die man, reichlich verklärt, im Mittelalter in reiner Form verwirklicht sieht.

Neben den für die Emanzipation des Menschen als einer freien Rechtspersönlichkeit wie für das damit verbundene demokratische Staatsverständnis bedenklichen Aspekten dieses Ansatzes bringt er aber auch wesentliche Mängel der Klassik zur Sprache, so vor allem die Degradierung des Menschen zum Lasttier, die Vernachlässigung der Interessen künftiger Generationen, die Materialisierung aller menschlichen Bedürfnisse usw. So vertreten im Sinn der sog. «ethischen Schule» J. Kautz und E. W. Ch. Schüz 1844 in einem Aufsatz «Das politische Moment in der Volkswirtschaft»[23], daß es die Nationalökonomie nicht nur mit Sachgütern, sondern auch und vor allem mit Menschen zu tun und daß sie daher ebenso auf Empirie wie auf der ethisch-praktischen Vernunft aufzubauen habe.

2.2 Die «Historische Schule» und der Werturteilsstreit

Einflußreicher als die «Ethische Schule», sollte sich die ihr verwandte sog. «Historische Schule» profilieren, in welcher meist eine ältere Gruppe mit B. Hildebrand († 1878), W. Roscher († 1894) und K. Knies († 1898) von einer jüngeren mit G. Schmoller († 1917), A. Wagner († 1917) und L. Brentano († 1933) unterschieden wird. Zwar schließt diese Schule allgemeine Gesetzmäßigkeiten im wirtschaftlichen Geschehen nicht einfach aus, aber deren je eigener «Sitz im Leben» muß so berücksichtigt werden, daß apriorische Ableitungen aus Prinzipien unmöglich sind. Hegels Geschichtsphilosophie und das Lebensgefühl der Romantik sind dabei gegen einen Rationalismus rein naturwissenschaftlicher Prägung erkenntnisleitend. Volks- und Zeitgeist werden mit F. C. von Savigny († 1861) zuerst in der Rechtswissenschaft gegen den Rechtspositivismus bedeutsam, greifen jedoch bald auf das Verständnis der Wirtschaftswissenschaft über, die so nicht mehr vom Lebensganzen isoliert aufgefaßt wird, sondern als Teil des Volkslebens zu verstehen ist. Dies ermöglicht zugleich den erneuten Einbezug ethischer Kategorien der zwischenmenschlichen Beziehungen in die Nationalökonomie.

Ausgangspunkt der Betrachtung des Wirtschaftslebens durch die Historische Schule war somit die Vielfalt der historischen Erscheinungsformen des Wirtschaftens. In ihr wurden umfangreiche detaillierte Studien lokaler und regionaler Wissenschaftsentwicklungen sowie von Einzelproblemen des Wirtschaftslebens unternommen. So wurde etwa die Geschichte der Zünfte in den einzelnen Städten bis ins Mittelalter hinein zurückverfolgt. Dabei maß die Historische Schule kulturellem Einfluß und religiösen Traditionen für das Wirtschaftsleben ebenso hohe Bedeutung zu wie bloß rationalen Überlegungen. Auch versuchte sie die grundlegenden Institutionen der jeweiligen Gesellschaft, die das Wirtschaftsleben regulieren, zu beschreiben. Ziel der Untersuchungen war es, auf induktivem Weg gewisse Systematisierungen des Wirtschaftslebens vorzunehmen. Dementsprechend versuchte diese Schule in einer historischen Abfolge verschiedene Formen des Wirtschaftens zu beschreiben, indem sie Entwicklungen wie beispielsweise die Übergänge von einer Natural- über eine Geld- zur Kreditwirtschaft beschrieb.[24] Ebenso versuchte sie aus der Vielzahl einzelner Unternehmen verschiedene Unternehmenstypen systematisch herauszuarbeiten und so theoretisch zu erfassen.

In deutlichem Gegensatz zu den englischen Nationalökonomen des klassischen Liberalismus betonte die Historische Schule damit die Vielfalt der Motive des wirtschaftlich handelnden Menschen und lehnte entsprechend die Konzeption des nur eigeninteressiert handelnden Menschen, des «homo oeconomicus», ab. Von daher ergab sich auch ihr Interesse an sozialen Fragen. Mitglieder dieser Historischen Schule hatten dafür bereits 1872 den «Verein für Socialpolitik» gegründet, der heute noch bestehenden Fachvereinigung der deutschen Nationalökonomen. Ihre Sympathie für die Notlage der Arbeiter, aber auch der Landbevölkerung und anderer kleinerer Gewerbetreibenden und ihre Forderungen nach Staatseingriffen zugunsten dieser Gruppen, die zunächst nicht vom Wirtschaftswachstum der werdenden Industriegesellschaft profitierten, trug ihnen sogar den spöttischen Namen «Kathedersozialisten» ein.

Es ist aber das Verdienst der Historischen Schule, die Bedürfnisse und Lebenslage dieser Gruppen anhand umfangreicher Statistiken über Lohnhöhe, Wohnungsbedingungen, Verbrauchergewohnheiten u. ä. empirisch genauer erfaßt zu haben, und es ist kein Zufall, daß in dieser Zeit Vertreter des klassischen Liberalismus spöttisch meinten, ein Volkswirt sei offenbar jemand, der mit einem Zollstock in eine Wohnung gehe, um festzustellen, daß sie zu klein sei. Gerade dieser Spott macht aber das soziale Engagement der Historischen Schule deutlich. Gegen den klassischen Individualismus steht das Ernstnehmen der geschichtlichen Umstände der «Societät» eines Volkes, wie G. Schmoller, der Mitbegründer des «Vereins für Socialpolitik» hervorhebt und daher die gegen die Exzesse bei der Verfolgung des individuellen Eigeninteresses gerichteten sozialpolitischen Aktivitäten seitens des Staates begrüßt. Eine rein funktionalistische Betrachtungsweise ist damit ausgeschlossen, weil vom «Wesen des Sittlichen» her[25] nicht zu verantworten. Hier werden also Gesichtspunkte in der Nationalökonomie zur Sprache gebracht, in welchen sich anschließend christliche Denker wie vor allem H. Pesch († 1926) mit seiner Idee des «Solidarismus» wiederfinden konnten.

Wegen ihres methodischen Vorgehens war allerdings die Historische Schule der Nationalökonomie schon seit Ende des 19. Jh. stark kritisiert worden. Man warf ihr vor, aufgrund ihres sozialpolitischen Engagements nicht streng zwischen Werturteil und Sachanalyse zu trennen, so daß das soziale Engagement die empirischen Forschungsergebnisse beeinflusse. Dies sei aber, wie insbesondere der Soziologe Max Weber († 1920) herausstellte, ein wissenschaftlich nicht haltbares Verfahren. Auch komme sie in Anbetracht der Vielfalt des gesammelten historischen Materials wie der erfaßten Typen und Motive für das wirtschaftliche Handeln der Menschen nicht zu einer systematischen Theorie, die wesentliche von unwesentlichen Faktoren zu unterscheiden vermöge. So sei es prinzipiell unmöglich, auf induktivem Weg zu einer aussagekräftigen Theorie zu kommen, die dann auch Prognosen über zukünftige Wirtschaftsabläufe zu liefern vermöchte. Methodologisch stand vor allem Schmoller zudem noch im Streit mit C. Menger († 1921) dem Gründer der sogenannten Wiener- oder Grenznutzen-Schule, die erneut analytisch deduktiv und wertfrei so von einem funktionalen Konzept ausgeht, daß sich dessen Ergebnisse sogar mathematisch formalisieren lassen und dennoch die Bedeutung subjektiver Einflußfaktoren nicht bestritten zu werden braucht. So sei etwa der Preis einer Ware ohne Zweifel nicht bloß von den objektiven Kosten der Herstellung abhängig, sondern auch von der subjektiven Bewertung ihres Wertes. Nur lasse sich über die Grenznutzentheorie[26] auch diese Dimension rational wertfrei erfassen.

Der hier sich ankündigende Methodenstreit setzt sich fort im sogenannten «Werturteilsstreit» (M. Weber und W. Sombart gegen H. Pesch), der im «Positivismusstreit»[27] eine Fortsetzung fand und die fundamentale Bedeutung dieser deutschen, klassisch kritischen Ansätze gerade auch für die Wirtschaftsethik bis heute deutlich werden läßt. Wenn nämlich die Wirtschaftswissenschaften als Sozialwissenschaften nicht bloß funktional positive Erkenntnis sein wollen, werden sie nicht darum herumkommen, Wertsetzungen und damit ethische Momente in ihre Überlegungen einbeziehen zu müssen. Andernfalls reduziert sich die implizit doch angenommene Ethik auf einen Positivismus oder Pragmatismus, der dann kaum mehr sein kann als eine Bestätigung bzw. eine Hilfe zur Wiederherstellung der gestörten bestehenden Funktionsabläufe. «Die exacte Richtung der theoretischen Forschung untersucht die Erscheinungen der Wirtschaftlichkeit»[28], hielt C.

Menger programmatisch und darin typisch für die methodologische Engführung seiner Wiener Schule gegenüber den Vertretern der Historischen Richtung fest.

Dabei darf freilich nicht übersehen werden, daß M. Webers Postulat der Wertfreiheit, das er schon 1909 kämpferisch an einer Tagung des «Vereins für Sozialpolitik» aufgeworfen hatte, nicht einfach rationaler Überheblichkeit diente, sondern primär und das zu Recht die Verfälschung von Wertungen durch zumeist interessierte Ideologien im Auge hatte. Ein Zitat mag dies verdeutlichen: «Es ist doch ein beispielloser Zustand, wenn zahlreiche staatlich beglaubigte Propheten, welche nicht auf den Gassen oder in den Kirchen oder sonst in der Öffentlichkeit, oder, wenn privatim, dann in persönlich ausgelesenen Glaubenskonventikeln, die sich als solche bekennen, predigen, sondern in der angeblich objektiven, unkontrollierbaren, diskussionslosen und also vor allem Widerspruch sorgsam geschützten Stille des vom Staat privilegierten Hörsaals im Namen der Wissenschaft maßgebende Kathederentscheidungen über Weltanschauungsfragen zum Besten zu geben sich herausnehmen ... Vor allem aber dürfen sie nicht die bestehende Zwangslage des Studenten, um seines Fortkommens im Leben willen bestimmte Lehranstalten und also deren Lehrer, aufsuchen zu müssen, dazu ausbeuten, um ihm neben dem, was er hierzu braucht: Weckung und Schulung seiner Auffassungsgabe und seines Denkens, und daneben: Kenntnisse, auch noch, vor jedem Widerspruch sicher, die eigene zuweilen gewiß ganz interessante (oft auch recht gleichgültige) sog. »Weltanschauung« einzuflößen»[29].

Weber ist sich zwar völlig bewußt, daß er damit die Frage nach den Zielsetzungen aus der Wissenschaft ausklammert. Aber «eine empirische Wissenschaft vermag niemanden zu lehren, was er soll, sondern nur, was er kann und – u. U. – was er will[30]. Daß Weber damit freilich faktisch die jeweils geltenden Zielsetzungen und Zwecke, von denen gerade in den

Wirtschaftswissenschaften und vor allem auf der makro-ökonomischen Ebene das Funktionale ja wesentlich bestimmt ist, nicht zur Sprache bringt und diese damit implizit bestätigt, wird mit allen Folgen, die dies global wirtschaftlich für eine ökonomische Richtigkeit zeitigen kann, übersehen. Die Einwände von H. Pesch und F. Hitze und später von G. Gundlach und O. v. Nell-Breuning bzw. deren Betonung der Leitprinzipien von Person- und Gemeinwohl haben als Kritik durchaus ihre Berechtigung: Der Verzicht auf eine kritische Theorie der Gesellschaft ist – wie Adorno (hier als Marxist gleichsinnig zu den katholischen Soziallehrern) für die Soziologie einmal meinte – auch für die Wirtschaftswissenschaften zutreffend: Das Ganze gerät aus dem Blick.

Dieses Ganze im Blick zu behalten, war denn auch das Anliegen der Historischen Schule; dennoch ist sie gerade auch damit weitgehend in den Hintergrund gedrängt worden. Sie mußte das Feld der neoklassischen Nationalökonomie räumen und vermochte nur in Randbereichen der Volkswirtschaftslehre, vor allem in den mit der Sozialpolitik befaßten Sparten, ihren Platz zu behalten. So wird etwa in der wissenschaftlichen Sozialpolitik ihre Methode bis heute angewandt, indem die historische Entwicklung der Entstehung der Sozialpolitik und der ihr dienenden Institutionen im einzelnen beschrieben wird und die so erhobenen positiven wie negativen Erfahrungen für die Gestaltung und Weiterentwicklung der modernen Sozialstaaten fruchtbar gemacht werden können. Auch hat sie das Verdienst, daß die Wirtschafts- und Sozialgeschichte als ein auch die heutigen wirtschaftlichen Abläufe mitbestimmendes Moment ins Bewußtsein der Nationalökonomie Eingang finden konnte. In diesem Sinn ist sie eher Ergänzung und korrektiv als eine grundlegend kritische Theorie im Vergleich zur klassischen Schule.

C. Ethische und sozialpolitische Reaktionen auf die Beeinträchtigung der Menschlichkeit durch die liberalistische Klassik

Neben der eher impliziten Kritik der Historischen Schule, die sich mehr durch einen anderen Blickwinkel als durch eine direkte Ablehnung der klassisch liberalen Theorie auszeichnet, sind es vor allem die verschiedenen Formen des Sozialismus, welche sich, nun allerdings radikal ablehnend, zu Wort melden. Obwohl dem gleichen geistigen Klima der Aufklärung und seinem optimistisch selbstbewußten Menschenbild verpflichtet, wird hier nicht mehr nur der Feudalismus mit den Adelsprivilegien, sondern auch das zu Reichtum und Macht gekommene Bürgertum in die radikale Kritik einbezogen.

1. Die Frühsozialisten

Geschichtlich ist diese Wende konkret faßbar in der Pariser Revolution von 1848, die mit der Errichtung der «Kommune» die Weiterführung des Aufbruchs von der Französischen Revolution von 1789 über das Besitzbürgertum hinaus auf die mittellosen Arbeiter, wenn auch vorläufig noch ohne bleibenden Erfolg, in Angriff nahm. Hinter diesem Aufbruch standen verschiedene, trotz aller Verbindung zur Aufklärung doch erstmals auch ihr gegenüber kritische Denker. Dazu gehören einmal die Vertreter des sog. «utopischen Kommunismus» wie etwa der Franzose S. Maréchal († 1803) mit seinem «Manifeste des égaux». Darin legt er dar, wie es unter den Menschen keine anderen Unterschiede geben dürfe als jene des Alters oder des Geschlechts. Daher gelte es, da ja alle die gleichen Bedürfnisse hätten, auch für gleiche Erziehung und Nahrung zu sorgen. Ähnlich radikal ernst mit dem Prinzip der «Egalité» der französischen Revolution machte aber auch F. L. Babeuf († 1797), der in seiner Zeitung «Le tribun du peuple» die Aufteilung von Grund und Boden sowie der Ernteerträge forderte und dafür von der Revolutionsregierung, dem sog. Direktorium, zum Tod verurteilt und hingerichtet wurde. In Deutschland vertrat – hier nun auch religiös motiviert – W. Weitling († 1871) die Idee einer Gütergemeinschaft unter dem Leitmotiv der «Vereinigung aller Menschen zu einem großen Familienverband», in welcher «Kommunion und Kommunismus» sich zu entsprechen hätten, während M. Heß († 1872) neben seinen zionistischen Anliegen durch die Pariser Unruhen von 1848 motiviert, für das Eigentum analoge Ideen vertrat, die dann gerade auch auf K. Marx und F. Engels ihren Einfluß ausübten.

Wie schon das Beispiel von Babeuf zeigt, kippen solche Utopien leicht in revolutionäre Bewegungen. Dies trifft zunächst für P. J. Proudhon († 1865) zu, der mit seinem Slogan «Eigentum ist Diebstahl» Aufsehen erregte und über die Abschaffung des Eigentums auch den Staat zu überwinden trachtete, so daß er als ein Begründer des Anarchismus gilt. Vor allem aber forderte L. A. Blanqui († 1881) im Anschluß an die Revolte der Pariser Kommune von 1871 gegen den Bürgerkönig Louis Philippe mit seinen «Blanquisten» den bewaffneten Umsturz und eine proletarische Diktatur. Daneben gab es aber auch damals Vertreter eines realistischen Reformsozialismus. Unter ihnen ragt der englische Industrielle R. Owen († 1859) heraus, der trotz sozialer Maßnahmen in seinen Betrieben (Reduktion der Arbeitszeit wie der Kinderarbeit u. ä.) auch wirtschaftlich erfolgreich blieb, obwohl er später in den USA mit gesamtgesellschaftlichen Reformmodellen (besonders seiner Lebens- und Produktionsgemeinschaft «New Harmony») scheiterte. In Frankreich war es der adlige Cl. H. de Saint-Simon († 1825), der – freilich sehr unsystematisch – sozialistische Reformideen zu Diskussion stellte, die nicht nur den früheren «Physiokraten» C. Fourier († 1837), sondern vor allem auch L. Blanc († 1882) zu konkreteren Initiativen veranlaßten. So sollten mit Staatshilfe sogenannte «Arbeiterproduktionsgenossenschaften», in denen nicht die Interessen des Kapitals als letztentscheidend waren, als potente Konkurrenten zu den privat-kapitalistischen Unternehmen aufgebaut werden und die reine Fremdbestimmung der Arbeiter abbauen helfen. Obwohl im Konzept wesentlich wirtschaftlichkeitsnäher als die früher vorgeschlagenen sozialistisch – kommunistischen «ateliers natio-naux» oder «Kommunen» aus den Revolutionen von 1848 und 1871, blieb der praktische Erfolg zwar auch hier aus. Dennoch etablierte sich durch diese Initiativen der Reformsozialismus als kritische Kraft gegen den Liberalismus. In der Person des Deutschen F. Lasalle († 1864) erhielt sie ihren bedeutendsten Vertreter. Als führender Kopf des «Allgemeinen deutschen Arbeitervereins» verfolgte er eine Politik der schrittweisen Sozialreform, die über Selbsthilfeorganisationen, den gewerkschaftlichen Zusammenschluß und politische Gleichberechtigung des Arbeiters sowie über die große Zahl der in der sozialistischen Partei Organisierten soziale Veränderungen erzwingen sollte. Obwohl die geschichtliche Entwicklung diesem Ansatz Recht geben sollte und seine Ideen anfangs in der gleichen «Neuen Rheinischen Zeitung» vertreten wurden, die auch die Ideen von Karl Marx publizierte, kommt dem Letzteren zumindest auf der intellektuellen Ebene zunächst die größere Bedeutung zu.

2. Der Marxismus

Mit Karl Marx († 1883) und Friedrich Engels († 1895) präsentiert sich der Sozialismus erstmals unter dem Anspruch der

Wissenschaftlichkeit, und zwar als «dialektischer Materialismus und kommunistischer Sozialismus». Hier fanden die sporadisch geäußerten sozialistischen Ideen (Gemeineigentum, Proletariervereinigung, Kommunismus usw.) zu einer systematischen Synthese, welche sich, nun durchaus wieder philosophisch, zugleich als globale Wirtschaftstheorie wie als umfassende kritische Gesellschaftstheorie verstand. Der methodologische Ausgangspunkt war dabei die das Weltgeschehen als ein Fortschreiten in dialektischen Schritten verstehende Geschichtsphilosophie G. W.F. Hegels († 1831). Nur verstand Marx anders als Hegel dieses Fortschreiten nicht mehr idealistisch als eine Dynamik des Geistes, sondern als Veränderung der materiell bedingten gesellschaftlichen Verhältnisse im konkreten gesellschaftlichen Vollzug, der zudem als materialistischer (und so rein innerweltlich, also religionskritisch-atheistisch) aus innerer Notwendigkeit einer dynamischen Entwicklung folgt und vor allem über die konkreten Erfahrungen des Barmer Industriellensohnes und Kaufmanns in Manchester, Engels eine sozialkritische Dimension erhielt. Der Slogan von Marx, es gelte Hegel «vom Kopf auf die Füße zu stellen» hat so keineswegs nur erkenntnistheoretischen, sondern durchaus auch gesellschafts- und ideenkritischen (bezüglich Religion, Ethik, Recht und Politik) Charakter.

Die Distanzierung vom Rationalismus und Idealismus der Neuzeit hin zu einem historischen Materialismus sollte dabei die Gesellschaftsphilosophie zugleich aus einer geistigen Versponnenheit befreien und sie – analog zu den exakten, ja ebenfalls mit der Materie befaßten Naturwissenschaften – auf die Stufe einer echten Wissenschaft heben. Da «Materie» in diesem Verständnis (alles andere als plump physikalisch materiell) sozusagen der «ontologische» Urstoff des dialektisch sich entfalteten Seins schlechthin ist und daher auch die kulturelle Entwicklung, die ja auf gestalteter Materie beruht, umfaßt, kommt der wirtschaftlich gestalteten Materie, also vor allem den Produktionsmitteln und ihrer gesellschaftlichen Verteilung von vornherein zentrale Bedeutung zu. So ist Materie in ihrer geschichtlichen Dynamik grundsätzlich Ursache und Bestimmungsgröße aller Entwicklung, die in dialektischen Schritten je neu die Widersprüchlichkeit zum Vorangehenden wie auch deren Aufhebung (im dreifachen deutschen Wortsinn von Aufbewahren, Abschaffen und Erhöhen) in eine neue Synthese bewirkt und so den Fortschritt auf eine höhere Entwicklungsstufe gerade auch in der menschlichen Gesellschaft ermöglicht. Aufklärerischer Fortschrittsoptimismus und (säkularisierte) jüdische Eschatologie verbinden sich damit zu einer gesellschaftlichen wie wirtschaftlichen Geschichtstheorie in dynamisch prospektiver Absicht, die nicht nur sich selbst genügt, sondern andere, vorab geistige Erklärungsparameter als «Opium des Volkes» kämpferisch zurückweist.

In dieses Konzept wird nun auch die konkrete Erfahrung des Industriekapitalismus und die damit verbundene Ausbeutung und Verelendung des Industrieproletariates eingebunden und verstanden. Darin erweist sie sich keineswegs als ein geschichtlicher Sonderfall; folglich ist ihre Not auch nicht durch noch so gut gemeinte (wenn es solche denn überhaupt gäbe) Einzelaktionen anzugehen. Vielmehr ist sie eine besonders scharfe Form der die Menschheitsgeschichte seit je beherrschenden Klassengegensätze, die im industriellen Zeitalter ihre letzte Zuspitzung erhalten. Die arbeitenden unterdrückten Produktivkräfte geraten in zunehmenden Konflikt mit den sie beherrschenden Eigentumsverhältnissen, die zugleich aber auch die Produktionsverhältnisse bestimmen und bedingen. Analog, aber intensiver als zum Ende des Feudalismus, führt dies zur Tendenz der Befreiung von den ausbeuterischen Fesseln, die in jene soziale Revolution münden muß, welche durch die Aufhebung der bestehenden Eigentumsverhältnisse die Befreiung schließlich ermöglicht. Dies ist freilich nur in einem geschlosssenen Klassenkampf möglich (daher Marx' Slogan: «Proletarier aller Länder vereinigt euch!»), der dann den Kommunismus als Synthese der dialektischen Geschichte herbeiführt und durch die Aufhebung des Privateigentums ausbeuterische Herrschaft ebenso aufhebt, wie sie die zu dessen Schutz nötigen Institutionen, also Staat und Recht im Sinn von J. Locke († 1704) überflüssig macht. Zugleich aber können die Errungenschaften der geschichtlichen Entwicklung bewahrt werden, denn die so entstehende klassenlose Gesellschaft bewahrt dialektisch die Vorteile der voraufgegangenen Stufen (Sklaverei, Feudalimus, Kapitalismus) wie diejenigen des Urkommunismus, ohne deren Nachteile (Herrschaft von Menschen über Menschen bzw. Primitivität der materiellen Verhältnisse) weiter in Kauf nehmen zu müssen. Der Kapitalismus ist dagegen aus innerer Notwendigkeit dazu bestimmt, sich selber aufzulösen, weil sich Kapital als Produktionsmittelbesitz immer mehr bei der besitzenden Klasse der Bürger konzentriert unter gleichzeitig zunehmender (zahlenmäßig wie hinsichtlich der Intensität) Verelendung des Proletariats. Dies führt zu einem dialektischen Widerspruch, dessen Spannung zu beheben der Kapitalismus aber unfähig ist; die Revolution ist die notwendige Folge; aus ihr ergibt sich ebenso notwendig die klassenlose kommunistische Gesellschaft.

So sehr diese Sicht als Kapitalismuskritik aber auf Beobachtungen von Zeitumständen aufbaut und damit auch ihre wissenschaftliche Berechtigung hat, so wenig ist die Extrapolation auf eine gesamtgeschichtliche Dimension verifiziert. Sie bleibt eine – mittlerweile in zahlreichen Punkten falsifizierte[31] – nationalökonomische Hypothese, deren Gültigkeit nicht auf verifizierten Fakten, sondern auf einer Idee, nämlich der altaufklärerischen Idee der von Natur aus guten Menschheit als einzelnem wie vor allem als Gesellschaft in Geschichte aufruht. Die Freiheit des einzelnen jedoch ist durch die Einsicht in die Notwendigkeit bestimmt. Entsprechend hat er sein Tun unter der Gefahr seiner sonstigen Eliminierung als Strafe für das Vergehen des Revanchismus dieser eingesehenen Notwendigkeit anzupassen. Das als wissenschaftliche Theorie begonnene Konzept von Marx entartet in der vor allem von Lenin (1924) in dieser Weise zugespitzten Form vollends zur Zwangsideologie.

Diskussionswürdig bleibt damit nicht die ökonomisch philosophische Gesamtvision des Marxismus, sondern einzelne Elemente seiner Kapitalismuskritik. Hier werden Faktoren genannt, die durchaus zu beachten sind, wie z. B.: die Kapitalkonzentration oder die Proletarierverelendung, die Ungleichheit von Kapital, das manövrierbar bleibt, und Arbeit, die zum Überleben angeboten werden muß und daher menschlich erstrangig Schutz verdient; aber auch die Reduktion der Arbeit auf einen Sachwert, der voll handelbar ist und dessen Tauschwert (Lohn) von dem Gebrauchswert (Produktepreis) allein abhängig ist. Nur können diese Fehlentwicklungen anders und mit geringeren sozialen Belastungen angegangen werden als es die marxistische Revolutionstheorie vorschlägt. Daß die marx'schen Ansätze dennoch starke Impulsgeber waren – und wäre es auch nur, um der prognostizierten Revolution zu entgehen – zeigt die Geschichte mit großer Deutlichkeit, und zwar gerade auch unter wirtschaftlichen Vorzeichen: Wo Marx' Revolutionsprophezeihung nicht als säkulare Hoffnung, sondern als Warnung verstanden wurde im Sinn von «wenn nicht bald etwas geschieht», hat Marx die größte sozialgestalterische Wirksamkeit gezeitigt.

3. Christliche Ansätze

Obwohl sich aus dem Evangelium keine Wirtschaftstheorie ableiten läßt – die Soziallehre der Kirche sei kein «Dritter

Weg» zwischen liberalistischem Kapitalismus und kapitalistischem Sozialismus, hält die Enzyklika «Sollicitudo rei socialis» (1987) ausdrücklich (Nr. 41) fest –, so konnten doch die sozialen Folgen der klassisch-liberalen Wirtschaftstheorie, also die in der kapitalistischen Industriewirtschaft auftretende Verelendung des Proletariates, den auf das Evangelium der unbedingten und gerade den Benachteiligten gegenüber besonders engagierten Nächstenliebe verpflichteten christlichen Glaubensgemeinschaften nicht gleichgültig sein. Soziale Initiativen zu caritativer Hilfestellung, aber auch zu institutionellen Initiativen «christlicher Betriebe», vor allem jedoch Studienzirkel zur Auseinandersetzung mit der «sozialen Frage» entstanden aus dieser christlich empfundenen Verantwortlichkeit. Forderungen nach der Bildung von Eigentum in Arbeiterhand, nach dem Recht des freien Zusammenschlusses zur Interessenvertretung wie nach der Ermöglichung der dazu unerläßlichen Bildung der Jugend («Grundschule statt Kinderarbeit», die entsprechende Forderung[32]), aber auch die direkte Arbeiterbildung, wie sie der Mönchengladbacher Volksverein für das katholische Deutschland (gegr. 1890) betreiben wollte, ergaben sich als Konsequenz. Die Bündelung der Initiativen und Anregungen in der von G. Mermillod angeregten, internationalen «Union de Fribourg» führte katholischerseits über den in den sozialen Problemen schon länger engagierten Papst Leo XIII. 1891 zur ersten Sozialenzyklika «Rerum novarum».

Im gleichen kapitalismus- und liberalismuskritischen Sinn brachten dagegen im protestantischen Raum die zu den offiziellen Landeskirchen eher distanzierten «religiösen Sozialisten» mehr punktuell, aber oft direkt politisch und parteibezogen (C. Blumhardt [† 1919] in Deutschland, aber auch sein Freund H. Eugster-Züst [† 1932] in der Schweiz waren als Parlamentarier aktiv) christlich sozialethische Impulse ein und suchten dafür meist in sozialistischen Parteien Rückhalt.

«Ein rechter Christ muß Sozialist sein, wie denn auch ein rechter Sozialist Christ sein mußte», meinte Karl Barth anläßlich seines Beitritts zur sozialistischen Partei der Schweiz im Jahr 1915.

Die Katholische Soziallehre lehnte dagegen eine solche Verbindung zum politischen Sozialismus als mit dem christlichen Glauben grundsätzlich unvereinbar noch 1931 in der Enzyklika «Quadragesimo anno» (Nr. 117, 120) ab. Dahinter steht aber nicht nur die Erfahrung der atheistischen Grundhaltung sozialistischer Parteien und Gewerkschaften, die einem Katholiken eine Mitgliedschaft bei gleichzeitiger Praktizierung seines Glaubens weitgehend verunmöglichte. Mehr oder weniger bewußt steht dahinter auch eine teils romantisch nostalgische, teils aber auch prospektiv fruchtbare Skepsis gegenüber der der wirtschaftswissenschaftlichen Klassik wie ihrer marxistischen Kritik gemeinsamen Aufklärungsphilosophie. Nostalgisch – und daher sozialethisch eher hinderlich – ist dabei die Rückschau auf die mittelalterliche ständische Ordnung, welche die Gesellschaft vertikal in Berufszweige (Zünfte, Innungen, Kasten u. ä.) und nicht horizontal klassenmäßig gliedern wollte. Die Initianten mancher sozialer Aufbrüche von Christen im 19. Jh., unter denen sich die Namen mancher Adliger finden (wie etwa von Ketteler, von Vogelsang, von Loewenstein u. a.) neigten von ihrem Herkommen her leicht zu dieser Sicht, die dann 1931 in der Enzyklika «Quadragesimo anno» als sog. «berufsständische Ordnung» sogar Eingang in ein kirchenoffizielles Dokument findet.

So berechtigt dabei die Ablehnung eines letztlich gerade für die Schwächeren zerstörerischen Klassenkampfes, bzw. das Suchen nach anderen Wegen der Konfliktbewältigung war, so unhaltbar erwies sich dieses nun doch an einen «dritten Weg» gemahnende Modell zumindest im Versuch zu seiner konkreten Verwirklichung in den 1930er Jahren in Österreich, wo man versuchte, es in einem nationalistisch totalitären Ständestaat zur Bewältigung sozialer Konflikte einzusetzen. Obwohl – allerdings völlig unabhängig von diesen Ideen – 1937 in der Schweiz die sog. «Friedensabkommen» als zwischen Gewerkschaft und Unternehmerverbänden ausgehandelte, zeitlich begrenzte und erneuerbare, aber schiedsgerichtlich gesicherte Gesamtarbeitsverträge eine nicht ideologisch, sondern nüchtern pragmatisch begründete Alternative zum Klassenkampf aufzubauen begannen, machte diese Konzeption kaum Schule. Das ständische Konzept blieb so romantisch retrospektiv und erwies sich als den Herausforderungen der modernen Wirtschaftsordnung unter den sie tragenden liberalistisch kapitalistischen wie auch den kollektivistisch sozialistischen Ideologien nicht gewachsen.

Anders als das Konzept der berufsständischen Ordnung bleiben dagegen zwei Ansätze dieser christlich sozialethischen Überlegungen auch prospektiv ideologiekritisch bedeutsam: Einmal ihr grundsätzlich aufklärungskritisches Menschenbild, das die utopische Idee eines von Natur aus guten Menschen (bzw. einer von Natur aus guten Gesellschaft) ablehnt und realistisch mit der (sündigen) Anfälligkeit jedes Menschen für Selbstüberheblichkeit und Selbstsucht rechnet. Ein in jedem Fall zum Besten aller ausschlagendes «wohlverstandenes Eigeninteresse» ist offensichtlich in keiner der vorgeschlagenen Ordnungen sichergestellt. Die bei einer allgemeinen Vergesellschaftung des Eigentums zur Führung, Planung und Verwaltung dennoch unerläßlichen Funktionäre sind von dieser Anfälligkeit ebenso wenig ausgenommen wie die wirtschaftlichen Machtträger des Kapitalismus. Der von den «Aristoi» – seien sie Unternehmer und Manager oder Funktionäre einer Planbehörde – gelenkte «platonische» Staat ist ebenso eine Illusion wie der von Natur aus gute Mensch eines J. J. Rousseau.

Was daher Not tut, ist ein Instrumentar zu einer wirksamen Machtkontrolle, wie sie ansatzhaft das auch in «Rerum novarum» schon geforderte Recht des Arbeiters auf Zusammenschlüsse zur gemeinsamen Interessenvertretung darstellt, denen als letztes Mittel zur Wahrung ihrer berechtigten Ansprüche auch Kampfmaßnahmen zugebilligt sind. Eine das wirtschaftliche Geschehen als Ganzes über seine ökonomische Funktionalität hinaus in einen gesamtmenschlichen Rahmen stellende Rechtsordnung, in welcher nicht nur nach dem utilitaristisch-sozialeudaimonistischen Grundsatz vom «größten Glück der größten Zahl» (J. Bentham [† 1832]) gehandelt wird, sondern die unbedingte Achtung der Würde jeder menschlichen Person gewährleistet ist, gehört damit als zweites zu den unerlässlichen Postulaten einer christlichen Sozialethik.

Entsprechend kann nach einem christlichen Verständnis die Nationalökonomie so wenig wie jede andere Humanwissenschaft als wertfreie Forschung angesehen und betrieben werden. Dies vor allem auch im erwähnten «Werturteilsstreit» gegen M. Weber († 1920) und W. Sombart († 1941) betont zu haben, ist ein kaum zu unterschätzendes Verdienst des christlichen Nationalökonomen und Theologen H. Pesch SJ († 1926), auch wenn die Verallgemeinerung seines Ansatzes sich erst im sog. Positivismus-Streit zwischen J. Habermas und K. Popper (bzw. H. Albert) nach 1970 definitiv Bahn brach. Für die Katholische Soziallehre, in welcher der Sicht der Pesch-Schüler O. v. Nell-Breuning und G. Gundlach seit 1931 – sie waren am Entwurf der Enzyklika «Quadragesimo anno» wesentlich beteiligt – ein bestimmende Rolle zukam, konnte von da aus eine rein rational-pragmatische (bzw. ökonomisch-funktionalistische) Ökonomik nur mehr im Rahmen einer unbedingten Achtung der Würde jedes Menschen (bzw. unter der Voraussetzung eines letztlich christlich-humanistischer Tradition verpflichteten Menschenbildes) Anerkennung finden. Der in diesem Zusammenhang von der christlichen Sozialethik gegen Liberalismus wie Sozialismus geforderte sogenannte «Solidarismus» (H. Pesch), der echte Sozialpartnerschaft statt soziale Gegensätzlichkeit verlangt und dazu immer neu den Vorrang der Arbeit (bzw. des arbeitenden Menschen) vor dem Kapital als einem bloßen Sachwert hervorhebt, ist ein drittes Postulat dieses Ansatzes. Die damit verbundene Herausarbeitung von sozialen Menschenrechten, ohne die die personalen Freiheitsrechte zur Leerformel absinken würden, werden damit zur unerläßlichen Voraussetzung für eine ethisch zu verantwortende Wirtschafts- und Gesellschaftsordnung. Solche Rahmenbedingungen allgemein ethisch herauszustellen und eben dadurch auf eine eigene spezifisch christliche Wirtschaftstheorie zu verzichten, dürfte daher der dem Evangelium wie der ökonomischen Problematik angemessene, stimulativ-kritische Beitrag der Christen im kapitalismus-kritischen Diskurs darstellen.

Auf sich allein gestellt hätten diese Forderungen allerdings aller Erfahrung nach kaum praktische Wirkung gezeitigt. Parallel dazu wuchs aber auch in der Weiterentwicklung der wirtschaftswissenschaftlichen Theorien die Einsicht in die Notwendigkeit der Selbstbegrenzung einer rein liberalen Marktwirtschaft zur Verhinderung ihrer monopolistischen Selbstaufhebung. Aber auch in den kapitalismuskritischen Reformen sozialdemokratischer Bewegungen wich die Forderung nach totaler Systemveränderung derjenigen nach der unbedingten Beachtung grundlegender sozialer Rechtsansprüche. So konnten solche christlich ethischen Einsichten aus theologischer Reflexion zunehmend Dialogpartner im gesamten gesellschaftlichen Umfeld finden. Dies galt umso mehr, als die Festschreibung sozialer Menschenrechte 1948 in die allgemeine UNO-Charta der Menschenrechte einging und die Katastrophe des Zweiten Weltkrieges nach dessen Ende 1945 zunächst im Westen und mit 40jähriger Verzögerung auch in der östlichen Hemisphäre ein Überdenken der wirtschaftlichen Theorien erheischte. Als Voraussetzung für eine dem heutigen Stand der wirtschaftswissenschaftlichen Erkenntnis angemessene sozialethische Auseinandersetzung gilt es daher, die neueren ökonomischen Theorieansätze genauer zu studieren, zumal das sog. wirtschaftswissenschaftliche «Ordo-Denken» analoge Anliegen in differenzierter Weise ebenfalls zur Sprache bringt.

D. Nationalökonomische Theorien im 20. Jahrhundert

Neben der nach 1920 zurückgedrängten historischen Schule verdienen hier vor allem folgende Richtungen besondere Erwähnung:

1. Die Neoklassik

Wie der Name sagt, greift die Neoklassik die Grundlagen der klassischen Nationalökonomie, wie sie von Adam Smith begründet wurde, wieder auf. Der Anknüpfungspunkt liegt in erster Linie darin, daß Märkte in ihrer Betrachtung eine dominierende Rolle spielen. Auf anderen Gebieten hat die Neoklassik dagegen das Programm der klassischen Nationalökonomie nicht fortgeführt, so wenn sie sich primär als statische Theorie versteht und wichtige Randbedingungen des Wirtschaftens wie vor allem die staatlichen Aktivitäten aus ihrer Analyse weitgehend ausklammert[33].

1.1 Wesentliche Kennzeichen

Typisch für diese Schule ist als erstes ihr sog. «methodologischer Individualismus», d. h.: der einzelne Mensch ist Ausgangspunkt jeder ökonomischen Betrachtung. Im Rahmen gesellschaftlicher wie ökonomischer Restriktionen (Knappheit an Ressourcen wie an Wissen, Arbeitskraft, Kapital oder Zeit) kann er einzelne freie Entscheidungen treffen, die nicht rein biologisch oder gesellschaftlich vorherbestimmt sind. Als heuristische Fiktion wird das Verhalten des Menschen als unter Knappheitsbedingungen eigennütziges angenommen, so daß etwa der einzelne Unternehmer einen möglichst großen Gewinn zu erzielen sucht oder der einzelne Haushalt bei der Aufteilung der ihm zur Verfügung stehenden Einkommen seinen Nutzen maximieren will. Dies gilt nicht weniger für das Arbeitsangebot des einzelnen Haushaltes, wenn er zwischen der optimalen Aufteilung zwischen Arbeitszeit und Freizeit zu wählen hat. Die Neoklassik arbeitet bewußt mit besonders einfachen und sparsamen Grundannahmen. Sie beabsichtigt nicht, das Verhalten einzelner Menschen zu erklären, sondern will im Rahmen statistischer Massenphänomene Tendenzen aufzeigen. So nimmt sie beispielsweise an, daß ein deutlich steigendes Realeinkommen der Menschen längerfristig auch den Wunsch nach kürzerer Arbeitszeit weckt, um ausreichend Zeit zu haben, das Einkommen auch entsprechend für die eigenen Konsumzwecke verwenden zu können. Dieser Annahme widerspricht nicht, daß in Einzelfällen Menschen z. B. über die reguläre Arbeitszeit hinaus auch Überstunden leisten wollen oder als Schwarzarbeiter tätig sind; entscheidend ist allein der allgemeine Trend.

Ausgehend vom Verhalten der einzelnen Haushalte oder Unternehmen wird auch der Markt als ein Ort analysiert, auf dem die Pläne der Haushalte und Unternehmen untereinander koordiniert werden. Dabei wird angenommen, daß ursprüngliche Pläne von Marktteilnehmern oft nicht übereinstimmen, also etwa das Angebot von Gütern der Nachfrage nicht entspricht, um dann in der Analyse des Marktprozesses herauszustellen, wie es zu einem Gleichgewicht kommt, das dadurch gezeichnet ist, daß es die freilich angepaßten Pläne der Marktteilnehmer dennoch angemessen zu erfüllen mag. Das zentrale Element bei dieser Koordination liefert der Preismechanismus. Preise haben dabei primär eine Informationsfunktion, indem sie Anbieter und Nachfrager über die relative Knappheit informieren; sie sind also nicht primär Indikator für die Produktionskosten, obwohl natürlich auch diese eine bestimmende Funktion ausüben.

Bei dieser Analyse des Verhaltens der einzelnen Haushalte und Unternehmen bedient sich die Neoklassik besonderer mathematischer Methoden, deren Verwendung sich am Vorbild der Naturwissenschaft orientiert. Man hofft mit ihrer Hilfe ökonomische Gesetzmäßigkeiten von zeitloser Gültigkeit herausfinden zu können. Entsprechend gering ist die Rolle die Zeitfaktoren etwa für die Herstellung des ökonomischen Gleichgewichts oder die Geschichte als solche in diesem Konzept spielen. Mit Hilfe dieser mathematischen Methode wird schließlich auch der Nachweis möglich, daß das Konzept der unsichtbaren Hand von A. Smith theoretisch denkbar ist, ein Markt also wegen dezentraler Entscheidungen der einzelnen Marktteilnehmer (also ohne zentrale Planung) nicht in ein Chaos münden muß. Der Vorteil dieser mathematischen Methode liegt darin, daß sie die Interdependenz vielfältiger ökonomischer Größen zu analysieren und dann modellhaft darzustellen ermöglicht. So kann man etwa simulieren, wie ein wirtschaftlicher Wachstumsprozeß ohne Beschäftigungskrisen ablaufen kann, oder zeigen, welche Höhe Zinsen, Investitionen, technischer Fortschritt usw. haben müssen, damit bei einem gegebenen Arbeitsangebot keine Arbeitslosigkeit entsteht, vorausgesetzt – was allerdings real in keiner Weise immer gewährleistet ist – daß sich alle Wirtschaftssubjekte in diesem Sinn rational verhalten. Dennoch bietet diese Vorgehensweise vor allem hinsichtlich der Anwendung der elektronischen Datenverarbeitung große Möglichkeiten. Zugleich aber künden sich in dieser Systematisierung auch schon die dieser Sichtweise inhärente Probleme an.

1.2 Probleme der Neoklassik

Da die Neoklassik zunächst Marktökonomie sein will, hat sie den Staat, d. h. also wirtschaftliche Aktivitäten und Interventionen des Gemeinwesens weitgehend ausgeblendet. In ihrer

Modellvorstellung werden die Rahmenvorgaben des Staates als bloße Randbedingungen beachtet, innerhalb derer die Analyse der Marktprozesse erfolgt. Da aber diese staatlichen «Rahmenbedingungen» zunehmend an Bedeutung gewinnen, vermindert sich entsprechend der Aussagewert der mit neoklassischem Instrumentarium gewonnenen Analysen und Aussagen. Ein weiteres Problem der Neoklassik besteht ferner darin, daß sich zwar mit Hilfe der mathematischen Modelle eine hohe logische Stringenz ökonomischer Theorien erreichen ließ und wichtige Einsichten über die Zusammenhänge ökonomischer Größe entwickelt werden konnten. Wenn aber ein Gleichgewichtszustand im Modell nachgewiesen wird, besagt dies noch kaum etwas darüber aus, wann diese Wirklichkeitsstufe erreicht ist, bzw. wie sie überhaupt erreicht werden kann. Entsprechend sind für die Übertragung solcher wirtschaftlichen Modelle auf eine gesamte gesellschaftspolitische Praxis erhebliche Vorbehalte anzumelden. Zumindest darf nicht leichtfertig die ökonomische Modellwelt mit der wirtschaftlichen Realität verwechselt werden, um nicht wirtschaftliche Fehlentwicklungen sogar zu provozieren.

Dies gilt insbesondere auch deshalb, weil die Modelle, zumindest in ihrer einfachen Form wirklichkeitsfremd, zeitlos, statisch konzipiert sind und die dynamischen Elemente des Wirtschaftsablaufes kaum berücksichtigen.

Tatsächlich aber ist die Entwicklung von Volkswirtschaften im Zeitlauf – und dies wäre als Drittes zu erwähnen – durch tiefgreifende Innovationen gekennzeichnet, und zwar so sehr, daß der Nationalökonom J. Schumpeter († 1950) die westlichen Marktwirtschaften als einen «Prozeß der schöpferischen Zerstörung» beschreiben konnte. Im Wirtschaftsleben finden permanent Umwälzungen statt; neue Güter werden eingeführt und neue Rohstoffe entdeckt, neue Unternehmensformen entwickeln sich, und alte sterben ab. Gerade dieses wesentlich dynamische Element im Wirtschaftsleben wird von der statischen Theorie der Neoklassik aber ungenügend erfaßt. Daraus ergibt sich als viertes Problem dieses Modells, daß mit der mathematischen Erfassung verschiedene Faktoren des Wirtschaftens nur sehr schwierig erhoben werden können. Dies gilt sowohl für die psychologischen Momente (die nach einem Wort des früheren Wirtschaftsministers der BRD, Karl Schiller, 50 % der Wirtschaftspolitik ausmachen) wie für die in den wirtschaftlichen Prozessen ebenfalls wirksamen Machtfaktoren. Gerade hinsichtlich der letzteren unterstellt die Neoklassik ein Marktgleichgewicht unter den Marktteilnehmern, das sie aber dazu zwingt, den faktisch zwar festgestellten und analysierten Kartellen und Monopolen eine praktische Bedeutung weitgehend abzusprechen, ja ganz allgemein ethische und rechtliche Aspekte im Wirtschaftsleben auszublenden.

Trotz dieser Schwierigkeiten ist die Neoklassik aber nach wie vor in der Volkswirtschaftslehre weltweit vorherrschend. Mit Hilfe ihrer mathematischen Methode ist es ihr nämlich gelungen, wichtige Einsichten in die Zusammenhänge ökonomischer Größen zu finden. Nur mit Hilfe dieses Vorgehens war es nämlich möglich, die Interdependenzen der weltweit verflochtenen Wirtschaften einigermaßen zu verstehen; nur hat dieser Erfolg auch die genannten Vernachlässigungen gezeitigt. Obwohl die Neoklassik zeitweise mit dem Anspruch auftrat, die ökonomische Theorie schlechthin zu sein, kommt ihr somit dennoch nur eine begrenzte Bedeutung zu.

Dies trifft aber auch für jenen Ansatz zu, der sozusagen von der Gegenseite des Liberalismus her die wirtschaftliche Wirklichkeit zu erfassen versucht und als Ausgangspunkt seiner Überlegungen annimmt, daß wirtschaftliche Gleichgewichte weder in der Realität vorgegeben noch vom wirtschaftlichen Ablauf tendenziell angestrebt werden. Nach seinem Hauptvertreter, J. M. Keynes († 1946) spricht man dabei vom:

2. Keynesianismus

2.1 Ansatz und Charakteristik

Keynes, Mathematiker und Professor für Volkswirtschaft in Cambridge übte mit seiner Theorie als Berater der britischen Regierung sowohl bei den Friedensverhandlungen von Versailles 1919 als auch bei der Neugestaltung der Weltwirtschaft und Währungsordnung zwischen 1944 und 1946 erheblichen konkret politischen Einfluß aus, obwohl sich seine Konzeption, übrigens wohl zum Schaden der wirtschaftlichen Entwicklung, kaum durchzusetzen vermochte. Schon 1919 hatte er nämlich darauf hingewiesen, daß Deutschland die notwendigen Reparationszahlungen an die Siegermächte nur dann erwirtschaften könnte, wenn diese der deutschen Wirtschaft gestatten würden, entsprechende Exportüberschüsse zu erzielen und die Erlöse für die Zahlungen zu verwenden. Es sei nämlich ein Widerspruch, einerseits deutsche Exportüberschüsse verhindern zu wollen andererseits aber Zahlungen zu verlangen. Wie die weitere Entwicklung in den 1920er Jahren und dann bei der Weltwirtschaftskrise nach 1930 zeigte, waren diese Warnungen berechtigt. Dennoch konnte sich Keynes 1944 mit seinen Vorschlägen zur Reform des Weltwährungssystems erneut nicht durchsetzen. Das System der festen Wechselkurse von Bretton Woods entsprach nicht seinen Vorstellungen, bestimmte aber bis zum Anfang der 1970er Jahre die Weltwährungsordnung. Erst seit dem Übergang von festen zu flexiblen Wechselkursen im Jahre 1973 erhalten die Ideen von Keynes erneute Aktualität.

Die größte Bedeutung hat Keynes trotzdem nicht in der Auseinandersetzung mit Problemen von Reparation und Währungsordnung gewonnen. Dies geschah vielmehr durch sein Werk: «General Theory of Employment, Interest and Money» aus dem Jahr 1936. Diese allgemeine Theorie der

Beschäftigung, des Geldes und der Zinssätze verarbeitet die Erfahrungen der Weltwirtschaftskrise im Anschluß an den Börsenkrach von 1929. Im Gegensatz zur Neoklassik ist Keynes in seiner Analyse aber weniger an den Entscheidungen der einzelnen Haushalte und Unternehmen interessiert als vielmehr an makroökonomischen, also gesamtwirtschaftlichen Größen, bei denen allgemeine ökonomische Daten wie etwa die Rate der Arbeitslosigkeit, die Höhe des Zinses oder das wirtschaftliche Wachstum eine bedeutende Rolle spielten. Während im neoklassischen Modell unterstellt wird, daß sich die Märkte im Gleichgewicht befinden oder doch dahin tendieren und also Selbstheilungskräfte entwickeln, die zumindest langfristig zu wirtschaftlich optimalen Entwicklungen führen, geht Keynes von der empirischen Wirklichkeit der Weltwirtschaftskrise aus, die diesem Modell diametral entgegensteht. Ein berühmtes Wort von Keynes sagt, «langfristig sind wir alle tot» und meint, daß der Mensch nicht auf die Selbstheilungskräfte der Märkte warten kann, wenn er überleben will.

Keynes' großes Anliegen war es daher herauszufinden, weshalb erhebliche Ungleichgewichte im Geld-, Güter- und Arbeitsmarkt langfristig bestehen bleiben können. Er entdeckt dabei, daß eine wesentliche Schwäche des Marktsystems darin besteht, daß Geldersparnisse entgegen der Theorie nicht unmittelbar in realwirtschaftliche Investitionen umgesetzt werden. In der Theorie der Zinsmechanismen müssen zwar das Angebot von Geld (Ersparnis) und die Nachfrage nach Geld (Investition) in Übereinstimmung gebracht werden. Nur funktioniert dieser Ausgleich, etwa wenn Geld gehortet statt investiert wird, nicht reibungslos und kurzfristig. Die Folge können depressive Entwicklungen der Wirtschaft sein. Auch weist Keynes darauf hin, daß die Preisflexibilität der ökonomischen Größen in der Wirklichkeit nicht unbegrenzt gegeben ist, z. B. weil Löhne nach unten hin gar nicht ausreichend flexibel sein können. So ist auch eine anhaltend hohe Arbeitslosigkeit denkbar, ohne daß es zu einer Tendenz zu mehr Beschäftigung kommt, wie es klassische oder neoklassische Modelle unterstellt haben. In solchen Konjunkturkrisen muß nach Keynes daher an die politische Verantwortung des Staates appelliert werden. Wenn die privaten Ersparnisse die Höhe der Investitionen der Unternehmer übersteigen und es damit zur Wirtschaftskrise kommt, kann allein der Staat durch eine Verschuldung der öffentlichen Hand diese Ersparnisse übernehmen und beschäftigungspolitisch wirksam werden lassen. Die zu geringe Nachfrage der Unternehmer an Investitionsgütern soll also durch eine staatliche Nachfrage politisch ergänzt werden, um ein höheres Beschäftigungsniveau zu erreichen. Keynes hat mit diesem Konzept eine wirtschaftspolitische Legitimation von Staatsverschuldung geschaffen. Während bei der klassischen Nationalökonomie Staatsverschuldung strikt abgelehnt wurde, weil man befürchtete, daß die Politiker ihren Handlungsspielraum auf diese Weise zu sehr ausweiten könnten, sieht Keynes in einer Konjunkturkrise (allerdings auch nur dort – Keynes selber ist viel zurückhaltender als manche Wirtschaftspolitiker, die sich auf ihn berufen –) eine Staatsverschuldung als unschädlich an.

Dennoch ist diese keynesianische Theorie erst mit etwa 20- bis 30jähriger Verspätung in die wirtschaftspolitische Praxis eingeflossen, weil – wie manche vermuten – die mit Keynes' Ideen von ihrem Studium her vertrauten Volkswirte erst etwa 20 Jahre nach Abschluß der Studiums in Regierungsämter aufstiegen und so die Möglichkeit hatten, eine neue Theorie in die politische Praxis umzusetzen. In den 1960er Jahren begannen jedenfalls keynsianische Ideen die praktische Wirtschaftspolitik der USA und in deren Gefolge auch der BRD zu prägen[34]; nur hat dann die im Gefolge dieser (freilich oft überzogenen) Politik eintretende Preissteigerung und Inflation dazu geführt, daß der Einfluß des Keynesianismus in den 1970er Jahren wieder deutlich zurückging.

2.2 Grenzen der Theorie

Eine keynesianische Wirtschaftspolitik ist somit in einer Rezessionsphase durchaus sinnvoll. In einer Hochkonjunktur, die ohnehin schon durch Preissteigerungen gekennzeichnet ist, wäre es dagegen nötig, durch entsprechende Kürzungen von Staatsausgaben oder Steueranhebungen eine überschäumende Nachfrage zurückzudrängen und damit eine inflationäre Überhitzung zu verhindern oder doch so zu bremsen, daß sie nicht in eine Kombination von Inflation und Rezession also in eine «Stagflation» einmündet. Das Problem des Keynesianismus ist also, daß Politiker in einer Rezession zwar rasch bereit sind, hohe Staatsschulden einzugehen, aber viel weniger Bereitschaft zeigen, die Staatsausgaben zu kürzen und Schulden zurückzuzahlen, sobald die Konjunktur wieder anzieht und die Staatskassen gut gefüllt sind[35]. Eine weitere Schwäche des Keynesianismus liegt darin, daß Unternehmen und Gewerkschaften bei ihren Preis- bzw. Lohnforderungen den Regierungen ein keynesianisches Verhalten unterstellen und zugleich auf die gesamtwirtschaftlichen Entwicklungen wenig Rücksicht nehmen. Selbst bei einer Abschwächung der Konjunkturlage werden daher hohe Forderungen gestellt, in der Hoffnung, daß die Behörden negative Auswirkungen auf die Beschäftigung durch staatliche Maßnahmen unterbinden werden. Beschäftigungswirksam wird eine staatliche Nachfrageüberhöhung aber nur dann, wenn sie bei weitgehend konstanten Preisen zusätzliche Gütermengen produzieren läßt und so mehr Menschen Beschäftigung finden. Wenn eine erhöhte staatliche Nachfrage aber nur zu Preissteigerungen führt, also den jetzt Beschäftigten höhere Löhne gewährt und die Unternehmen größere Gewinne realisieren, muß eine keynesianische Politik bald einmal an der Inflation scheitern. Das heißt: Größere staatliche Interventionen ohne eine ebenso straffe staatliche Führung verhindern die beabsichtigte Wirkung[36].

Ebenso betont die Kritik am Keynesianismus, daß es dem Staat an den notwendigen Informationen zur Feinsteuerung des Wirtschaftsablaufs fehlt. Wie sich eine wirtschaftliche Entwicklung im einzelnen vollzieht, ist empirisch nicht exakt meßbar und daher auch nicht vorhersehbar. Dazu kommen die bürokratischen Verzögerungen bei der Umsetzung staatlicher Konjunkturprogramme, so daß diese oft erst nachfragewirksam werden, wenn die Unternehmen schon wieder relativ gut beschäftigt sind und anschließend der Staat die Ausgaben dann kürzt, wenn die Konjunktur sich schon wieder abschwächt. Aufgrund von Informationsdefiziten und Prognosefehlern kann damit sogar eine zunehmende Instabilität des Konjunkturverlaufs die Folge der staatlichen Wirtschaftspolitik sein anstelle der theoretisch angestrebten Glättung des Wirtschaftsverlaufes. Diese Kritik ist insbesondere von «Monetaristen» vorgetragen worden. Deren bekanntester Vertreter ist Milton Friedman mit seiner Forderung, daß sowohl die Geldpolitik der Notenbank als auch die Ausgabenpolitik des Staates sich konstant entwickeln, also mit voraussehbaren Raten wachsen sollten. Mit einer solchen Politik könnte der Staat am besten zur Stabilität der Wirtschaft beitragen. Umgekehrt sei eine aktive Beschäftigungspolitik des Staates nicht nötig, da das marktwirtschaftliche System grundsätzlich selber wieder zum Gleichgewicht zurückzufinden vermöge, womit das klassische Axiom von der Stabilität des privaten Wirtschaftssektors erneut in die Diskussion zurückkehrt.

Die Kontroverse zwischen Keynesianern und eher neoklassisch orientierten Monetaristen hat in der Folge dazu geführt, daß sich in der Nationalökonomie in jüngster Zeit eine weitere Strömung zu entwickeln begann, die sog. Institutionenökonomik. Sie weist auf der einen Seite im Rahmen von Friedman'schen Argumenten darauf hin, daß erhebliche Defizite bei der staatlichen Wirtschaftspolitik bestehen, andererseits aber nimmt sie auch keynesianische Argumente auf und zeigt, wie selbst der durch Märkte gesteuerte private Wirtschaftssektor, nicht von selbst perfekt ist, sondern erst aufgrund von Marktbeschränkungen funktioniert, und daß in ihm sogar erhebliche Ungleichgewichte wie z. B. hohe Arbeitslosigkeit entstehen können. Dieses synthetische Modell wird vor allem von M. Olson vertreten.

3. Die Institutionenökonomik

In diesem Denkmodell lassen sich zwei Ansätze unterscheiden: Einmal der ältere Ansatz des sog. «Ordoliberalismus», der vor allem in Deutschland hohe Bedeutung erlangte, sowie zweitens die neue Institutionenökonomik die vor allem in den USA nach 1970 zunehmend Beachtung fand.

3.1 Der Ordoliberalismus

Die Grundidee des Ordoliberalismus entstand noch während des Zweiten Weltkrieges, als Nationalökonomen und Juristen sich über die Nachkriegsordnung Deutschlands Gedanken zu machen begannen. Wichtigste Vertreter dieser Schule sind die Freiburger W. Eucken († 1950)[37] und der Kartelljurist Franz Böhm († 1977). Zusammen gründeten sie das Ordo-Jahrbuch das seit 1949 die Grundgedanken dieser Richtung vertritt. Schon im Vorwort zum ersten Band machen die Herausgeber deutlich, daß für sie der Wettbewerb nicht letztes Ziel, sondern Instrument zur Gestaltung einer menschenwürdigen Wirtschafts- und Sozialordnung ist. Die Marktwirtschaft steht hier also in einer bewußt ethischen Begründung, wie sie auch von anderen Vertretern des Ordoliberalismus vertreten wird, so etwa von W. Röpke († 1966), der viele Jahre in Genf lebte, oder von A. Müller-Armack († 1978), von dem der für die Wirtschaftsordnung der BRD bedeutsame Begriff der «sozialen Marktwirtschaft» stammt. Als Leiter der Grundsatzabteilung im Bundeswirtschaftsministerium unter Minister L. Erhard († 1977) hat Müller-Armack zudem diese Ordnung auch praktisch wesentlich mitgestaltet und von Anfang an auf eine europäische Integration hingearbeitet. Denn wenn Staaten ökonomisch intensiv miteinander verflochten und damit gegenseitig abhängig sind, wächst unter ihnen Verständnis und Vertrauen, was dann zugleich Aggressionen abbaut und Frieden sichert, während wirtschaftliche Autarkie immer die Voraussetzung für eine offensive Außenpolitik war.

Geschichtlich sind die abschreckenden Erfahrungen mit der Entmenschlichung der Politik im Nationalsozialismus wie im Stalinismus der existentielle Ausgangspunkt für diese ordnungspolitischen Überlegungen in den Wirtschaftswissenschaften, die daher eine Wirtschaftsordnung anstreben, in der es eine Verbindung zwischen individueller Freiheit und sozialer Gerechtigkeit geben kann. Zu diesem Zweck wurden zunächst die Fehlentwicklungen der deutschen Wirtschaft vor der Machtergreifung des Nationalsozialismus von 1933 aufgearbeitet. In den Augen der Ordoliberalen war die damalige Wirtschaft stark durch eine Vermachtung der Märkte durch starke Kartelle bestimmt. In einer Entscheidung des Reichsgerichts von 1891 war nämlich das Recht der Vereinigungsfreiheit auch auf die Wirtschaftsunternehmen ausgedehnt worden, so daß in Deutschland Kartellfreiheit herrschte. Unternehmer konnten sich also zur Förderung ihrer wirtschaftlichen Macht ohne staatlichen Eingriff zusammenschließen. Diese Vermachtung der Märkte durch Kartelle hatte zum einen unsoziale Auswirkungen für die Konsumenten, die in der Regel überhöhte Preise zahlen mußten. Sie waren aber zum anderen auch schädlich für die Arbeitnehmer, deren Löhne geringer waren, als sie unter Wettbewerbsbedingungen hätten sein können. Des weiteren führte die Vermachtung der Wirtschaft durch Kartelle dazu, daß es der nationalsozialistischen Wirtschaftspolitik relativ leicht fiel, die gesamte Wirtschaft im Interesse ihrer Aufrüstungspolitik mittels der Kartellinstitution zu steuern. Die private Vermachtung erleichterte die Indienstnahme der Wirtschaft durch einen Staat für seine aggressiven kriegspolitischen Ziele. Eine weitere Erfahrung, die für die Neugestaltung der Wirtschaft nach 1945 fruchtbar gemacht werden konnte, war ferner die Tatsache, daß in Deutschland 1923 wie 1948 die Sparer zweimal durch eine massive Geldentwertung mit nachfolgender Währungsreform geschädigt worden waren; Sparneigung und damit die Bereitstellung von Investivkapital hatten dadurch gelitten.

Daher entwickelten die Ordoliberalen das Konzept einer stabilen Wirtschaftsordnung, deren erstes Ziel die Sicherung des Wettbewerbs durch eine staatliche Wettbewerbspolitik sein sollte. Kartelle sollten daher verboten und Monopole unter Staatsaufsicht gestellt werden, während die Märkte sowohl gegenüber dem Ausland als auch gegenüber «New-Comern» im Inland offengehalten werden sollten. Für Eukken war zudem eine Institution wie das Privateigentum nur dann sozial verträglich, wenn es durch einen funktionierenden und eben dazu staatlich geschützten Wettbewerb auch einer Kontrolle unterliegt. Eucken betonte dazu auch die Bedeutung der Haftung der Eigentumsträger für Folgelasten durch ihre Produkte wie durch die Produktion und sah die Entstehung großer Aktiengesellschaften mit nur beschränkter Haftung, wo Verantwortlichkeiten also nicht eindeutig geregelt sind, als bedenklich an. Schon von daher wird klar, daß die Ordoliberalen keinesfalls als «Laissez-faire»-Liberale, die das Gemeinwesen bloß als Nachtwächterstaat konzipieren, zu verstehen sind. Sie sind vielmehr als (im englischen Sinn) «liberals» zu sehen, für welche die Freiheit des Wettbewerbs nur in festen, staatlich garantierten Regeln als Rahmenbedingungen gesichert sein kann. Damit stehen sie den ursprünglichen Ideen des Moralisten A. Smith wohl sogar näher als der spätere reine Wirtschaftsliberalismus. Denn auch der damalige Sozialeudaimonismus setzte für das Funktionieren der «unsichtbaren Hand» einen rechtsstaatlichen Rahmen voraus. Diese rechtsstaatlichen Rahmenbedingungen treten aber noch deutlicher hervor, wo es darum geht, die Grundsätze der Gerechtigkeit im Sinn von Kants kategorischem Imperativ für alle Menschen, also auch für die sozial Schwächeren zu berücksichtigen.

Deshalb sollte im Konzept der sozialen Marktwirtschaft die soziale Komponente durch eine ausgedehnte Sozialpolitik große Bedeutung erlangen. Eucken begrüßte dazu auch die von manchen extremen Liberalen kritisch beurteilte Bedeutung der Gewerkschaften und sprach sich für die Mitbestimmung aller Mitarbeiter im Unternehmen aus, wobei er betonte, daß nur in der Marktwirtschaft der Mitbestimmung Bedeutung zukomme könne, weil nur dort Unternehmen einen eigenen Entscheidungsspielraum hätten. In einer zentral geleiteten Wirtschaft wären dagegen alle Entscheidungsträger nur ausführende Organe einer zentralen Planungsbürokratie. Ein ausgebautes System sozialer Sicherung wie eine progressive Besteuerung der Einkommen zur Umverteilung sah er zugleich aus Gründen der sozialen Gerechtigkeit als berechtigt an. Für den bestmöglichen Einsatz der Produktionsmittel optierte er aber an eine im genannten Sinn kontrollierte Privatbesitzordnung, ohne deshalb genossenschaftliche (also sozialisierte) Eigentumsformen auszuschließen.

Weitere wichtige Elemente dieses Konzepts sind die Sicherung der Geldwertstabilität, wie sie durch die Etablierung einer unabhängigen Notenbank erreicht werden kann, die nicht von staatlichen Eingriffen abhängig ist. Neben der Sicherung der Geldwertstabilität sollte der Staat aber auch durch eine konstante Wirtschaftspolitik die Stabilität des Konjunkturverlaufs sicherstellen. Die Instrumente der Wirtschaftspolitik müssen dann allerdings daran orientiert sein, daß sie sich gegenüber dem Marktprozeß fördernd oder zumindest neutral verhalten, niemals aber diesen direkt verfälschen. Dem Ziel der Marktkonformität der Instrumente maßen die Ordoliberalen daher stets besondere Bedeutung zu. Sie befürchteten nämlich mit Recht, daß Interventionen an den Märkten durch den Staat letztlich zu einer Interventionsspirale führen könnte, in welcher immer weitere marktwidrige Eingriffe die marktwirtschaftliche Ordnung langfristig zu Lasten der Allgemeinheit aushöhlen. Eben deshalb erstrebten sie eine Wirtschaftspolitik, die in Ordnungskategorien denkt und kurzfristigen Bestrebungen von Interessengruppen nicht nachgibt.

Damit sind in einer ordoliberalen Wirtschaftspolitik folgende grundsätzliche Prinzipien hochzuhalten: Vertragsfreiheit, Haftung für Folgekosten, Stetigkeit bzw. Voraussehbarkeit der Politik sowie regulierende Maßnahmen zur Wettbewerbserhaltung wie zur Sicherung gerechter Einkommens- bzw. Lastenverteilung über eine entsprechende Steuergesetzgebung, aber auch zum Schutz der Umwelt wie gegen sog. Angebotsanomalien, (z. B. Dumping, Hamsterkäufe u. ä.). Diese Prinzipien sind seitens des Staates zu gewährleisten, der sich jedoch zugleich der direkten Intervention im «courant normal» zu enthalten hat. In der wirtschaftspolitischen Praxis ist dieses Konzept jedoch kaum je sauber durchgehalten worden, wofür die Agrarpolitik der meisten entwickelten Länder ein besonders eindrückliches Beispiel abgibt. Zu ihrem

Schutz wurde immer neu die ausländische Konkurrenz ferngehalten, um damit überhöhte Preise zu garantieren. Dies aber führte zugleich zu einer überhöhten Produktion, die schließlich nur noch über eine subventionierte Vermarktung und Quotenregelungen für die Produzenten bewältigt werden konnte. Das heißt, weil der Staat einer Interessengruppe unkontrolliert entgegenkam, entwickelte sich eine Interventionsspirale, deren Folgelasten nur sehr schwer noch bewältigt werden können.

Gerade dieses Beispiel – es ließen sich auf anderen Gebieten (Kohleförderung, Werften usw.) noch weitere Beispiele anführen – zeigt, daß der Ordoliberalismus einen starken Staat voraussetzt, in welchem sich die Politiker den Pressionen einzelner Interessengruppen zugunsten des Gemeinwohls weitgehend entziehen können. Sein besonderer Verdienst liegt darin, daß er am Ende des Zweiten Weltkrieges die zeitgeschichtliche Chance genutzt hat, aus einer Null-Punkt-Situation heraus ein Konzept zu entwerfen und zu verwirklichen, das Ordnung und Gemeinsinn gegen Willkür forderte. Ein solcher Neubeginn war jedoch in der Notlage leichter einsichtig zu machen als in der Komplexität «normal» funktionierender Gemeinwesen, zumal in einer solchen «Wendezeit» ethische Argumente ebenfalls leichter Gehör finden. Die spätere Entwicklung zeigt entsprechend, daß in demokratisch verfaßten Gemeinwesen das Idealbild einer solchen den wirtschaftlichen Interessen gegenüber neutralen und doch starken Staatsmacht nur ausnahmsweise erreicht wird. Dieses epochal zu optimistische Staatsverständnis realistisch aufzufangen, ist daher die Absicht der in neuerer Zeit vor allem in den USA sich entwickelnden Institutionenökonomik.

3.2 Die neue Institutionenökonomik

Die neue Institutionenökonomik als Weiterführung des Ordoliberalismus ist einmal durch das schon geschilderte Unbehagen am Keynesianismus (staatliche Intervention über das «deficit spending» mit nachfolgender Inflation) entstanden. Nicht weniger wichtig war dafür aber auch, daß der Neoklassik eine Beschränkung auf eine reine Markttheorie zu Recht vorgeworfen werden kann. In der Praxis haben zudem öffentliche Güter, d.h. die Produktion wirtschaftlicher Initiative durch staatliche Eingriffe eine große Bedeutung gewonnen. So wächst dem Staat etwa im Hinblick auf die Sozial- wie auf die Umweltpolitik ein stets wachsender Einfluß auf das Wirtschaftsgeschehen zu. Die neue Institutionenökonomik ist daher wesentlich dadurch gekennzeichnet, daß sie wirtschaftliche Institutionen wie vor allem den Staat, aber auch große Unternehmen und andere «institutionelle» Regulierungen des Wirtschaftslebens im Hinblick auf ihre wirtschaftlichen Ergebnisse analysiert. Solche für das Wirtschaftsleben wichtige Institutionen sind neben der vielfältigen Gestaltung der staatlichen Wirtschaftstätigkeit die Verbände (Gewerkschaften, Unternehmerverbände usw.), verschiedene Unternehmenstypen, die Ausgestaltung von Eigentums- und Verfügungsrechten, aber auch die unterschiedlichen Vertragstypen der konkreten Rechtsordnung.

Die Institutionenökonomik analysiert daher, wie sich die Gestaltung wirtschaftspolitischer Institutionen auf die wirtschaftliche Effizienz auswirkt, also z.B. die Frage, weshalb sich in einem marktwirtschaftlichen Wettbewerb langfristig kapitalgeleitete Unternehmen gegenüber Arbeiterselbstverwaltungen durchgesetzt haben, obwohl das rechtliche System im Rahmen der Vertragsfreiheit genauso arbeiterselbstverwaltete Unternehmen wie kapitalgeleitete Unternehmen zuließe und die Idee der Arbeiterselbstverwaltung von Sozialreformern schon im 19. Jh. breit propagiert worden ist. Weiterhin wird analysiert, wie sich unterschiedliche Ausgestaltungen von Eigentumsrechten auswirken. So wird z. B. herausgestellt, daß Güter, die sich im kollektiven Eigentum befinden, schlechter behandelt werden, als wenn ein Privateigentümer für diese Güter verantwortlich wäre. Das heißt, das klassische Argument von Thomas von Aquin, der hinsichtlich der ursprünglich der Gemeinwidmung unterstehenden Güter der Welt für den konkreten Gebrauch im Normalfall die Nützlichkeit von Privateigentum herausstellte, wird in der modernen Eigentumstheorie anhand einer Vielzahl von Fällen und Problemen neu analysiert und bestätigt.

Die neue Institutionenökonomik greift also erstens wie die historische Schule der Nationalökonomie die genaue Behandlung einzelner wirtschaftlicher Institutionen heraus, um durch deren Analyse die Funktionszusammenhänge der Wirtschaft verstehen zu lernen. Wie die Neoklassik geht sie zweitens von einem methodologischen Individualismus aus, der mit dem eigennützigen Verhalten der Individuen nüchtern rechnet. Sie unterstellt jedoch nicht, daß sich alle Menschen auch eigennützig verhalten oder gar verhalten sollten. Vielmehr vertritt sie die These, daß die gesellschaftlichen Institutionen so gestaltet sein müssen, daß sie auch dann für die Gesamtgesellschaft wünschenswerte Ergebnisse erbringen, wenn sich die überwiegende Mehrzahl der handelnden Wirtschaftssubjekte eigennützig verhält. Das heißt, sie arbeitet bewußt mit einer «Worst-Case»-Annahme. Analog der Gestaltung der Institutionen in den modernen politischen Demokratien, die versuchen, mittels Gewaltenteilung, Machtbegrenzung usw. Machtmißbrauch möglichst zu verhindern, soll das Konzept der Institutionenökonomik – und darin entspricht es der Ordo-Konzeption – durch Kontrollmechanismen die Eskalation wirtschaftlicher Macht verhindern helfen. O. v. Nell-Breuning hat diese Grundidee 1948, als im wissenschaftlichen Beirat beim Bundeswirtschaftsminister der BRD die Gestaltung der Wirtschaftsordnung diskutiert wurde, dahingehend umschrieben, daß soziale Institutionen so gestaltet sein sollten, daß sie den Menschen nicht unnötig oft in Versuchung führen, sich zwischen eigenem Vorteil und dem Wohl der Allgemeinheit entscheiden zu müssen.

Hauptvertreter der neuen Institutionenökonomik sind James Buchanan, Oliver E. Williamson und M. Olson. Buchanan hat sich als Finanzwissenschaftler insbesondere mit den staatlichen Aktivitäten beschäftigt und sich mit der Frage auseinandergesetzt, wie eine Staatsverfassung gestaltet werden sollte. Die wissenschaftliche Analyse von Verfassungsfragen stellt aber kein rein positives Problem mehr dar; sie setzt vielmehr wesentlich normative Elemente voraus. Insofern vertritt Buchanan einen normativen Individualismus, der darauf beruht, daß die gesellschaftlichen Institutionen durch den Willen der von ihnen betroffenen Individuen legitimiert sein müssen.[38]

Normative Grundthese ist dabei, daß Gleichheit und Freiheit der einzelnen Individuen sichergestellt sein müssen. Im Markt sieht man dementsprechend eine «Transaktion», also eine aktiv gestaltete Beziehung unter Individuen wie etwa einen Vertrag dann als legitim an, wenn ihm die Marktteilnehmer im Bewußtsein seiner Konsequenzen freiwillig zustimmen. Wenn man dieses Marktpostulat auf staatliche Maßnahmen und Entscheidungen, sog. «public choices» überträgt, ist die Konsequenz, daß staatliches Handeln nur dann mit der Freiheit übereinstimmt, wenn alle Individuen diesem Handeln zustimmen können. Daher wäre für den staatlichen Bereich ein Konsens, nämlich Einstimmigkeit der Entscheidungen zu fordern. Denn wenn jeder einzelne ein Vetorecht hätte, wäre die Gerechtigkeit der Institutionen wohl gewährleistet. Nur ist es, sobald kollektive Entscheidungen in größeren Gruppen zu fällen sind, außerordentlich schwierig, solche Einstimmigkeit zu erreichen. Daher geht man aus praktischen Erwägungen meist zu einem Mehrheitsprinzip über und nimmt dabei in Kauf, daß sich überstimmte Minderheiten in ihren Interessen verletzt sehen können. Da solche Verletzungen der Interessen von Minderheiten zumindest in grundlegenden Fragen aber nicht zulässig sein dürfen, plädiert Buchanan dafür, daß zumindest grundlegende Verfassungsformen der Einstimmigkeit zu unterliegen haben, damit deren Verankerung in den Grund- und Menschenrechten nicht Schaden leidet. Solche Forderungen zeigen dann vor allem, wie wenig dieses Verständnis von Ökonomie darauf vertraut, daß das freie Spiel der wirtschaftlichen Kräfte von selbst den Schutz der Schwächeren garantiert. Entgegen der ebenfalls aus dem Ordo-Liberalismus entstandenen Chicago-Schule, welche darauf setzt, daß sich unter der Wirkung freier Marktprozesse das sog. «Pareto-Optimum (die weitere Besserstellung einer Gruppe würde über eine Verschlechterung einer anderen erfolgen müssen) relativ rasch einstellt, wird hier nämlich nüchtern auf ein Gerechtigkeitsprinzip im Sinn von J. Rawls zurückgegriffen, das dann wirtschaftlichen Prozessen gerade nicht inhärent, sondern vorgegeben ist.

Buchanan behandelt daher in seinen Schriften besonders eingehend die genauere Ausgestaltung der staatlichen Aktivitäten und versucht die Regeln der Staatstätigkeit, nämlich Abstimmungsregeln, Wahlsysteme usw. so zu gestalten, daß diskriminierende Effekte in möglichst geringem Umfang auftauchen und so Prozesse kollektiver Selbstschädigung tunlichst vermieden werden. Buchanan sieht nämlich im politischen System die Gefahr, daß es zu solchen kollektiven Selbstschädigungen kommen kann, weil es durch Koalitionsbildungen oder dadurch, daß einzelne Abgeordnete bzw. Minister besondere Machtstellungen besitzen, dazu kommen kann, daß Einzelprojekte getätigt werden, die zwar bestimmte Regionen oder Gruppen begünstigen, sich aber zugleich massiv zum Schaden der Allgemeinheit auswirken.

Solche Einflüsse von Interessengruppen hat besonders M. Olson analysiert und gezeigt, daß es Gruppen in der Gesellschaft gibt, die sich leichter organisieren können als andere[39]. Gruppen aber, die sich nicht organisieren, haben kein Drohpotential und fallen damit im politischen Entscheidungsprozeß aus; es sind Gruppen, «die schweigend leiden». Auf der anderen Seite stehen dagegen wohlorganisierte Gruppen, die ihre wirtschaftliche Position absichern und so höhere Einkommen erzielen können, als es ihrem eigentlichen Beitrag zur volkswirtschaftlichen Wohlfahrt entspräche, wie dies etwa die Verhinderung ökologischer Maßnahmen durch Fernlastfahrer oder Zulassungsbeschränkungen für neue Ärzte oder Apotheker deutlich merken lassen. Dieser Ansatz von Olson hat sich daher auch für die Analyse der Situation unterentwickelter Länder besonders fruchtbar erwiesen. In vielen Entwicklungsländern ist nämlich die Situation dadurch gekennzeichnet, daß dort im Markt aktive Interessengruppen das politische und soziale Leben so beherrschen, daß die für die Allgemeinheit förderlichen Wirkungen der marktwirtschaftlichen Konkurrenz gar nicht zugelassen werden. Solche Interessengruppen sind dann häufig auch bereit, mittels brutaler Maßnahmen Konkurrenten notfalls vom Markt fernzuhalten, was nochmals die Notwendigkeit des außerwirtschaftlichen (d. h. konkret meist staatlichen) Schutzes der fairen Chancengleichheit deutlich macht. Für all diese wirtschaftlichen Ungleichgewichte, die immer auch ethischgerechter Fairneß widersprechen, erweist sich die neue Institutionenökonomik insgesamt gesehen als fruchtbarer Ansatz, der auch Elemente für eine wirtschaftsethische Betrachtung liefert. Wenn Buchanan die Depolitisierung der Wirtschaft im 18. Jh. in England beklagt[40] und darin eine wesentliche Ursache für die Exzesse der marktwirtschaftlich kapitalistischen

Entwicklungen sieht, so belegt dies zugleich, daß das Konzept der nationalökonomischen Klassik, in welche die Wirtschaftswissenschaft als eine sich selber genügende, wertfreie «Science» verstanden wurde, theoretisch definitiv überwunden sein dürfte. Wertvorstellungen und damit ethische Implikationen sind vielmehr mit ihr wesentlich verbunden. Sie im Sinn umfassender Menschlichkeit und Gerechtigkeit zu klären und sie so in den wirtschaftspolitischen Diskurs einzubringen, ist daher Aufgabe einer christlichen Sozialethik, die so – weit davon entfernt, eine bloße Instanz besserwisserischer Belehrung zu sein – Antwort auf von den Wirtschaftswissenschaften selber aufgeworfene Fragen zu geben versucht.

E. Alternative Wirtschaftskonzepte als Denkanstöße

1. Mangelerfahrungen in realen Wirtschaftsformen

Obwohl der von marktwirtschaftlichen Konzepten getragene wirtschaftliche Aufschwung nach dem Zweiten Weltkrieg als ordoliberale Ordnung in den einzelnen fortgeschrittenen Industriestaaten in ihrer sozial-marktwirtschaftlichen Ausprägung ein erhebliches Maß an Wohlfahrt und sozialer Gerechtigkeit hervorbrachte und obwohl diesem Erfolg seitens sozialistisch planwirtschaftlicher Versuche so wenig Gleichwertiges entgegengestellt werden konnte, daß diese sich bei nachlassendem politischem Druck nach 1989 weitgehend selber auflösten, hat das marktwirtschaftliche Konzept als solches dennoch seine globalen Ordnungsvorstellungen weltweit weder durchzusetzen noch auch nur zu konzipieren vermocht. Das Nord-Süd-Gefälle zwischen den hochindustrialisierten «Zentren» und den unterentwickelten «Peripherien» in den früher meist von Europa aus kolonialistisch ausgebeuteten Entwicklungsländern intensivierte sich im Gegenteil trotz der politischen Unabhängigkeit zunehmend und erreichte in der Weltverschuldungskrise der 1980er Jahre einen bisher einmaligen Höhepunkt.

Dazu kommen das wachsende Bewußtsein über die nachgerade die Existenz der Menschheit bedrohenden ökologischen Folgen wirtschaftlich bedingter industrieller Technologien, die vor allem klimatisch (Ozonloch, CO_2-bedingter Treibhauseffekt, Waldrodung oder Versteppung usw.) in manchem schon irreversible Maße angenommen haben und daher dringend nach globalen Maßnahmen rufen, für die aber niemand zuständig scheint, geschweige denn, daß jemand zur Durchsetzung einer ökologisch verantwortbaren Ordnung

auch fähig wäre. Das Signal, das der «Club of Rome» 1972 mit seinem Bericht über die Grenzen des Wachstums gesetzt hat, wurde zwar von vielen verstanden. Obwohl dessen Warnungen sich seither immer wieder bestätigten, wurden daraus kaum Konsequenzen gezogen. Aber auch die gar nicht so seltenen ungenügenden sozialen Verhältnisse in den sozial – marktwirtschaftlich verfaßten Industriestaaten selber – man denke etwa an die relativ hohe Sockelarbeitslosigkeit von 5–10 % in den meisten Industrieländern, scheinen oft fast problemlos hingenommen zu werden.
Während eine freilich kaum praxisrelevante Gruppe die Lösung all dieser Probleme von einem größtmöglichen Abbau aller staatlichen Interventionen erwartet, begannen andere vor allem in neomarxistischen Kreisen nach alternativen Modellen zu suchen. Diese sollten die hier akzidentiell, also nicht systemimmanent verstandenen Mißstände des realexistierenden Sozialismus ebenso vermeiden wie diejenigen einer weltweit gesehen alles andere als sozialen Marktwirtschaft. Insofern es aber kaum konkrete Verwirklichungsversuche dieser Vorstellungen gibt, kommt ihnen im Vergleich zu den vorgenannten, deutlich praxisrelevanten Theorien als eher spekulativen Denkansätzen sozialethisch geringere Relevanz zu. Weil sie aber die Diskussion dennoch befruchtet und angeregt haben und so als kritisches Ferment wirkten, darf in dieser Übersicht eine kurze Skizze dieser Versuche dennoch nicht fehlen[41].

2. «Weniger Staat» als unrealistische Patentlösung

Wenig hilfreich dürften in diesem Zusammenhang freilich die unter dem Stichwort «weniger Staat» angemahnten Konzepte neoliberaler Prägung (als konkrete Weiterführung von F. A. von Hayek, M. Friedman u. a.) sein. Denn obwohl staatliche

Planwirtschaften nicht nur keine wirtschaftliche Verbesserung für die breiten Massen brachten, sondern – meist verbunden mit erheblicher Freiheitsunterdrückung und einer hohen Korruption systemprivilegierter staatlicher Planungsfunktionäre – auch eine katastrophale Ressourcenverschleuderung mit entsprechenden ökologischen Belastungen nach sich zogen, bleibt der bloße Appell an den freien Wettbewerb, der für den Tüchtigen die freie Bahn erschließen soll, trügerisch. Zwar haben die offenen Märkte im politisch demokratischen Kontext ohne Zweifel ökologische wie soziale Bedürfnisse wesentlich schneller wirksam befriedigt und damit – wenigstens teilweise – sogar wettbewerbswirtschaftlich adäquate Gegenmaßnahmen hervorgebracht. Aber einmal sind sie vor allem hinsichtlich globaler Dimensionen kaum irgendwo hinreichend wirksam und zweitens sind sie dort, wo sie sozialer Gerechtigkeit und ökologischem Schutz einigermaßen genügen, auf nationale Bereiche begrenzt und eben auch dort nur dank staatlicher Maßnahmen, sei es durch sanktionierbare Restriktionen (gesetzliche Beschränkungen, Sicherung von Koalitionsrechten der belasteten Personenkreise in Gewerkschaften, Konsumentenvereinigungen, grünen Gruppierungen usw.) oder durch sog. «Incentifs» der öffentlichen Hand (Forschungsprogramme für alternative Produktions- und Energietechnologien usw.), möglich geworden.

Dieser ungebrochene Fortschrittsoptimismus neoliberaler Prägung, der sich der Aufklärung und ihrem grenzenlosem Vertrauen in die Kräfte des von sich aus guten Menschen verdankt, entbehrt jedoch aller Erfahrung nach der realistischen Grundlage. Sätze wie «die Natur birgt in ihrem Schoß ungeheure Vorräte an Rohstoffen und ungeheure Regenerationskräfte. Nehmen wir den menschlichen Erfindergeist hinzu, so dürfte die Angst unbegründet sein, die Menschheit steuere auf dem Raumschiff Erde unausweichlich der Katastrophe zu, wenn nicht der industriellen Zivilisation rasch Einhalt geboten werde»[42], sind schlicht naiv, wenn nicht gar unverantwortlich.

Wenn folglich neoliberale Kritik an übertriebenem Staatsinterventionismus ohne Zweifel ihre Berechtigung hat und diese Kritik sich mit Recht auf planwirtschaftlich sozialistische Systeme bezieht, so ist die bloße Forderung nach der Rückkehr zu einem «Nachtwächterstaat» dennoch keine adäquate Lösung. So sehr staatliche Maßnahmen wie Protektionismus (zugunsten nationaler Wirtschaftszweige meist auf Kosten an sich schwächerer, weil «jüngerer» Konkurrenten) über Zollschranken und Subventionierungen (wie in Kohleförderung, Landwirtschaft, Werftindustrie), aber auch über administrative Beschränkungen (Zulassung von Produkten, Einwanderungshemmnisse, Devisenbewirtschaftung usw.) meist gruppenegoistischen Motiven entspringen und damit wirtschaftlich wie ethisch bedenklich sind, so wenig bedeutet dies, daß eine völlige Abstinenz des Staates die bestmögliche Lösung darstellen würde. Diese scheint viel eher auf der Linie einer Institutionenökonomik zu liegen, während die im Zeichen wissenschaftlicher Ökonomik vorgebrachte Forderung nach «weniger Staat» eher nach dem Freipaß für den individuell tüchtigen, den sozialstarken «Yuppie» ruft, der damit von sozialen Rücksichten entlastet, dennoch den Eindruck haben kann, zum Wohl des Ganzen beizutragen. Was unter dem Stichwort «Reaganomics» für die Entwicklungen in den USA und England der 1980er Jahre ohne Zweifel wirtschaftliche Erfolge brachte, darf dennoch dessen soziale Kosten, die sog. «neue Armut»[43] nicht übersehen oder über globalisierend undifferenzierte Statistiken gar wegerklären lassen.

Überlegungen, die dagegen vor allem die sozialen Momente mit menschlicher Solidarität in den Vordergrund stellen, könnten diesen Fehlentwicklungen vielleicht eher beikommen. Auf drei Vorschläge lohnt es sich, in diesem Zusammenhang näher einzugehen, wobei freilich nur der erste und in diesem Fall wirtschaftlich weitgehend erfolglose Praxiserfahrung einbringt. Gemeint ist hier das in Jugoslawien versuchte genossenschaftlich strukturierte wirtschaftliche Organisationsmodell, dem als einem konkret realisierten «gruppensozialistischen Modell» ein vor allem bei der Ökoproblematik ansetzendes Idealmodell parallel gestellt werden kann. Als eher «marktsozialistisches Modell»[44] wären dagegen die Vorstellungen des tschechischen Reformökonomen und Wirtschaftsministers im «Prager Frühling» von 1968, O. Šik, zu bezeichnen, das in den ungarischen Reformen der 1980er Jahre Ansätze zu einer Verwirklichung erfuhr, Ansätze freilich, die mit der politischen Befreiung von 1989 sehr rasch zugunsten eines Modells sozialer Marktwirtschaft aufgegeben wurden.

All diesen Modellen ist gemeinsam, daß sie die wirtschaftliche Entscheidung vom individuellen Führungsentscheid weg auf einer gemeinschaftlich sozialen Ebene kontrollieren und ausgleichen lassen wollen, ohne aber deshalb auf eine zentrale Planung, deren Korruptionsanfälligkeit wie Schwerfälligkeit wenigstens erfahrungsmäßig als bewiesen gelten, zurückzugreifen. Am bekanntesten ist dabei das jugoslawische Modell der genossenschaftlichen Arbeiterselbstverwaltung geworden, von dem neben wirtschaftlichem Wachstum und Effizienz auch eine hohe soziale Sicherheit bei gleichzeitiger Partizipation der Arbeitenden an den Entscheidungsprozessen erwartet worden war. Marktwirtschaftliche Kritik hat dagegen immer wieder darauf hingewiesen, daß gerade die Zielsetzung der Partizipation wirtschaftlicher Effektivität zuwiderlaufe, weil der Arbeiter stets mehr an kurzfristigen Einzelvorteilen als an langfristiger Sicherung der Unternehmung interessiert sei[45]. Gerade das jugoslawische Modell zeigt aber bei näherem Zusehen, daß dessen Scheitern in der Praxis seine Ursache nicht in der Partizipation als solcher hatte, sondern vielmehr – neben den konkreten politischen Schwierigkeiten in diesem künstlich entstandenen Vielvölkerstaat mit seinen großen wirtschaftlichen Ungleichgewichten – in einer durch zentrale Vorgaben im Konkreten sehr eingeschränkten Mitbestimmung. Denn einmal ließ die geltende Verfassung die Wahrnehmung individueller Menschenrechte wie Freizügigkeit, Meinungsfreiheit usw. nur eingeschränkt zu, während die wirtschaftlichen Entscheidungen sich nur unter den Vorgaben von festen nationalen Strukturplanungen frei bewegen duften. Der Markt tritt als Steuerungsfaktor entsprechend nur sekundär und beschränkt auf, während die einzelnen Betriebe über ein kompliziertes Schachtelsystem untereinander vernetzt sind und sich dabei oft gegenseitig behindern[46]. Die Entscheidungsprozesse in diesen kompliziert vernetzten Gebilden, die bei einem hohen Anteil an landwirtschaftlichen und gewerblichen Kleinbetrieben zudem nie mehr als Teile der Wirtschaft zu erfassen vermochten, erfolgten zudem über ein kompliziertes, bloß formal demokratisches Delegationssystem. Die planerischen Vorgaben der Verwaltung in Finanzwirtschaft, Produktionszielen und unter Weiterführung des Prinzips der Verstaatlichung der Produktionsmittel ließen so das partizipative Moment dieser Arbeiterselbstverwaltung so gering werden, daß es sich für den industriellen Sektor von einer Planwirtschaft praktisch kaum mehr unterschied und so eigentlich selber aufhob.

Diese Engführung möchte u. a. der Vorschlag von R. Bahro vermeiden[47], indem er direkt demokratische Elemente vorsieht, mit denen vor allem auch ökologisch relevante Momente in wirtschaftliche Entscheidungsprozesse eingebracht werden sollen. Diesen Vorschlägen, ursprünglich aus der Enttäuschung über die Mängel des real existierenden Sozialismus und seiner Planungsbürokratie entstanden und nur wegen des dortigen Meinungsterrors im kapitalistischen System veröffentlicht, fehlt allerdings die praktische Erprobung. Einige Elemente verdienen aber auch in ihrer erst theoretischen Form einer intendierten «Kulturrevolution» Beachtung. Dies gilt vor allem für die vorgeschlagenen Momente einer Emanzipation des Menschen von Herrschaft, sei es vom Apparat oder vom Kapital, durch entsprechende Bildung, durch einen Einkommensausgleich und Arbeitsumverteilung sowie durch das Gleichgewicht von Natur und Wirtschaft und einen kommunalen Aufbau der gesamten Gesellschaft.

Manche dieser Momente sind ohne Zweifel im neomarxistischen Sinn utopisch (bzw. säkularisiert eschatologisch), also in geschichtlich realistischem Sinn keine direkten Verwirklichungsparameter, sondern ideale Zielsetzungen, die zudem der Egoismusanfälligkeit des Menschen (ganz im Sinn des alten Aufklärungsoptimismus), aber auch der natürlichen Ungleichheit unter den Menschen wie auch den damit zusammenhängenden unterschiedlichen Bedürfnissen kaum Rechnung tragen. Dennoch sind Momente wie eine föderative Gesellschafts- und damit auch Wirtschaftsstruktur mit der dadurch möglichen hohen Partizipation des einzelnen an den Entscheidungen ebenso bedenkenswert wie die dafür vorauszusetzende gute Basisbildung, die stets mehr meint als eine bloß intellektuelle und technologische Ausbildung. Allein aus solcher Einsicht ist dann auch Sinn für den Schutz der Umwelt und die dafür nötige Selbstbeschränkung jedes einzelnen in einer Gesellschaft aufzubauen. Wenn Bahro dazu freilich eine von einem «Bund der Kommunisten» getragene Kulturrevolution zum Zweck einer grundlegenden Bewußtseinsveränderung fordert, dann – so scheint es – hebt er die gerade auch in die größeren sozialen Zusammenhänge einzubringenden Elemente im Blick auf eine wirklich menschliche Wirtschaftsordnung selber wieder auf, weil der personal freien Gestaltung erneut eine bevormundende Instanz ohne demokratische Legitimation und Kontrolle vorgesetzt wird.

In diesem Sinn haben die Autoren des sog. NAWU-Rapports[48] über ein von der öffentlichen Hand angestoßenes, ökologisch verantwortetes qualitatives statt quantitatives Wachstum der Wirtschaft den Bedürfnissen der Menschlichkeit offenbar besser Rechnung zu tragen versucht. Gefordert wird hier eine Demokratisierung der Entscheide im Blick auf beschränkende gesetzliche Rahmenordnungen mit mehr zwischenmenschlicher Solidarität und «Entmaterialisierung» der Werthierarchien, wo dann Kultur und Lebensqualität vor materiellem Komfort stehen und soziale Unterschiede ausgeglichen würden. Voraussetzung dafür wäre eine gesamtmenschliche Bewußtseinsbildung, Arbeitsverkürzung mit freilich nur teilweisem Lohnausgleich aber auch die Erstellung genauerer Sozialbilanzen durch die Unternehmen, in denen die ökologischen Belastungen als Kostenfaktoren eingerechnet würden. Siedlungsgemeinschaften zur Behebung sozialer Isolation, Stabilisierung des Bevölkerungswachstums, ökogerechte Produktion unter der Devise «small is beautiful» (E. F. Schumacher) sind weitere Zielsetzungen, welche diese Sicht deutlich in den «grünen» Aufbruch der 1980er Jahre einordnen.

Unbestritten enthält dieses Modell Elemente, die dem heuristischen Prinzipienpaar von Solidarität und Subsidiarität der kirchlichen Soziallehre entgegenkommen, wie denn auch die Momente einer persönlichen Gewissensbildung als Voraussetzung eines tätigen Umdenkens den christlichen Hintergrund mancher Träger dieser Ideen verraten. Die Frage ist dagegen, ob gesamtwirtschaftlich gesehen der moralische Appell, der weitgehend auf materielle Anreize und Sanktionen verzichtet, im «gewöhnlichen» Wirtschaftssubjekt (d.h. theologisch: dem konkreten, zu sündigem Egoismus neigenden Menschen) nicht zu viel zumutet. Damit geht es aber auch hier nicht eigentlich um ein Konzept für eine alternative Wirtschaftsordnung, sondern um eine Gesellschaftsutopie, deren einzelne Zielsetzungen in einem sozialethischen Diskurs über den wirtschaftlichen Ordo deshalb freilich nicht weniger ernst genommen werden müßten[49].

Weniger idealtypisch als diese «gruppensozialistischen» Zielvorstellungen sind dagegen die «marktsozialistischen Konzeptionen des tschechischen Ökonomen O. Šik, die ebenfalls Effizienz und Wachstum der Wirtschaft mit hoher sozialer Sicherheit und Partizipation zu verbinden suchen. Vorausgesetzt ist als Gesellschaftsform ein demokratischer Rechtsstaat, in welchem innerhalb eines straffen wirtschaftlichen Gesamtplanes als vorgegebener Ordnung der Markt die Feinsteuerung mit der Einschränkung über nimmt, daß er auf der Unternehmensebene durch eine direkt demokratische Partizipation ergänzt wird. Einmal abgesehen davon, daß das Menschenbild Šiks einer christlichen Personvorstellung wohl nicht hinreichend zu entsprechen vermag[50], ist diese «humane Wirtschaftschaftsdemokratie»[51] als «dritter Weg» zwischen kapitalistischer Markt- und bürokratischer Planwirtschaft trotz aller Kritik am realexistierenden Sozialismus noch immer sehr planungsbewußt. Nur wird hier die für die Verteilungsplanung zuständige Instanz demokratisch bestimmt und kontrolliert. Sie glaubt so wirtschaftlichen Krisen, vorab der Arbeitslosigkeit besser begegnen zu können, als es die Marktkräfte zuließen, ohne freilich zu zeigen, wie im sehr komplexen Geflecht von Planungskommissionen Reibungsverluste mit entsprechenden Verzögerungen zu vermeiden wären. Dies ist nach den Schwierigkeiten, denen die Umsetzungsversuche dieses Modells in Ungarn begegneten als Einwand ernst zu nehmen. Denn selbst eine ansatzhaft demokratisierte Planung vermochte offenbar im Vergleich zur Marktsteuerung eine zu hohe Ressourcenverschleuderung so wenig zu verhindern, daß dort der weitere Demokratisierungsprozeß selber die wirtschaftliche Steuerung erneut dem freien Markt zuwies.

Interessant ist dagegen das Partizipationsmodell, das nicht nur Entscheidungs-, sondern auch Besitzstrukturen umfaßt und für die Eigentumsverhältnisse der Produktionsmittel eine Art «Stiftung» vorsieht, die über einen gewählten Vermögensverwaltungsrat der Unternehmung als «Operating company» eine «Holding company» zuordnet, an welcher die Belegschaftsmitglieder teilhaben, ohne selber (z. B. als Aktionäre) direkt Mitbesitzer und damit auch gebunden zu sein. Man hat Šik immer wieder die vage Formulierung seiner Kompetenzbeschreibung vorgeworfen und auch den offensichtlich in seinem «personschwachen» Menschenbild wurzelnden mangelnden Schutz des Individuums gegenüber den öffentlichen Instanzen, der auch unter demokratischen Vorzeichen nötig bleibt, angemahnt. Solche durchaus nicht vorgefaßter Meinung entspringende Kritik deutet darauf hin, daß es sich auch bei den Šik-Vorschlägen nicht um ein konkret praktikables Modell, sondern, wie schon bei den vorgenannten Konzepten, um Denkanstöße handelt, die unter Berücksichtigung von kulturellen, sozialen wie politischen Umständen in einer konkreten wirtschaftspolitischen Ordnung ernsthaft miterwogen werden müßten.

Damit machen aber diese alternativen Konzepte vollends klar, wie gesellschaftspolitische und anthropologische Zielvorstellungen, also Ethik, das wirtschaftswissenschaftliche Verstehen und Planen unterfängt und um der Wahrung von Menschlichkeit willen auch unterfangen muß. Dabei wird diese Forderung nicht von einer apriorischen Ethik erhoben. Vielmehr drängt sie sich aus der Analyse der immer ökonomischen Theoriediskussion auf. Eine Rückkehr zur Neoklassik unter Einbezug einer nur rationalistischen Funktionsanalytik, die den je vorgegebenen, sozialethisch in der unbedingten Achtung der menschlichen Personenwürde, (bzw. in einem kategorischen Imperativ der Gerechtigkeit) wurzelnden Ordo übergeht oder sozialpragmatisch (nach dem Prinzip der bloßen Nutzenmaximierung) reduziert, müßte dagegen in Anbetracht der sozialen wie ökologischen Weltprobleme katastrophale, ja vielleicht menschheitszerstörerische Folgen zeitigen.

F. Wirtschaftswissenschaft ruft nach Wirtschaftsethik – ein Fazit

Ein Rückblick auf die Entstehungsgeschichte der Wirtschaftswissenschaft zeigt, wie diese zunächst der mit der guten Verwaltung, Nutzung und Mehrung, aber auch mit der gerechten Verteilung der irdischen Güter im «Oikos» (d. h. im «Haus» als der ursprünglichen wirtschaftlichen Einheit) befaßte Teil einer viel weiter gefaßten philosophisch-theologischen Reflexion über das menschliche Zusammenleben schlechthin war. In diesem Sinn, als der praktische Teil einer sozialen Theorie, (also einer Gesamtschau des Gesellschaftlichen), war sie selbstverständlich auch Ethik. Nicht bloß Feststellung und Erklärung tatsächlicher wirtschaftlicher Abläufe standen im Interesse, sondern vor allem die Frage, wie diese Abläufe zum Besten der Menschen zu gestalten seien. Diese implizit philosophisch ethische Dimension blieb auch dann noch zumindest latent vorhanden, als im neuzeitlich aufklärerischen Rationalismus die Ökonomik sich als reine, exakte Wissenschaft im Sinn der Naturwissenschaft herauszuspezialisieren und (vermeintlich) unumstößliche funktionale Sachzwänge im wirtschaftlichen Prozeß analytisch herauszuarbeiten, ja sogar mathematisch formalisiert als funktionale Gesetzmäßigkeiten festzuhalten begann. Denn so lange die Nationalökonomie mit den Rechts- und Staats-, bzw. den Politikwissenschaften in einer Fakultät zusammenblieb – und dies traf bis in die ersten Jahrzehnte des 20. Jahrhunderts zu – waren allgemein gesellschaftliche Zielsetzungen und damit auch der ethische Aspekt nicht einfach ausgeblendet. Wo zudem, wie im deutschen Sprachraum, der liberalrationalistischen klassischen Ökonomik eine «ethische» und eine «historische» Schule als Korrektiv gegenüberstanden, blieb die ethische Dimension als kritisches Moment wenigstens im Hintergrund stets weiter spürbar. Die bezeichnenderweise in Deutschland geführte Auseinandersetzung im sog. Werturteilsstreit in den 1920er Jahren wie um 1970 im sog. Positivismusstreit dürften diese Tatsache belegen.

Dennoch hat vor allem in der Zeit nach dem Zweiten Weltkrieg (neben dem in der sozialen Marktwirtschaft vor allem in der Bundesrepublik Deutschland praxisrelevant gewordene Ordo-Liberalismus der Freiburger Schule) auch die neoliberale Konzeption mit ihrem rationalistisch positiven Wirtschaftskonzept Schule gemacht. Die darin über Statistik und Mathematisierung erreichte Formalisierung, die in manchen Einzelfragen auch eine einigermaßen stimmige und daher für die wirtschaftspolitische Planung nützliche Prognostik möglich machte, schien so die Ökonomik auf den Stand einer exakten Wissenschaft zu bringen, die feste Funktionsabläufe mit ihren wesentlichen Bestimmungsfaktoren in einer für die Praxis hinreichenden Exaktheit zu erheben vermochte. Wenn dabei überhaupt noch von einer Ethik die Rede sein konnte, dann höchstens noch (und damit unter Verfälschung der Bedeutung des Wortes) im Sinn eines pragmatisch soziologistischen Funktionalismus, der im Sinn des Organismus-Modells des behavioristischen Soziologen E. Durkheim († 1917) gebietet, allfällige Störungen in kybernetisch verstandenen Selbststeuerungmechanismus der Wirtschaft zu beheben. Allenfalls verlangt sie darüber hinaus noch im Sinn eines utilitaristischen Sozialeudaimonismus der Glücksmaximierung für die größte Zahl der Wirtschaftssubjekte, die faktisch ebenfalls eudaimonistisch begründeten, individuellen und sozialen Menschenrechte der UNO-Charta von 1948 einzuhalten. Auf eine letztgültige, kategorische Gerechtigkeitsforderung, die schlechterdings alle Menschen zu berücksichtigen verlangt, wurde dagegen – wie J. Rawls als eine Art kritischer Utilitarist in seiner Gerechtigkeitstheorie schon 1971 mit Recht festhielt – nicht eingegangen.[52] Die

Verelendung des Proletariats im 19. Jh. wie die Wirtschaftskrise der 1930er Jahre wurden zwar nicht einfach hingenommen. Aber man glaubte, sie dank der besseren wissenschaftlichen Erkenntnisse und des daraus erarbeiteten Instrumentarium sicher im Griff zu haben, eine Meinung, die sich dank einer längeren Phase von wirtschaftlicher Hochkonjunktur und Prosperität in fast 25 Jahren auch gut festigen konnte.

Je mehr sich aber mit der Erdölkrise der 1970er Jahre, mit der zunehmend bemerkbaren Umweltbelastung, die im Bericht des Club of Rome 1972 unter dem Titel «Grenzen des Wachstums» ihr deutlichstes Fanal erhielt, und mit dem gefährlichen weltwirtschaftlichen Ungleichgewicht zwischen Nord und Süd die Brüchigkeit dieser optimistischen Sicht erwies, desto deutlicher machte sich auch das Bedürfnis, Wirtschaftspolitik wie unternehmerisches Verhalten, aber auch die wirtschaftlichen Abläufe selber und die sie erklärenden wissenschaftlichen Theorien im Licht von Ethik neu zu überdenken. Dies führte zunächst dazu, daß die bisherige Wirtschaftsordnung und die sie legitimierenden Theorien von außen ins Feuer der Kritik gerieten. Die Entstehung «Grüner» Parteien oder die rasche weltweite Verbreitung der lateinamerikanischen Befreiungstheologie sind dafür die wohl deutlichsten Anzeichen.

Bald aber erwachte auch unter den Wirtschaftswissenschaftlern selber das Bedürfnis nach einer ethischen Reflexion, sei es, um den oft genug recht unqualifizierten Anwürfen von außen besser begegnen zu können, sei es aber auch, daß die eigene latente ethische Tradition (gerade auch über die Ansätze bei den Ordo-Liberalen und Institutionsökonomen) von der fachlichen Problemlage her die Aufmerksamkeit auf die ethische Dimension lenkte. Die Schaffung von eigenen Lehrstühlen für Wirtschaftsethik [53], eine breite Literatur, in welcher sich übrigens als Autoren mehr Ökonomen als Ethiker finden, befaßt sich mit wirtschaftsethischen Fragen. Gemischte

Kommissionen Kirche-Wirtschaft deuten auf wachsendes Interesse auch einer breiteren Öffentlichkeit, wobei die seit Ende des 19. Jh. mit der sozialen Frage befaßte christliche Sozialethik im Umfeld der großen christlichen Kirchen oft den bevorzugten Gesprächspartner abgibt. Dennoch ist die ethische Grundausrichtung unterschiedlich und reicht von pragmatisch-utilitaristischen Ansätzen, die oft nur das längst unterschwellig Vorhandene thematisieren und im Schein besonders rationaler Wissenschaftlichkeit wenig über einen Funktionalismus herauskommen, bis hin zu metaethisch reflektierten, allgemein faßbaren Gerechtigkeitstheorien letztlich Kantischer Prägung, die dann ihrerseits mit christlichen Leitvorstellungen in Einklang kommen können. Diese Zugänge gilt es im Blick auf eine wirtschaftsethische Übersicht kritisch zur Kenntnis zu nehmen; am Ergebnis der geschichtlichen Entwicklung ändern die Unterschiede wenig: Wirtschaftswissenschaft ruft nach Wirtschaftsethik.

III. Systematische Grundlagen

A. Theoretische Modelle

1. Normative Ethik als «Vormund und Richter»

Der Ethik als Überlegung der Zuordnung einzelner Handlungsfelder des Menschen auf seine wertbestimmten Zielsetzungen kommt, besonders wenn es wie bei der theologischen Ethik um die Hinordnung auf letzte Ziele geht, nach der klassischen Rangordnung der Wissenschaften ein Vorrang der Bemessung der einzelnen konkreten Wissenschaften zu. Plato hat es so verstanden und die mittelalterliche Universität hat die «artes» analog der Theologie zugeordnet. Die Eigenständigkeit empirisch verifizierter Wahrheit moderner Natur- und Humanwissenschaft steht ebenso in der Gefahr freilich dabei übergangen zu werden wie die prinzipielle Ideologieanfälligkeit gerade auch philosophisch – theologischer Entwürfe. Wo daher Ethik glaubt, apriorisch wirtschaftliche Prozesse anhand vorgegebener Kriterien beurteilen zu können, riskiert sie, an der Wirklichkeit vorbei argumentierend, sich die Rolle des sachunkundigen Richters anzumessen und eben deshalb, sozusagen in einem ökonomischen «Fall Galilei» ihre Glaubwürdigkeit einzubüßen.

1.1 Die religiös fundamentalistische Versuchung

Zu dieser Form eines bevormundenden Ethikverständnisses zählen zunächst alle religiösen Fundamentalismen, nach welchen einzelne Sätze und Weisungen aus Hl. Schriften zeitenthoben, also unabhängig von ihrem gesellschaftlichen Entstehungszusammenhang als deontologische Vehaltensnorm angesehen und, wo die Macht dazu ausreicht, auch durchgesetzt werden. Dies gilt in islamische Ländern, für die Sharia, wie es sich etwa in der iranischen Bewegung unter Ayatollah Khomeini zeigte, so gut wie für die talmudischen Regeln in der Politik der orthodoxen Parteien Israels. Es gilt aber auch immer wieder im christlichen Bereich, wo einzelne biblische Aussagen als zeit- und ausnahmslos gültige Regeln gedeutet werden.

So plädiert z. B. neben dem mit theologisch – naturrechtlichen Argumenten den freien Markt verteidigenden M. Novak vor allem der amerikanische Fundamentalist G. North unter Hinweis auf das Diebstahlverbot des Dekalogs sowie des alttestamentlichen Zehnten Gebots für einen liberalistischen Minimalstaat auf Privateigentumsbasis, wo Steuern, die zehn Prozent des Einkommens übersteigen, als Raub gelten und also verweigert werden müssen, während das Nord-Süd-Gefälle durch den Arbeitsfleiß der Dritt-Welt-Völker zu beheben sei. F. Diehl dagegen plädiert von den neutestamentlichen Werten von Gerechtigkeit, Freiheit und Verantwortung her für einen marktregulierenden Sozialstaat, der aber, um den Fleiß zu erhalten, nicht zu einem Wohlfahrtstaat nach skandinavischem Muster entarten dürfe. Aber auch A. Gish setzt sich wenn auch viel differenzierter mit biblizistischen Argumenten für die Bildung sozialer Lebensgemeinschaften als Modell für eine christlich ethisch zu verantwortende Wirtschaftsordnung ein und unterscheidet sich darin wenig von dem am Vorbild der Münchner «integrierten Gemeinde» sich orientierenden Vorschlägen von H. Büchele[1].

Solche fundamentalistischen Ansätze sind jedoch einerseits für die Entwicklung von ethischen Aussagen, die den jeweiligen gesellschaftlichen Entwicklungen und ihren spezifischen Bedürfnissen an ethischer Regelung zugunsten der Menschlichkeit angepaßt sind, ungemein hinderlich. Andererseits hat ein solches Festschreiben von Normen zugleich auch die Tendenz, sozusagen durch die Hintertür die ethische Gleichgültigkeit zu fördern. Denn da das Leben trotz all der starren Regelungen ja irgendwie weitergehen muß, wird nach Ausnahmen von der absoluten Norm gesucht, welche die ethische Weisung dann von innen aushöhlen. Dies ist ein Mißstand, dem schon Jesus an gewissen Formen des Pharisäischen Ethos, etwa hinsichtlich der am Sabbat erlaubten Rettung von Tieren aus einem Ziehbrunnen bei gleichzeitig geltenden Verbot der Heilung von kranken Menschen an diesem Tag, kritisierte. Ob das koranische Zinsverbot dann über eine Aufwandsentschädigung an den Geldverleiher, die dekalogische Sorgepflicht für die Eltern durch eine Tempelsteuer, das Scheidungsverbot durch kirchliches Sonderrecht der Lebenswirklichkeit angepaßt wird, macht an sich wenig Unterschied, weil in jedem Fall die Glaubwürdigkeit des religiös motivierten Ethos Schaden leidet.

Für eine Wirtschaftsethik ist ein solcher Fundamentalismus vor allem deshalb besonders bedenklich, weil die religiösen Schriften aller großen Religionen aus vorindustriellen, noch weitgehend agrarischen und nur sehr ansatzhaft von einer geldwirtschaftlich geprägten Gesellschaftsordnung stammen. Den hochgradigen, nur mehr über Institutionen zu organisierenden wirtschaftlichen Vernetzungen mit der entsprechenden Arbeitsteilung und dem dazu nötigen Güter- und Finanzverkehr können die einfachen Regeln etwa der Bibel schon deshalb nicht mehr genügen, weil sie heutige Probleme noch gar nicht kannten, oder die verwendeten Begriffe eine andere Realität betreffen. So ist etwa ein Kapitalzins, der nicht auf die Ausbeutung der Not eines Bedürftigen setzt, etwas ganz anderes als der in den biblischen Schriften wie im Koran geächtete Zins, Auch der Reichtum, der nicht mehr in aktuell verfügbaren liquiden Mitteln, sondern aus anonymen Aktien, also aus Produktionsmittelbesitz besteht, ist nicht einfach das, was das Neue Testament mit Reichtum meint.

So sehr diesbezüglich eine fundamentalistisch wörtliche Interpretation des Schriftwortes als direkte Tatnorm für die aktuell anstehenden wirtschaftlichen Belange folglich irrelevant ist und daher über eine solche Wortexegese eine Einflußnahme des Evangeliums auf die Weltwirtschaft verunmöglicht wird, so sehr sind diese Weisungen – übrigens auch der ursprünglichen Aussageabsicht angemessen – als Hinweise auf den Geist, in welchem mit der wirtschaftlichen Wirklichkeit umzugehen wäre, also als sog. «Zielgebot» zeitübergreifend wichtig. Dies wird deutlich, wenn etwa die Reichtumskritik Jesu klar macht, daß alles wirtschaftliche Tun und gerade auch der diesbezügliche Erfolg mit der dazu gehörenden Macht stets nur Mittel zum Zweck der unbedingt zu fördernden Menschlichkeit und Liebe ist und damit eben gerade keinen Selbstzweck darstellt. Daraus wird dann auch klar, wie wenig die menschliche Existenz sich im wirtschaftlichen Tun erschöpfen darf. Reichtum, der zur Förderung von Menschlichkeit eingesetzt ist, wie etwa der Besitz des Lazarus und seiner Schwestern als «Infrastruktur» für die Wanderpredigttätigkeit Jesu oder derjenige der reichen Purpur-Händlerin Lydia für die Finanzierung der Missionsreisen des Paulus, erfüllte auch damals schon eine ethische Bedeutung als Mittel zur Förderung von Menschlichkeit und wirtschaftlicher Macht kann somit für die weltwirtschaftlichen Belange unserer Tage eine analoge Bedeutung zukommen.

Wie wenig übrigens die Bibel selbst sich einer bloß wörtlichen Interpretation verpflichtet weiß, zeigt das Wort des Propheten Joel (4,10), der unter gegebenen Umständen das Umschmieden von Pflügen zu Schwertern fordern kann, während unter anderen Bedingungen Jesaja (2,4) das genaue Gegenteil ebenfalls mit Recht verlangt. Ebenso wenig wie in diesem Fall dürfen dann aber auch wirtschaftsethische Aussage fundamentalistisch interpretiert werden, obwohl gerade eifrige und ethisch engagierte Gläubige der Versuchung einem solchen einfachen, in seiner Radikalität scheinbar frommen Argumentieren ausgesetzt bleiben, besonders dort, wo eine methodologisch kritische Moraltheologie nicht hinreichend zur Verfügung steht.

1.2 Das Modell der neuscholastischen Ethik

Während das fundamentalistische Argument trotz seiner relativen Häufigkeit in seinem Ungenügen methodologisch leicht zu durchschauen ist, trifft dies für die zweite Argumentationsfigur, in welcher Ethik von außen als der für das konkret sittlich Richtige zuständige Beurteilungsinstanz – und damit rasch auch als Richter und Vormund – auftritt, weniger zu. Weil Ethik hier als ausschließlich rational auf Prinzipien der Menschlichkeit aufgebautes und damit in sich geschlossenes System, also als eine rationalistische Naturrechtsethik auftritt, die eine konkrete Anwendung der Prinzipien auf die Verhaltenssituationen in einem stringenten Schlußverfahren zuzulassen scheint, macht sie einerseits den Eindruck, in ihren Folgerungen unbedingte Richtigkeit beanspruchen zu können und hinterläßt beim wirtschaftswissenschaftlichen Fachmann doch das Gefühl, gegängelt worden zu sein.

Da diese ursprünglich mehr auf die naturrechtlich-cartesische Tradition (Hugo Grotius [† 1645], C. Wolff [† 1754] u. a.) als auf die thomasische Hochscholastik zurückgehende Argumentationsweise vor allem in der Neuscholastik des 19. Jh. (V. Cathrein [† 1931] wäre hier als herausragender Vertreter zu nennen) in der ersten Zeit der kirchlichen Auseinandersetzung mit der «sozialen Frage» und damit für die beginnende katholische Soziallehre das wegleitende Denkmuster abgegeben hatte, trifft dieser zwiespältige Eindruck für diese Richtung besonders deutlich zu. Entsprechend läßt bei aller Bewunderung für den systematischen Ansatz deren Akzeptanz bei manchen Wirtschaftswissenschaftlern auch deutlich zu wünschen übrig[2]. Dies gilt auch dann noch, wenn man vor allem in der deutschen Tradition der kirchlichen Soziallehre diesem Mangel dadurch zu begegnen suchte, daß der wissenschaftliche Soziallehrer auch ein diplomierter Volkswirt zu sein habe[3]. Damit war zwar im Anwendungsschluß der Prinzipien auf das konkret wirtschaftliche Problem dessen zureichende und von emotionalen Vorurteilen möglichst freie Erfassung bestmöglich gewährleistet und unter dieser Rücksicht auch eine Debatte über die zureichende Erhebung der Fakten eingeleitet. Dennoch blieben die Prinzipien – und zwar sowohl die ganz grundlegenden, primärnaturrechtlichen wie die sog. «mittleren» Prinzipien des sekundären Naturrechts von dieser Debatte ausgeschlossen, weil ihnen als ethischen vor jeder wirtschaftswissenschaftlichen Rückfrage sittliche Geltung zugemessen wurde. Die Tatsache, daß im Konkretionsschritt vom primären zum sekundären Naturrecht (also etwa von der Grundforderung der Gerechtigkeit zu den auf das mitmenschliche Verhalten bezogenen Gottesgeboten der zweiten dekalogischen Tafel) notwendigerweise kulturelle und damit auch wirtschaftliche Momente eine Rolle spielen, bleibt in diesem Verständnis unberücksichtigt und führt leicht zu Mißverständnissen. Hier muß eine methodologisch exakte Sozial- und Wirtschaftsethik offenbar – und zwar auch aus theologischen Gründen, nämlich um ihrer eigenen Glaubwürdigkeit willen – ihre Argumentationsweise genauer fassen.

Dies ist freilich nicht nur formal-methodologisch, sondern meist zugleich auch aus ideologiekritischen Gründen unerläßlich. Eine in normativen Belangen zu selbstsichere Sozialethik erweist sich zudem vor neu entstehenden sozialen Problemen für eine rechtzeitige normative Auseinandersetzung als zu langsam, vor allem weil die ein für allemal erarbeiteten mittleren ethischen Prinzipien zur Erfassung ungewohnter Fragestellungen kaum ausreichen. So liefert etwa die klassische Naturrechtsethik zwar durchaus hinreichende Parameter zum Schutz des einzelnen Menschen vor schrankenloser Ausbeutung. Sie vermag aber die ökologisch-ökonomische Problematik einer zerstörerischen Ausbeutung ganzer Arten von Lebewesen und Biotopen (wie die Ausrottung der Wale oder die Zerstörung der Regenwälder) nur in bezug auf den Nutzen für den Menschen zu bedenken; sie als Werte in sich rechtzeitig als schutzwürdig zu erkennen, fällt ihr dagegen schwer.

Trotz dieser Mängel taucht das genannte Denkmodell aber im sozialethischen Diskurs immer wieder auf, vor allem wohl deshalb, weil es scheinbar klare Urteile erlaubt, die dann auch in den pluralistischen Diskurs leicht einzubringen sind. Zwar hat diese rational-naturrechtliche Richtung in Deutschland, vor allem durch ihre Konzeption von einem naturrechtlich gesicherten Privateigentum auch an Produktionsmitteln, das aber unter sozialer Verpflichtung stehen muß, beim Aufbau der sozial-marktwirtschaftlichen Ordnung nach 1945 auch praktische Erfolge gezeitigt. Nur vermochte sie zugleich anderen kulturellen und gesellschaftlichen Voraussetzungen wenig Verständnis entgegenzubringen und konnte so auch neuen Fragestellungen (wie etwa diejenige nach einer größeren Partizipation der Arbeitenden an den unternehmerischen Entscheidungsprozessen oder die befreiungstheologisch motivierten Rückfragen an eine von Europa und Nordamerika bestimmte Weltwirtschaftsordnung) wenig Verständnis entgegen zu bringen[4].

Besonders ausgeprägt wird ein solches deontologisch-wirtschaftsethisches Verständnis derzeit vertreten von einer Wirtschaftsordnung, welche die liberale Marktordnung über eine Naturrechtsethik zu einer wahren christlichen praktischen Philosophie verbinden will[5]. Dabei geht es dieser Ethik um eine Steuerung der Wirtschaft, die auch beim Versagen der staatlichen Regelungen und des Marktes das menschliche ökonomische Verhalten sittlich ausrichten soll. Der Wirtschaftsethik kommt in dieser Sicht also erst dort Bedeutung zu, wo der freie Markt unvollkommen funktioniert. Dies bedeutet aber, daß nicht die Wirtschaftsordnung als solche der eigentliche Gegenstand ethischer Überlegung ist, sondern nur das gerechte Verhalten des einzelnen Menschen, vor allem des Unternehmers in all jenen Fällen, wo der Markt nicht von selber die Gerechtigkeit herbeiführt. Leitende Norm ist dabei die ontologisch-sachlich erhebbare Gerechtigkeit, die vorab den gerechten Preis im Tausch von Waren, Dienstleistungen objektiv mit den Mitteln der ethischen Überlegung herauszufinden erlauben soll. Gerechte Preise lassen sich aber aller wirtschaftswissenschaftlichen Erkenntnis nach objektiv kaum feststellen, da ja selbst der Minimalpreis (der dem Produzenten nach Tilgung aller Kosten gerade noch das Überleben ermöglicht) weder im Markt in jedem Fall erzielt, noch als solcher dann als gerecht bezeichnet werden kann. Damit werden aber in faktisch willkürlicher Setzung aprioristisch und unter der Behauptung ethischer Wertungen Normen so festgeschrieben, daß einer dann freilich ideologisch gestützten Marktwirtschaft ethisch nichts mehr im Wege steht: Wo der Markt funktioniert, ist er sittlich gut, wo er versagt, gewährleistet die Verantwortlichkeit der wirtschaftlichen Entscheidungsträger den notwendigen Ersatz.

Die Tatsache, daß sich diese Überlegungen meist auf national – ökonomische Bereiche beschränken und das Problem der Gerechtigkeit in einer Weltwirtschaftsordnung gar nicht erst thematisieren, macht deutlich, daß diese Argumentationsweise den aktuellen und damit notwendigerweise globalen wirtschaftsethischen Fragestellungen nicht zu genügen vermag. Denn ein solches wertethisch deontologisch gefaßtes Naturrechtsverständnis kommt erneut in die Nähe eines (nun scheinbar rationalen) Fundamentalismus und verpaßt so, ähnlich wie andere Sozialutopien, den eigentlichen Wirklichkeitsbezug. Statt Mißstände zu beseitigen und Gerechtigkeit im Wirtschaftsleben zu fördern, stabilisiert es diese eher, weil diese Art ethischer Rückfragen dem ökonomischen Fachmann als irrelevant erscheinen und folglich keine Beachtung in der Ökonomik zu finden vermögen. Es liegt daher nahe, daß eine moderne Wirtschaftsethik, die in Anbetracht der weltweiten ökonomischen Ungleichgewichte zunehmend als Bedürfnis erfahren wird, gerade nicht von außen, sondern aus und in der wirtschaftswissenschaftlichen Überlegung selber ihren theoretischen Ort festzumachen sucht.

2. Pragmatischer Funktionalismus als wirtschaftsethisches Kriterium?

Bedenklichkeiten gegenüber der liberalistischen Leitvorstellung, daß Markt und Wettbewerb sich selber zum Besten der Menschheit, wenn vielleicht auch nicht zugunsten aller, so doch der meisten Menschen auswirke, daß also ethische Probleme sich auch in der Ökonomik stellen, beschäftigen zunehmend auch die Wirtschaftswissenschaften selber. Die genannte Einrichtung wirtschaftsethischer Lehrstühle an ökonomischen Fakultäten ist Beleg dafür. So meint denn der erste Inhaber eines solchen Lehrstuhls im deutschsprachigen Raum, P. Ulrich, mit Recht: «Die neuen Fragen, die sich gegenwärtig immer mehr Menschen stellen, beziehen sich auf den lebenspraktischen Sinn und Wert unseres Wirtschaftens angesichts der unübersehbaren Zunahme von problematischen Nebenwirkungen oder negativen externen Effekten des Wirtschaftswachstums.»[6] Als die wichtigsten solcher bedrohlichen externen Effekte nennt er: Die gewaltige und weltweite Bedrohung der Umwelt, die katastrophale weltwirtschaftliche «Unordnung» in der sozialen Mitwelt und den kulturellen Sinnverlust in der Innenwelt des Einzelnen, wo die soziale Kälte zunehmend zu psychosomatischen Schwächen führe.

Der daraus resultierende Ruf nach Ethik kommt also als «Krisenreflexion» (M. Riedel) auf den Weg, wobei es freilich «naiv» wäre, «Wirtschaftsethik einfach als moralisches Korrektiv einer vermeintlich ökonomischen Sachlogik zu betreiben».[7] Vielmehr geht es darum, in und aus dieser Sachlogik auf die externen Effekte hin die ethische Rückfrage ideologiekritisch einzubringen, d. h. den ökonomischen Wert als solchen (aber eben gerade nicht als einzigen) synthetisch integral in einen Gesamtdiskurs zur menschlichen Gestaltung der gesellschaftlichen Belange einzubringen. Denn – so erneut P. Ulrich – A. Smith wie J. St. Mill seien brillante Ökonomen eben dadurch geworden, daß sie von Haus praktische Philosophen, also mit Wert-Schöpfung (denn Wirtschaft bedeute eben ursprünglich Wert-Schaffen) befaßt gewesen seien. Erst die Vernachlässigung dieser Dimension bzw. die Schaffung marktgängiger Werte bei gleichzeitiger Zulassung «externer» Unwerte sei die Ursache für die aktuellen, vor allem ökologischen Gefährdungen.

Wirtschaftsethik, zunächst eher als Management, denn als Ordo-Ethik, erweist sich so als ein innerökonomisches Postulat. Deshalb wird auch eine von außen kommende Anwendung ethischer Wertmaßstäbe auf eine an sich wertfreie Ökonomik als unangepaßt abgelehnt, und zwar nicht nur, weil in einer pluralistischen Gesellschaft über solche Wertmaßstäbe ohnehin kein Konsens zu erreichen sei, sondern auch weil eine wohlverstandene ökonomische Vernunft Ethik aus sich selber verlange[8] und folglich nicht auf den Anstoß von außen warten müßte. Was also not tut, ist eine eigene ökonomische «Theorie der Moral», in welcher die

Ethik aus ihrer gesellschaftlichen Nützlichkeit, gewissermaßen als moralisches Schmiermittel zur Senkung der sozialen Reibungsverluste als sog. Transaktionskosten funktional begründet wird. Die durch Ethik zu stützenden Funktionen sind sowohl die utilitaristische Wohlstandsförderung wie die dazu vorausgesetzte Vertragssicherheit. Als bloß utilitaristisch d. h. pragmatisch faktische Verhaltenspräferenzen der betroffenen Wirtschaftssubjekte vermögen diese «Werte» freilich nur über den sog. «naturalistischen Trugschluß» (als einer Bejahung des normativen Wertes alles Faktischen) eine «Ethik» zu erbringen.

Während Ulrich die Wirtschaftsethiker deshalb dazu auffordert, diesbezüglich im Sinn eines «dritten Weges» weiterzudenken, beschränken andere Auffassungen diese auf den Stand der ungehinderten und spontanen Funktionalität. Denn der bei jeder Verteilung sich von selbst einstellende Ausgleich sichere nach dem sog. «Arbitrage-Prinzip»[9] von sich aus das größte Wohl aller Beteiligten. Allerdings wird dabei die Frage, wie es dabei jemandem ergeht, der aus persönlicher Schwäche bei diesem Ausgleich nur bedingt mitmachen kann, unterschlagen, daß dieser nur über einen besonderen Schutz, der von außerhalb des Systems her gewährleistet werden muß, mitmachen kann, wird so nicht bedacht – mit allen Folgen, die dies im wirtschaftlichen Leben auf nationaler wie auf internationaler Ebene für den ökonomisch Schwächeren zeitigen muß. Soziale Marktwirtschaft (bzw. ein internationales Analogon) ist auf diese Weise jedenfalls nicht zu haben. Letztlich gilt weiterhin das Wort des Neoliberalen F. A. von Hayek: «Der Ausdruck sozialer Gerechtigkeit gehört nicht in die Kategorie des Irrtums, sondern des Unsinns», denn «der Begriff der sozialen Gerechtigkeit darf nicht auf die Ergebnisse einer Marktwirtschaft angewendet werden. Es kann keine austeilende Gerechtigkeit geben, wo niemand (denn der Staat darf niemals intervenieren) etwas austeilt»[10].

Freilich wird diese extreme Sicht eines Wirtschaftspragmatismus nicht als einzige vertreten. So fordert etwa auch Ulrich für den genannten «dritten Weg», den er als kritische Grundlagenreflexion der Ökonomie versteht: Es sei zunächst zu fragen, was für wen wert- bzw. was kostenwirksam sei und welche gesellschaftlichen Präferenzordnungen unter der Bedingung stets knapper Ressourcen festgelegt werden sollten. Aufgabe der Wirtschaftsethik sei es dabei allerdings nur, Denk- und Handlungsmöglichkeiten, nicht aber Zwänge, also Normen zu umschreiben. Ihre kritische Kraft liege weniger bei richtigen Antworten, sondern in ihrer Klärungskraft durch einen herrschaftsfreien Diskurs, wie er von den Philosophen K. O. Apel und J. Habermas «transzendental pragmatisch» vorgeschlagen werde. So wichtig diese Klärung für ein qualifiziertes ethisches Werturteil auch ist, so wenig vermag diese so postulierte Urteilsabstinenz jedoch zu befriedigen; denn gerade zur rationalen Konsensfindung in wohlverstandener ethischer Vernunft hat Ethik mehr zu liefern als bloße Denkhilfen. So bedeutsam vor allem gegen irrationale Utopismen aller Art die rational diskursive Denkanstrengung bleibt – Ethik, die diesem Namen gerecht werden will, muß darüber hinausgehen und eine auf vernünftig begründeten Werturteilen aufbauende Entscheidungshilfe erarbeiten.

Während Ulrich wie erwähnt selber Ansätze zu einer solchen Weiterführung vorlegt, erwartet auch J. Meran von einer Wirtschaftsethik zwar nicht, daß sie «auch den Bereich des Wirtschaftens einem allgemeinen Moralprinzip unterwirft, sondern nur (daß sie) darlegt, wie ethische und ökonomische Motive und Normen miteinander in Einklang gebracht werden können»[11]. Dies geschehe dann am besten «in der Gleichbehandlung der individuellen Nutzenvorstellungen im Utilitarismus, wo die Idee der Gerechtigkeit in ihrer elementaren Bedeutung aufscheine»[12]. Gemeint ist damit unter dem Stichwort der sog. «social choice» das Erstreben einer individuellen wie sozialen Nutzenmaximierung in Wirtschaft und Politik. Diese Maximierung ist dann zu verstehen im Zeichen des sog. «Pareto-Optimums» als einem Zustand, in dem es in einer gegebenen gesellschaftlichen Situation keiner Gruppe besser gehen kann, ohne daß eine andere dadurch schlechter gestellt würde. Dieses Optimum, das gegen Mißbräuche (Monopole zur Wettbewerbsverhinderung u. ä.) gesetzlichen Schutzes bedarf, stellt sich zudem sogar relativ kurzfristig (so die neoliberale Chicago-Schule) schon im freien Spiel der Kräfte ein. Wirtschaftsethik hat sich dann darauf zu beschränken, diese Zusammenhänge herauszuarbeiten und als Gerechtigkeitsgarantie zu sichern, auch wenn dieses Optimum konkret große soziale Unterschiede und die damit verbundenen Chancenungleichheiten toleriert. Da dies einer die grundsätzliche Gleichheit aller Menschen achtenden Gerechtigkeit jedoch widerspricht, kann von einer Ethik im vollen Sinn des Begriffs auch hier nicht gesprochen werden.

Der utilitaristische Nachweis, daß die Kosten von Ausbeutung der Natur wie der Menschen langfristig erheblich höher zu stehen kämen als das Glück aller Beteiligten unter gerechten Tauschbeziehungen und humanen Arbeitsbedingungen, ist zwar ohne Zweifel richtig[13]. Dennoch wird damit nicht ausgeschlossen, daß einzelne Menschen in einem so verstandenen wirtschaftlichen Prozeß zumindest temporär bloß als Mittel und nicht als Selbstzweck (also entgegen dem ethisch fundamentalen «kategorischen Imperativ» Kants[14]) eingesetzt sind. Damit aber wird die Wirtschaftsethik auf eine schwache «Schön-Wetter-Ethik» von Spielregeln unter ungefähr gleich Starken reduziert.

Grundlegend bedenklich erscheint bei all diesen pragmatischen Ansätzen ökonomik – inhärenter «Ethik» somit weder die Tatsache, daß sie Ethik in den ökonomischen Diskurs selber einbringen, zumal dabei mit Recht hervorgehoben wird, die Ökonomik habe ja seit A. Smith ihre Wurzeln in ethischen Wertoptionen, noch daß sie nach allen negativen Erfahrungen mit planwirtschaftlichen Modellen auf ein Markt- und Wettbewerbsmodell setzen. Ebenso wenig ist zu beanstanden, daß die ethische Methodologie sich einem «gesinnungsethisch» (M. Weber) deontologischen absulotistischen Ansatz verweigert und teleologisch bzw. «verantwortungsethisch» auch nach den Folgen der einzelnen Wertsetzungen für eine rationale und zunehmend global-ökonomische Wirtschaftlichkeit und Wohlfahrt fragt. Bedenklich ist vielmehr, daß man hier aus einem (vermeintlichen) ethischen Kognitivismus, d. h. einer beliebig allen Menschen vermittelbaren Rationalität, den ethischen Ansatz der modernen Ökonomik, also deren sozialeudaimonistischen Utilitarismus grundsätzlich als vorgegeben ansieht. Denn das so zur Grundlage genommene Prinzip des größten Glücks der größten Zahl vermag die persönliche Würde jedes einzelnen, vor allem der Schwachen also wirklich aller Menschen regional wie epochal nicht unbedingt zu schützen.

Dies bedeutet allerdings nicht, daß solche Ansätze einer beliebigen Ausbeutung der Schwächeren das Wort reden würden. Sozialer wie ökologischer Schutz werden vielmehr angestrebt, weil ohne sie langfristig allgemeine Interessen geschädigt würden. Der utilitaristische wie teleologische, also konsequentialistische Ansatz bleibt, gerade diesbezüglich praxisorientiert, durchaus leistungsfähig. Ethisch bedenklich ist er dennoch, insofern er die personale Würde des Menschen nicht zum unbedingten Kriterium macht. Den Versuch, eben dies, aber ohne Rekurs auf einen wie auch immer kantisch kategorischen (also aller Ökonomik vorausgehenden) humanitären Imperativ zu gewährleisten, zeichnet sich schon im Rekurs auf die «Social choice» ab, weshalb Wirtschaftsethiker wie G. Enderle, K. Homann u. a. diesen Ansatz weiter zu vertiefen suchen, was hier nach einer eigenen Überlegung ruft.

3. Versuche zu einem ökonomik-immanenten Ethikansatz

Wo Wirtschaftswissenschaften, auf ethische Anfragen seitens einer durch ökonomische Ungleichgewichte auf Weltebene (Nord-Süd-Gefälle, Verschuldungskrise usw.) verunsicherten Öffentlichkeit ethisch vom eigenen Ansatz her einzugehen versuchen, wird die Wirtschaftswissenschaft oder Ökonomik zunächst im strengen Sinn des Wortes als Einzelwissenschaft mit einem Spezialgebiet, dort aber mit dem Anspruch universeller Gültigkeit, gefaßt, nämlich als «Wissenschaft von den alternativen Handlungsmöglichkeiten des Menschen unter der Bedingung universaler Knappheit» bzw. «Ökonomik ist die Wissenschaft von den Kosten»[15]. Ihre Konzepte (Eigeninteresse, homo oeconomicus usw.) gelten als heuristische Hypothesen, die entsprechend nur auf ihre Erklärungspotenz hin als brauchbar oder unbrauchbar, nicht aber als ethisch gut oder schlecht beurteilt werden dürfen. In diesem Sinn wird das richtende Urteil einer philosophischen oder theologischen Ethik über dieses wissenschaftliche Vorgehen mit Recht abgelehnt. Deontologisch apriorisch vorgegebene (scheinbar) naturrechtliche Normen, die festhalten, was in sich und schlechterdings böse (= intrinsece malum) ist, sowie deren Anwendung auf wirtschaftliches Forschen und das dadurch bedingte Verhalten, sind daher als unsachgemäß und so als überheblich besserwisserisch zurückzuweisen[16].

Diese Ablehnung ist verständlich. Wenn aber zugleich philosophische Ansätze wie diejenigen der Erlanger Schule (P. Lorenzen, F. Kambartel u. a.) oder auch diejenigen von J. Habermas und K. O. Apel, nach welchen menschliches Zusammenleben und damit auch die ökonomischen Transaktionen unter der je schon vorgegebenen Voraussetzung einer «universalen Transsubjektivität» bzw. einer «umfassenden Kommunikationsgemeinschaft» ebenfalls zurückgewiesen werden, müssen seitens der Ethik Bedenken angemeldet werden. Denn das Argument, hier werde Ethik aus anderen als rein ökonomischen Überlegungen entwickelt und dann in unzulässiger Weise auf wirtschaftliche Tatbestände angewandt, vermag nicht zu überzeugen. Kommunikationsgemeinschaft und mitmenschliche Transsubjektivität sind nämlich transzendentale Vorgaben für das Menschsein überhaupt und damit auch Voraussetzung für jedes wirtschaftliche Tun. Sie liegen daher der Sache nach (und nicht aus philosophischer Arroganz) jeder wirtschaftsethischen Überlegung voraus. Die Ablehnung dieser – zurecht mit der kantischen Ethik in Verbindung gebrachten – Einsicht riskiert daher, Ethik als solche wenn nicht aufzuheben, so doch auf einen – dann freilich von der Ökonomik als Einzelwissenschaft diktierten – Rumpfstatus zu reduzieren. Dieser Verdacht verstärkt sich noch, wenn auch der Versuch einer Gerechtigkeitstheorie im Sinne von J. Rawls und dessen Versuch, den sozialeudaimonistischen, personalethisch aber ungenügenden Grundsatz vom größten Glück der größten Zahl zu überwinden, ebenfalls zu diesen unzulässigen Ansätzen gezählt wird, weil hier ja ebenfalls von vornherein das Postulat einer unbedingt zu achtenden menschlichen Personwürde in prinzipieller Gleichheit aller Menschen vorausgesetzt werde.

Trotz dieses Verdachts einer unberechtigten Verkürzung von Ethik muß aber diesem Einstieg zunächst positiv zugebilligt werden, daß Wirtschaftsethik als solche sich tatsächlich nicht auf die ethische Dimension von Einzelhandlungen allein beziehen darf. Als Teil der Sozialethik ist sie wesentlich Ordnungsethik und nicht Individualethik. Unter den Bedingungen der Knappheit der Güter muß sie daher nach einer Ordnung suchen, die Kosten, also Verluste, tunlichst minimiert, d. h. wirtschaftlich möglichst effizient arbeitet. Unter dieser Voraussetzung ist zuzugestehen, daß dafür aller Erfahrung nach eine Wettbewerbs- und Marktordnung sich als die am besten geeignete erweist. Auch wenn dafür keine anthropologische Begründung geliefert wird[17], kann die Annahme einer Marktwirtschaft als Ausgangspunkt der ethischen Überlegung hingenommen werden. Auch wird der Sozialethiker zustimmen, wenn festgehalten wird: «Wettbewerbsprozesse am Markt funktionieren nur unter der systematischen Voraussetzung einer normativ vermittelten Gesellschaftsordnung», d. h.: «Wirtschaftsethik in der Marktwirtschaft ist pragmatisch Ordnungsethik»[18].

Selbst wenn man von diesem ordoliberal institutionenethischen Voraussetzung her nicht nur die klassisch neoliberale Aussage, wirtschaften heiße eben egoistisch handeln (im Sinn von F. A. von Hayek), sondern auch die Meinung, bei A. Smith gehe es nur um einen moralisch gemäßigten Egoismus, nicht ablehnt, weil Wirtschaft eben mit Handeln aus Eigeninteresse zu tun habe, braucht Sozialethik noch nicht stutzig zu werden. Denn ihre direkte Aufgabe ist es nicht, das Eigeninteresse zu diskriminieren (dies geschieht ja nicht einmal im evangelischen Liebesgebot), sondern zu untersuchen, wie eine Wirtschaftsordnung am Markt damit dennoch menschlich umgehen kann. Gerade diesbezüglich aber sind erhebliche ethische Bedenken an diesem ökonomikimmanenten Ansatz zu äußern.

Denn wenn diese Ordnung nicht in einem A-priori der Menschlichkeit gründen darf und sogar ausgeschlossen wird, daß die Würde der am schlechtesten Gestellten in einer Gesellschaft gewissermaßen ein Vetorecht« bedinge[19], dann scheint für die Ethik doch nur noch ein Spielraum sozialpragmatischer Effizienzüberlegungen zu bleiben. Tatsächlich wird Wirtschaftsordnung hier auch nur spieltheoretisch nach dem Paradigma des sog. Gefangenendilemmas begründet, wo es sich (nach dem Prozeßrecht der USA) für zwei voneinander isolierte, eines Verbrechens angeklagte Personen am besten erweist, unter der sog. «Kronzeugenregelung» ein Geständnis mit Anklage des Partners abzulegen, um so wenigstens für sich selber eine Strafminderung herauszuschlagen, womit zugleich auch der öffentlichen Ordnung am besten gedient sei, weil so kein Verbrechen der Sanktion entgehe. Daß dabei der allfällig Unschuldige (oder wenigstens der weniger Belastete) auf diese Weise nicht hinreichend berücksichtigt wird, kümmert wenig, weil das größte Glück der größten Zahl ja gewährleistet, die negativen Folgen also minimiert sind. Tatsächlich geht es hier ausdrücklich um eine «Rehabilitierung des Utilitarismus», wo Folgen, die sog. «trade offs», optimiert werden. Die Lösungsvorschläge dieser «Ethik» verstünden sich nämlich im Sinn eines teleologischen Konsequentialismus in einer «schwachen Rationalität» konsistenter Interessenabwägungen und blieben daher bewußt ohne Begründung in einer ethischen praktischen Vernunft[20].

Diese Schlußfolgerung ist ohne Zweifel richtig. Auch steht außer Zweifel, daß – wie in jedem Sozialeudaimonismus – sich auf diese Weise sogar eine praktisch brauchbare Wettbewerbsordnung aufbauen läßt, vorausgesetzt freilich, daß alle potentiellen Wettbewerber zumindest so stark sind, daß sie ihre Interessen auch einzubringen vermögen. Gerade dies trifft aber unter Menschen allgemein und schon gar nicht für die existentiellen wirtschaftlichen Bedingungen, die unter dem Vorzeichen der Knappheit stehen, nicht in jedem Fall zu. Ethische Aufgabe ist es dann jedoch wesentlich, dafür Sorge zu tragen, daß auch der Schwache noch zu seinem Recht kommt, eben weil seine Würde sich nicht darin erschöpft, Wirtschaftssubjekt zu sein. Gerade darum ist eine teleologische Ethik, so verständlich sie dem Ökonomiker erscheinen mag, nie nur ein Abwägen von «trade offs» bloßer Gesamtkostenminimierung, sondern eine Folgenabwägung im Blick auf ein ethisches Sinnziel, das allgemein ethisch (und vor allem auch christlich) stets nur in der unbedingten Achtung der menschlichen Würde liegen kann. Ethische Teleologie beruht auf einem deontologischen Apriori (das als Postulat, als Annahme oder philosophischer Glaube [Karl Jaspers]) der wissenschaftlich ethisch reflexen Normfindung stets vorausliegt[21]. Andernfalls gibt sich Ethik selbst auf.

Wenn Ökonomik also eine Ethik nur im spieltheoretischen Sinn einer Nutzen-Teleologie als diskutabel erachtet, verlangt sie vom Ethiker zugleich, sich auf einen sozialeudaimonistischen Konsequentialismus zu reduzieren, d. h. letztlich sich aufzugeben. Da Ökonomik damit aber jede andere als ökonomische menschliche Beziehung als wirtschaftswissenschaftlich irrelevant erklärt, isoliert sie sich entweder zu einer beziehungslosen Einzelwissenschaft oder universalisiert sich zur Universalwissenschaft, was dann die ursprünglich nur heuristischen Begriffe wie etwa das Verfolgen des Selbstinteresses im Wettbewerb gültigen Maximen werden läßt und den wirtschaftlichen Wettbewerb dann tatsächlich in einen schonungslosen Egoismus abgleiten ließe. Denn die Ordnung der Wirtschaft stellt dann nicht mehr einen, mit dieser egoistischen Tendenz des Menschen rechnenden und darum begrenzenden Rahmen dar, sondern will nur noch funktionale Optimierungsparameter für die Wirtschaft als solche abgeben, die dann, obwohl lebenserhaltende Funktion, nicht mehr in das Leben als solches integriert ist.

Zugleich werden aber auch einige für das Funktionieren eines geordneten Wettbewerbs mehr oder weniger bewußt gesetzte Voraussetzungen in Frage gestellt: So ist etwa die Vertragstreue nur noch im Sinn des «Gefangenen-Dilemmas» einer möglichen Minimierung von Nachteilen gewährleistet; ebenso wenig ist das Vertrauen in die Fairneß des Partners als solches gesichert. Da Täuschungen allerdings die sog. Transaktionskosten für Garantien aller Art steigen lassen, sind sie auch ökonomisch unerwünscht. Wo deshalb die ökonomische Ordnung noch nicht oder erst lückenhaft etabliert ist (etwa wegen innovativen Strukturwandels) und die rentable Zuverlässigkeit entsprechend rechtlich strukturell ungenügend gesichert ist, ruft sogar dieses Verständnis einer «schwachen» (bzw. dünnen, weil nur utilitaristischen) Sozialethik nach einer «stärkeren» Individualethik zwischenmenschlicher Fairneß[22]. In Anbetracht der sonst sorgfältigen Unterscheidung einer zwischenmenschlichen «face to face» Ethik von einer strukturbezogenen Sozialethik, muß dieser Rückgriff in einer wirtschaftsethisch so bedeutsamen Frage erstaunen; er scheint auf eine Inkonsistenz des Ansatzes selber hinzudeuten: Zwar begnügt sich auch dieser Appell für Fairneß nicht einfach individualethisch auf dessen langfristige Kompatibilität mit wohl verstandenen Eigeninteressen, sondern beruft sich sozialethisch auf eine gegen die Exzesse der schrankenlosen Wahrnehmungen von Eigeninteressen verhindernde Rahmenordnung, deren Ziele dann – so schon J. A. Schumpeter († 1950) – das Gemeinwohl aller (wenn auch unter der Voraussetzung eigeninteressierter Motivation der einzelnen) zu sein hätte.

Wirklich von Gemeinwohl reden läßt sich aber nur, wenn es wirklich als Gemein – Wohl alle Menschen umfaßt und dies bedeutet erneut: Der Gemeinwohlforderung muß eine Ordo-Idee der Menschlichkeit, d. h. der Achtung gleicher Würde, als ethische Intuition oder Annahme logisch vorausgehen. Ein rein rationalkollektivistischer, einzelwissenschaftlich, also ökonomikimmanent begründeter Ansatz genügt dazu nicht. Sich darauf trotzdem zu beschränken, ersetzt letztlich einen philosophisch humanen, also weltanschaulichen Ansatz durch eine nicht weniger aprioristische «wissenschaftliche Weltanschauung», deren Ausschließlichkeit keinesfalls wissenschaftlich zu begründen ist[23]. Ein Gemeinwohl-Ordo dagegen ist nur denkbar, wenn zuvor die Herstellung einer grundsätzlichen Chancengleichheit für schlechterdings alle Menschen, also eine unbedingte Gerechtigkeitsordnung, stipuliert werden kann. Daß diese dann als «primär naturrechtliche Norm» (so Thomas von Aquin in Übereinstimmung mit der ganzen Hochscholastik) kulturell und geschichtlich unterschiedliche Ausprägungen zuläßt und keineswegs konservative Festschreibungen bedingt, hat die ethische Normfindungsdebatte in den letzten Jahren gezeigt, auch wenn konkret der der modernen Welt angemessenen Menschenrechtsordnung ethisch ein hoher, kulturübergreifender und damit wenigstens prinzipiell allgemeingültiger Wert konkreter Ordnungsstiftung zuzumessen ist[24]. Da aber eine so verstandene Gerechtigkeitsforderung sozialeudaimonistisch höchstens ansatzhaft zu begründen ist, muß das Fundament für eine brauchbare Wirtschaftsethik außerhalb dieser inhärenten Nutzenmaximierung gesucht werden. Eben diese Einsicht führte auch J. Rawls zur Erarbeitung seiner hier schon mehrfach erwähnten Gerechtigkeitstheorie, auf die nun noch eigens näher einzugehen ist.

4. Die Maxime «Gerechtigkeit» – der Ansatz von John Rawls

J. Rawls' Denken entstammt der gängigen sozialeudaimonistischen Ethiktradition der USA, die im allgemeinen ein relativ konfliktfreies Zusammenleben von Menschen und von da aus ein hohes Maß an weltanschaulicher Toleranz, politische Freiheit und wirtschaftlichen Wohlstand zu gewährleisten vermochte[25]. Sie garantiert damit menschliche Werte, derer die Ethik keinesfalls verlustiggehen darf und die ein deontologisch apriorisches Ethos biblisch fundamentalistischer oder gar platonischer Prägung keinesfalls ebenbürtig zu sichern vermocht hat. Auf der anderen Seite zeigt sich Rawls aber dennoch davon betroffen, wie sehr in diesem Sozialeudaimonismus Menschen als einzelne wie als Gruppen marginalisiert und damit chancenlos ausgebeutet werden konnten, ohne daß die gesellschaftliche Ordnung mit diesem Mißstand – sei es dem Proletarierelend des 19. Jh. oder der Rassendiskriminierung in den USA im 20. Jh. – etwas anderes als punktuelle Caritasmaßnahmen entgegenzusetzen gehabt hätte. Die fundamentale, alle sonstigen, auch allenfalls berechtigten Unterschiede unter den Menschen übersteigende Gleichheit, die also zumindest eine prinzipielle Chancengleichheit bedingen würde, ist im Sozialeudaimonismus mit seinem sozialethisch «dünnen» Leitprinzip vom «größten Glück der größten Zahl» offensichtlich nicht zu gewährleisten. Gerechtigkeit ist da bestenfalls ein optimierbarer Näherungswert, keinesfalls aber eine kategorische ethische Forderung.

Hier setzt Rawls' Gerechtigkeitstheorie ein. Sie geht aus von zwei grundlegenden, «lexikalisch» (das erste geht dem zweiten grundsätzlich voraus) geordneten Prinzipien: Nämlich erstens: Jeder hat das gleiche Recht auf das umfangreichste Grundsystem gleicher Grundfreiheit, das für alle möglich ist (Forderung der Chancengleichheit aus der wesentlichen Gleichheit aller Menschen); sowie zweitens: Soziale und wirtschaftliche Ungleichheiten müssen wie folgt beschaffen sein: Sie müssen unter einschränkungsgerechten Spargrundsätzen dem am wenigsten Begünstigten den größten Vorteil bringen (also nicht bloß im Sinne des Pareto Optimums nicht schaden), und alle Ämter, Stellungen usw. müssen allen chancengleich offenstehen[26].

Dabei ist sich Rawls – seine Bezugnahme auf Kant macht es nur allzu klar – bewußt, daß er mit diesen Prinzipien den rational kognitivistischen Ansatz der Ethik sprengt und eine Wertintuition, d. h. die zwar plausible, aber rational nie stringent beweisbare fundamentale Gleichheit aller Menschen zwingend voraussetzt. Dennoch will er seinen Ansatz mit Recht weder als deontologisch noch aprioristisch deduktiv verstanden wissen. Deontologisch ist er nicht, weil diese Intuition faktisch im konkreten Verhalten, das Menschen von ihren Mitmenschen stets erwarten, vorausgesetzt ist. D. h.

man «weiß» (auch und gerade schon als Kind) sehr genau, wo man ungerecht behandelt wurde, und versucht, solche Zurücksetzungen zu beseitigen. Rein deduktiv ist er nicht, weil er einerseits Ergebnis einer sog. transzendentalen Reflexion über die für alles zwischenmenschlich harmonische Verhalten existentiell vorausgesetzten Ermöglichungsbedingungen ist und weil in ihm andererseits für die Erarbeitung konkreter Verhaltensnormen eine geschickte, die Lebenserfahrung der Menschen durchaus berücksichtigende Methode entwickelt werden kann, die Rawls als den «Schleier des Nichtwissens» umschreibt. D.h.: Wenn jemand über seine mögliche Zukunft überhaupt nichts wüßte und unter dieser Voraussetzung eine soziale Wirtschaftsordnung entwerfen sollte, dann würde er sie zu allermindest so gestalten, daß es ihm in allen vorstellbaren Möglichkeiten nicht schlechter als bisher (= Pareto-Optimum) ginge und ihm doch zugleich eine faire Chance für Verbesserungen eingeräumt bliebe.

Gerecht ist demnach nur jene Lösung, die jedem einzelnen in Gleichheit zu jedem anderen diese faire Möglichkeit erschließt und diese (anders als alle bisher genannten Ansätze eines Wirtschaftsethos) nicht einer möglichen globalen Verbesserung der allgemeinen Wohlfahrt auf Kosten eines einzelnen oder einer Minderheit opfert. Mit dieser grundsätzlichen Chancengleichheit – und erst damit – ist aber der für einen im vollen Sinn des Wortes ethischen Standard unerläßliche «kategorische Imperativ» (I. Kant), keinen Menschen je als bloßes Mittel zu behandeln, erreicht. Erst dieser Standard gewährleistet aber auch ein Wirtschaftsethos auf dem Niveau der allgemeinen Menschenrechte, wie es in der Sozialcharta der Europäischen Menschenrechtskonvention festgeschrieben ist. Unter der Voraussetzung der Annahme der prinzipiell für alle Menschen gleichen Personenwürde bleibt dieses Ethos jedoch zugleich für die Vernunft plausibel begründbar, wenn auch nicht rational-funktionalistisch zwingend beweisbar.

Die Frage, die sich einer christlichen Sozialethik in diesem Zusammenhang stellt, ist dann nicht so sehr, ob schwächere Formen ethischer Begründung allenfalls akzeptabel, wenn auch idealtypisch nicht hinreichend sein könnten. Denn hier kann die Antwort nur negativ lauten, weil Menschen, die jeder einzelne ein unwiederholbares Ebenbild Gottes darstellen, niemals einer globalen Wohlfahrtssteigerung geopfert werden können. Vielmehr stellt sich die Frage, ob die christliche Ethik sich ihre eigenen Zielvorstellungen innerweltlicher Selbstverwirklichung des Menschen in diesem Ansatz einer Gerechtigkeitstheorie hinreichend gesichert denken kann. Dies näher zu klären, ist die Absicht der folgenden Überlegungen.

5. Wirtschaftsethik unter christlichem Vorzeichen

Was schon die kritischen Hinweise auf eine christlichen Motivationen entspringende fundamentalistische Beurteilung wirtschaftlicher Prozesse andeuteten, muß hier einleitend nochmals hervorgehoben werden: Die Botschaft Jesu verkündet das angebrochene und auf Vollendung hin angelegte Gottesreich als erlösend befreiende Kunde von der den Menschen zugesprochenen Gnade Gottes. Sie ist also primär Heilsbotschaft. Erst in zweiter Linie, nämlich insofern sie dieses Reich Gottes wahrer Nächsten- und Gottesliebe als schon hier und jetzt angebrochen, also innergeschichtlich wirksam und daher gestaltbar versteht, hat sie auch ethische Dimensionen. Ethische Aussagen des Neuen Testaments sind daher stets darauf zu prüfen, inwiefern sie die eschatologische Erfüllung des Heils verkünden und wie weit sie zugleich auch eine innerweltliche normative Aussage darstellen. Wo dies zutrifft, ist dann aber zugleich das jeweilige geschichtlich kulturelle Umfeld der Aussage (also etwa der jüdische Reststaat als römischer «Satellit» oder die kleinen Christengemeinden in Städten des hellenisierten römischen Reiches) zu beachten. Eine direkte Übertragung von deren sozio-ökonomischen Strukturen auf moderne wirtschaftliche Zusammenhänge verbietet sich entsprechend und verlangt eine Übersetzung der gleichbleibenden, dem Glauben wie dem Liebesgebot verpflichteten Motivationen auf die neuen geschichtlichen Umstände[27].

Grundlegend für diese «Übersetzung» ist dann zunächst das christliche Menschenbild, das im alttestamentlich jüdischen Schöpfungsverständnis seine Wurzeln hat: Danach ist der Mensch von Gott – anders als die übrigen Geschöpfe – als dessen Ebenbild geschaffen. In dialogischer Verantwortlichkeit ist ihm die ganze übrige Schöpfung zur pfleglichen (also nicht ausbeuterischen) Verwaltung und Nutzung übertragen. Aus dieser Stellung eines wie Plato es nannte «irgendwie absoluten», eines «theion ti» kommt dem Menschen daher auch eine eigene und unveräußerliche Würde zu, die es verbietet, ihn zu einem Interesse beliebig zu verzwecken[28]. Zugleich ist dieser Mensch als einzelner aber noch nicht ganz bei sich selber. Dazu kommt er erst, wenn ihm ein Partner entspricht, der wirklich seinesgleichen («Bein von meinem Bein und Fleisch von meinem Fleisch», Gen 2.23) ist. Mensch wird der Mensch erst, wenn er Mitmenschen hat, die ihm gleich sind und die er dann auch entsprechend in ihrer ebenso personalen Würde als gleiche zu achten hat, eine Sicht, die der Umgang Gottes mit seinem Bundesvolk durchaus bestätigt: Wo Mitmenschlichkeit verletzt wird, wird auch der Gottesbund gebrochen.

Schließlich erweist sich dieser Mensch gerade in seiner gottebenbildlichen Größe und Würde als versuchbar. Statt sich seiner endlichen Geschöpflichkeit und Abhängigkeit bewußt zu bleiben, will er «sein wie Gott», d.h. sich selber absolut setzen und «gut und böse selber bestimmen können»[29]. Diese Vermessenheit stellt aber nicht nur eine Mißachtung seiner konstitutiven Abhängigkeiten dar, sondern führt, wie die unmittelbar anschließende Geschichte von Kain und Abel deutlich macht, auch zur egoistischen Mißachtung des Mitmenschen und damit zur Zerstörung der nicht weniger konstitutiven Gemeinschaftlichkeit des Menschen.

Alle drei Momente erweisen sich aber gerade in ihrer realistischen Beurteilung des Menschen aus dem Glauben als wirtschaftsethisch relevant: Denn einmal verbietet die unaufgebbare Würde des Menschen, bei einem sozialeudaimonistischen Pragmatismus der sozialen Gesamtoptimierung stehen zu bleiben, ohne auch den schwächsten und letzten Menschen ausdrücklich in seiner Würde zu berücksichtigen und also realistisch eine «Option für die Armen» ethisch vorauszusetzen. Zweitens erfordert die fundamentale Gleichheit aller Menschen, eine jeder wirtschaftlichen Berechnung und Optimierung vorausgehende Chancengleichheit als Gerechtigkeit zu achten, was sich mit der ethisch allgemein kommunikablen Gerechtigkeitstheorie im Sinne von J. Rawls vollauf deckt. Schließlich erfordert die Anerkennung der Gefahr des egoistischen Mißbrauchs – jeder auch der wirtschaftlichen – Machtposition eine entsprechende Machtkontrolle, die dann gerade auch unter Annahme von Marktbedingungen, also einer gewissen ethisch berechtigten Verfolgung von Eigeninteressen, zu beachten ist. Wettbewerb garantiert sich nämlich nicht von selbst, sondern hat über Kartelle, Protektionismen, Monopole usw. in sich eine Tendenz, zu eigenen Gunsten möglichst viele potentielle Wettbewerber vom Wettbewerb fernzuhalten. Zudem ist Markt nur unter den Bedingungen von Vertragstreue möglich[30]. Diese aber ist selber nicht im Markt, sondern nur aus Gerechtigkeit gegen den potentiellen Egoismus aufrechtzuerhalten.

Obwohl die Bibel viele Beispiele für die Wichtigkeit dieser Ansichten in damals gültigen Kontexten gibt (die Predigt der Propheten zugunsten der Witwen und Waisen bzw. gegen den Mißbrauch von Macht und Reichtum durch die Volksführer, die Weisung des Paulus an Philemon zugunsten des ihm in Christus gleichen Sklaven Onesimus, aber auch der alle Völker gleicherweise betreffende Taufauftrag an die Apostel sind Zeichen dafür), enthält sie keine systematische Aufarbeitung einer Wirtschaftsethik. Was sie bietet, ist eine situationsbezogene, aus dem Glauben an den Gottesbund mit seinem Volk bzw. an die Botschaft Christi lebende Predigt oder Paränese zu einem in eschatologischer Verantwortung stehendem innerweltlichen Lebensvollzug. Dahinter läßt sich aber ein profundes humanes Ethos erkennen, das da und dort, vor allem in der paulinischen Predigt durchaus auch zu verstehen gibt, daß man sich dieser Verbindung zu einem allgemein einsichtigen humanistischen Ethos, wie es damals etwa die zeitgenössische Stoa vertrat, bewußt war.

Was dem jüdischen Philosophen Philo von Alexandrien († um 50) klar war, war Paulus in keiner Weise fremd[31]. Wenn Christen daher im Sinn der Erkenntnisse einer modernen Gerechtigkeitstheorie, die auch für den alltäglichen Normalfall nützliche praktische Einsichten eines Sozialeudaimonismus einbezieht, eine christliche Sozial- und Wirtschaftsethik aufzubauen versuchen, so verleugnen sie dabei in keiner Weise opportunistisch ihren Glauben, sondern treten vielmehr aus dessen grundlegendem Wertverständnis in eine ethische Auseinandersetzung mit den Problemen der Erwirtschaftung und gerechten Verteilung der stets knappen und daher ebenso effektiv wie sparsam zu gebrauchenden Güter dieser Welt; denn gerade in diesen für die menschliche Existenz grundlegenden Belangen muß sich Heilsgeschichte konkret ereignen. Die Bilder, die das Evangelium dafür braucht, sind bezeichnenderweise diejenigen von Salz und Sauerteig.

Umgekehrt aber ist das christlich anthropologische Selbstverständnis auch für eine allgemeine menschliche Wirtschaftsethik, obwohl in keiner Weise zwingend, dennoch erhellend. Denn einmal bringt es die ethisch tragende Grundidee der unveräußerlichen und allen Menschen gleichen, unbedingt zu achtenden Würde in eine eigentlich transzendente, also unbedingte, religiöse Begründung. Diese ist als solche zwar nie rational zwingend, aber doch so plausibel, daß sie auch im säkularen Diskurs bedenkenswert bleibt. Denn wenn Kant die Gültigkeit seines Kategorischen Imperativs, den Menschen nie bloß als Mittel, sondern immer auch als Zweck zu betrachten, nur unter Voraussetzung der «Postulate» von Gott und Freiheit des Menschen denkbar bleiben und dieser Imperativ letztlich die Grundlage für die Menschenrechtsethik ist, legen sich Konvergenzen fast von selbst nahe.

Zum anderen bringt das nüchterne, realistische Verständnis menschlicher Sündenanfälligkeit, die berechtigtes Eigeninteresse immer neu in selbstsüchtig herrscherischen Egoismus der Stärkeren kippen läßt, einen auch für die Ökonomik übersehbaren Störfaktor ausdrücklich zur Sprache. Sie macht damit verständlich, warum das auf einem optimistischen Menschenbild aufbauende Verständnis der «unsichtbar regulativen Hand» zur Gewährleistung einer menschenwürdigen Ordnung allein nicht zu genügen vermag. Sie macht klar, warum eine auf dem Wettbewerb aufbauende Marktwirtschaft nur als soziale, d. h. unter verschiedenen, die Menschlichkeit von vornherein garantierenden Rahmenbedingungen menschenwürdig sein kann. Damit ist allerdings (außer in einer allenfalls rein pragmatischen Einsicht besserer Funktionalität) eine Präferenz für eine Markt- vor einer Planordnung noch nicht als vorgegeben zu betrachten. Dies bedarf einer eigenen Begründung, die nur eine dann freilich christlich verantwortete und wirtschaftsethisch systematische Reflexion beibringen kann.

B. Grundlinien einer wirtschaftsethischen Systematik

1. Gerechtigkeit als Grundprinzip

Ausgangspunkt für eine solche wirtschaftsethisch systematische Überlegung ist entsprechend den vorausgehenden Überlegungen die grundsätzliche Forderung nach Gerechtigkeit, die sich als sittliche Forderung aus der Anerkennung der nicht weniger grundsätzlichen, alle sonstigen Ungleichheiten übergreifenden Gleichheit aller Menschen ergibt. Nur da, wo diese Gleichheit in unveräußerlicher persönlicher Menschenwürde in einem «festen und beständigen Willen, jedem das Seine bzw. das ihm Zustehende auch zukommen zu lassen» – so die seit der Antike (Cicero, Ulpian) übliche Umschreibung von Gerechtigkeit – geachtet wird, kann auch im ökonomischen Bereich von Ethik im vollen Sinn des Wortes die Rede sein. Wo dagegen Ausnahmen von dieser Grundforderung u. U. zugelassen werden, wo für das größte Glück der größten Zahl also und wie man dann sagt, «nur gelegentlich», wie «natürlich leider und selten», das Opfer einiger weniger nicht unbedingt ausgeschlossen werden kann, handelt es sich um eine im genannten Sinn «schwache» Ethik bloßer Optimierungen statt unbedingter Mitmenschlichkeit, auf die dieser Name strenggenommen eigentlich nicht zutrifft[32].

Dabei spielt es für eine weitere sozialethische Überlegung gerade auch da, wo wirtschaftliche Belange zur Debatte stehen, kaum eine Rolle, ob sich die Anerkennung der grundsätzlichen Gleichheit aus einer bloß empirischen Erfahrung (wie etwa der an keine sozialen Klassen oder Rassen gebundenen Zeugungsfähigkeit des Menschen), oder aus den Voraussetzungen für ein bewährtes soziales Zusammenleben oder aus einer ontologischen Letztbegründung herleitet. So sehr sie letztlich nur in einer solchen im weitesten Sinn des Wortes «religiösen», d. h. an letzte Werte zurückgebundenen Sicht so kohärent begründet sind, daß sie auch unter der Verlockung erheblicher Vorteile für eine große Zahl von Menschen durchzuhalten ist, so sehr genügt praktisch schon die eine letzte Begründung wenigstens nicht ausschließende Einsicht in die prinzipielle Gleichheit aller Menschen für den Aufbau einer brauchbaren Wirtschaftsethik[33]. Zu beachten bleibt dabei allerdings, daß dieser Ansatz noch in keiner Weise materiell gerechte Inhalte festschreibt und etwa die wirtschaftsethisch lange Zeit diskutierte Frage nach gerechten Preisen und Löhnen u. ä. noch völlig offen läßt.

Die alte Ulpian'sche Definition besagt zudem ebensowenig, daß ein Bemühen um Gerechtigkeit eine ein für alle mal festschreibbare inhaltliche Gerechtigkeitsordnung je möglich machen wird. Vielmehr läßt sie in ihre Forderung nach einem «festen und beständigen Willen» zur gerechten Zuteilung der Güter vermuten, daß unter sich verändernden Umständen Gerechtigkeit ein je neu zu umschreibendes labiles Gleichgewicht darstellt, das zwar aufgrund von guten, wie vor allem aufgrund von schlechten Erfahrungen mit bewältigter bzw. erlittener Ungerechtigkeit nach Lösungen suchen heißt, diese aber in keiner Weise von vornherein auch schon bereithält. Nicht weniger zu beachten ist aber auch, daß nach diesem Verständnis keine Gleichmacherei gemeint sein kann, sondern nur die Forderung erhoben wird, Gleiches gleich und Ungleiches ungleich zu behandeln bzw. im Sinn von Rawls Chancengleichheit zu gewährleisten und nicht auf den Gemeinnutzen zielende, soziale Vorrechte funktionaler Privilegien zu vermeiden.

Gerechtigkeit als Grundprinzip verstanden, gibt so dem ethischen Verhalten, bzw. der darauf bezogenen Normfindung die Richtung an, auf der nach brauchbaren Weisungen als Hilfestellungen für menschliches Handeln gesucht werden kann und soll. Um solche aber gerade auch in den wirtschaftlichen Sachbereichen zu finden, gilt es, dieses Grundprinzip weiter zu konkretisieren und nach entsprechenden, in die konkrete Praxis führenden Leitprinzipien zu suchen[34].

2. Sozialethische Leitprinzipien in wirtschaftsethischer Absicht

Gerechtigkeit als Bemühen um Wahrung der grundsätzlichen Gleichheit im Zusammenleben sonst ungleicher und gerade darin aufeinander angewiesener Menschen, die zudem auch nur so ihre individuell personale Entfaltung zu finden vermögen, bedingt die stets gleichzeitige und komplementäre Beachtung des Wohlergehens der einzelnen Menschen wie der Gemeinschaft als solcher. Was in der sozialethischen Tradition in der Forderung nach der komplementären Beachtung von Personal- und Gemeinwohl ausgedrückt wurde, klingt weniger differenziert auch schon in der «Goldenen Regel» an, die fordert, das, was man sich selber von anderen erwünscht, diesen auch zukommen zu lassen. Die gleiche Zielsetzung ist aber auch im christlichen Liebesgebot enthalten, das verlangt, den Nächsten zu lieben wie sich selbst. Eine berechtigte Verfolgung eigener Interessen erscheint daher, was gerade wirtschaftsethisch zu beachten ist, nicht nur mit dem Gemeinwohlprinzip vereinbar, sondern, wie schon angedeutet, als dessen wesentliches, weil komplementäres Gegenstück. Nur ist dabei sehr genau zu beachten, daß «berechtigt» hier keinesfalls einfach mit «wohlverstanden» verwechselt werden darf. Während nämlich «wohlverstanden» bloß die auch im eigenen Interesse liegende Rücksichtnahme auf den anderen wie auf die Gemeinschaft in den ethischen Diskurs einbringt – was unter annähernd gleichstarken Partnern, wie angedeutet, durchaus ein erhebliches Maß an Gerechtigkeit im politischen und wirtschaftlichen Umgang zu gewährleisten vermag – meint «berechtigt» hier nicht nur diese pragmatisch durchaus vernünftige Einsicht, sondern zugleich auch die bei aller Beachtung der eigenen Entfaltung unbedingte Forderung nach der Achtung des anderen, gerade auch jenes schwächeren Partners, von dessen Reaktionen ich weder besondere Vorteile zu erwarten, noch eigene Nachteile als dessen Gegenreaktion zu befürchten habe.

Für die Umsetzung dieser fundamentalen sittlichen Einsicht in die konkrete politische und wirtschaftliche Praxis, also für die Heuristik von daraus folgenden konkreteren Verhaltensnormen oder von Konzepten für deren institutionelle gesellschaftliche Organisation hat sich vor allem in der katholisch-christlichen Sozialethik das Doppelprinzip von Subsidiarität und Solidarität als Denkhilfe herausgebildet[35]. Dabei verlangt das erste im Sinn des Personalprinzips einerseits den größtmöglichen Spielraum für Eigeninitiativen des einzelnen bzw. der kleineren Gruppe, während es andererseits zugleich von der Gemeinschaft fordert, immer dann helfend (daher «subsidiär») zu intervenieren, wenn diese je kleinere soziale Einheit ihren eigenen Funktionsbedarf nicht mehr allein sicherzustellen vermag. Das zweite Prinzip dagegen verlangt, daß gerade in einem solchen personal- und individuenbezogenen bzw. förderalistischen Gesellschaftsbild, das der Wahrung je eigener materieller wie kultureller Interessen breiten Raum läßt, die Belange der anderen (sei es als einzelne, sei es als Gruppen von Minderheiten oder der sozialen Gemeinschaften wie der Gesellschaft als ganzer) nicht außer Acht gelassen, sondern «solidarisch» von Anfang an in den Entscheidungsprozeß einbezogen werden. Dabei erweist sich die Frage, welchem der beiden Prinzipien die Priorität zukommen müsse, als müßig. Wohl können gegebene Zeitumstände von einer kritischen ethischen Reflexion eine besondere Betonung jeweils eines der beiden Prinzipien im Sinne eines Korrektivs nötig machen oder bestimmte kulturelle Voraussetzungen die Akzente anders setzen lassen. So wird die die Individualität des einzelnen besonders betonende abendländische Aufklärung andere Aspekte in den Vordergrund stellen müssen, als ein stark auf das Gemeinschaftsethos abhebendes fernöstliches Denken und Fühlen.

Die Prinzipien selbst aber sind korrelativ wie die Brennpunkte einer Ellipse. Nur gemeinsam ermöglichen sie eine dem Menschen als prinzipiell sozial-personalem Wesen angemessene Ethik, und nur insofern können sie dann bei der Erarbeitung bzw. der kritischen ethischen Rezeption und Überprüfung konkreter normativer Leitlinien deren sittliche Humanität beurteilen und fördern. Daß in diesem heuristisch kritischen Prozeß dann die erstmals in der Geschichte der Menschheit weltweit wenigstens juristisch, wenn auch weder faktisch noch in einem kohärenten Begründungszusammenhang anerkannten Menschenrechte der UNO von 1948 eine herausragende Rolle spielen, versteht sich. Dies bedeutet konkret, daß bei allen Schwierigkeiten in der praktischen Verwirklichung die Durchsetzung der individuellen Freiheitsrechte ohne ihr Korrelat in den sozialen Rechten in ein brutales Spiel um das Recht des Stärkeren ausarten müßte, während eine bloße Betonung der gemeinwohlbezogenen Sozialrechte ohne den Stimulus der freiwilligen Initiative und der sich ergänzenden gegenseitigen Vielfalt von Interessen und Initiativen eine Rentenlethargie unter überdimensionierter Staatsquote zu fördern droht: Gewerbefreiheit, die nicht mit sozialer Sicherheit koordiniert wird, droht in die Ausbeutung zu kippen, während eine überdehnte soziale Sicherheit, welche die Kosten dafür dem Gemeinwesen anlasten muß, in eine Ausbeutung des Gemeinwesens umzuschlagen beginnt.

Wirtschaftsethisch gesehen bedeutet dies, daß – wie gerade auch von einem christlichen Ansatz her immer neu (man denke etwa an die Sozialenzykliken der Päpste seit 1891) betont wurde – weder ein uneingeschränkter Wettbewerb im Sinne des Frühkapitalismus, noch eine sozialistische Planwirtschaft diesen menschenrechtlichen Anliegen zu genügen vermögen. «Freie Bahn dem Tüchtigen» würde als alleiniger Grundsatz ziemlich rasch bedeuten: Alles Recht dem Stärkeren, während der Ruf nach totaler sozialer Absicherung durch das Gemeinwesen die staatliche Macht unkontrolliert fördern könnte und so die Freiheit ebenfalls zu bedrohen begänne. Obwohl nie voll ineinander vermittelbar und daher im Konkreten stets neu dem aktiven, gerechtigkeitsbezogenen und damit ethischen Suchprozeß unterworfen, ist daher wirtschaftsethisches Handeln immer nur unter dem doppelten Anspruch der individuellen wie der sozialen Menschenrechte verantwortet denkbar.

3. Wirtschaftsethische Konkretionen

3.1 Voraussetzungen

Schon auf der Ebene der grundlegenden menschenrechtsethischen Überlegung spielen langbewährte, also historisch kulturell bedingte Erfahrungen eine Rolle. So ist etwa die genannte Gewerbefreiheit als Postulat gegen die die Chancengleichheit und damit die Gerechtigkeit untergrabenden Zulassungsbeschränkungen von neuen Initiativen im Wettbewerb zur Absicherung von Privilegien des Adels oder der etablierten Zünfte im 18. Jh. gewachsen; demgegenüber führte der Mißbrauch dieser Freiheit in der Epoche der Frühindustrialisierung immer wieder und oft in zeitlicher Verschiebung zur schrankenlosen Ausbeutung der Proletarier und förderte entsprechend gegen Ende des 19. Jh. die Einsicht in die Notwendigkeit der Sicherung sozialer Rechte zugunsten der Gewährleistung der Gerechtigkeit auch für die schwächeren Arbeiter. Noch deutlicher als an diesem Beispiel zeigt sich jedoch etwa an der Eigentumslehre der großen mittelalterlichen Theologen (wie etwa Thomas von Aquin), wie sehr ein Ineinander von grundsätzlicher und aus Erfahrung gewachsener Einsicht die konkreten menschenrechtlichen oder – in damaliger Terminologie – «sekundär naturrechtlichen» Regelungen bestimmt: Dem körperlich verfaßten und damit auch auf die materiellen Güter dieser Welt existentiell angewiesenen Menschen sind «primär-naturrechtlich» aus Gründen der prinzipiellen Chancengleichheit und daher der Gerechtigkeit die materiellen Güter dieser Welt auch gleicherweise zugeordnet. D. h.: Sie unterstehen primär und so auch gemäß der vor Gott für seine Schöpfung gewollten Ordnung unter einer sog. «Gemeinwidmung». Da die Erfahrung jedoch lehrt, daß der sorgfältige Umgang wie eine möglichst konfliktfreie Verteilung und damit eine funktionierende Organisation des Gütergebrauchs normalerweise am besten dann erreicht wird, wenn Verantwortlichkeit und Nutzung in die Hand der einzelnen Menschen gegeben werden, ist eine Privateigentumsordnung sekundär ethisch nicht nur zuzulassen, sondern sogar sinnvollerweise vorzusehen. Damit ist jedoch die ursprüngliche Gemeinwidmung nicht aufgehoben. Sie lastet vielmehr als eine Art «Hypothek» auf jedem Eigentum (so Johannes Paul II.) und kann u. U. immer wieder einmal Einschränkungen und Ausnahmen im Eigentumsgebrauch bedingen. Privateigentum als sinnvolle und daher menschenrechtlich zu sichernde Ordnung stellt damit in keiner Weise ein unbedingtes absolutes Recht dar. Vielmehr ist sie eine aller (bisherigen, aber sehr langen und daher kaum einfach veränderbaren) Erfahrung nach optimale Organisationsform für eine brauchbare Eigentumsordnung[36].

Was hier als sozialethische Bewältigung der Problematik um das Eigentum von weltlichen Gütern vorliegt, kann für andere sozialethische Problembereiche durchaus verallgemeinert werden und als konkretes wirtschaftsethisches Denkmodell weiter Anwendung finden. Folgende Elemente scheinen dabei besonderer Beachtung wert: Menschliches Person- und Gemeinwohl verlangt unter den ethischen Vorzeichen von Chancengleichheit bzw. Gerechtigkeit einen sorgfältigen und ihren menschlichen Nutzen mehrenden Umgang mit den existenznotwendigen Gütern dieser Welt. Da diese Güter jedoch kaum je in der für die Lebens- und Existenzsicherung wie in der für die persönliche Entfaltung passenden Form vorliegen, sondern entsprechende Zubereitung und Aufarbeitung erfordern, erweist es sich für jeden einzelnen als günstiger, sich auf die Bearbeitung eines bestimmten Gutes zu spezialisieren und hier seine besonderen Begabungen einzusetzen bzw. dafür die entsprechenden Fähigkeiten zu entwickeln und sich für die Aufbereitung anderer, für ihn aber nicht weniger bedeutsame Güter auf die entsprechende Spezialisierung anderer zu verlassen. Arbeitsteilung und Tausch sind die aus dieser aller geschichtlichen Erfahrung nach für die bestmögliche Entwicklung des Menschen allein sinnvollen Organisation entstehenden wirtschaftlichen Institutionen, aus denen sich konsequenterweise weitere ethisch relevante Einsichten ergeben: Einmal ermöglicht (und verlangt z. T. sogar) diese Arbeitsteilung die Bildung von Reserven an nicht sofort gebrauchten Gütern, die zunächst Engpässe zu überwinden helfen. Dann aber vermitteln sie auch denjenigen, die sie – etwa durch Geschick und Weitblick und Sparsamkeit – besser zu bilden verstehen, rasch eine größere Sicherheit und damit mehr Freiheit und bald auch mehr Macht und Ansehen. So entsteht aus ersparter zurückgelegter Arbeit an Gütern ein «Kapital», das zu weiterer Verwendung zur Verfügung steht und so im buchstäblichen Sinn seinem Urheber «Macht» (im Sinn von «machen können») verleiht, eine Macht freilich, die – die allgemeine Erfahrung bestätigt hier eindrücklich das biblische Menschenbild – die Versuchung zu deren egoistischem Mißbrauch auf Kosten der menschlichen Würde, bzw. der prinzipiellen Gleichheit der anderen in sich trägt und entsprechend nach ethischer Regelung ruft[37].

Alsdann bedingt der Tausch an sich kaum vergleichbarer Güter (und noch mehr von Dienstleistungen) ein brauchbares Vergleichsmittel, das Aufwand, Begehrtheit wie Knappheit eines solchen Gutes in brauchbare und anwendbare Beziehungen zu setzen vermag, eine Funktion, die in allen auch nur etwas komplexerem Wirtschaften dem Geld zukommt. Da aber gerade auch diese Einschätzung von Tauschwerten offensichtlich keine Evidenz darstellt (die Diskussion um sog. «gerechte Preise» und um Preise als bloße Knappheitsindikatoren zeigt dies nur allzu deutlich[38]), stellt sich auch hier ein Regelungsbedarf ein, der seinerseits wie alle menschlichen Regelungen wegen der damit verbundenen Machtfragen weitere sozialethische Probleme aufwirft. – Bevor allerdings solchen sozialethischen Evaluationen von Regelungen im einzelnen nachgegangen werden kann, stellt sich grundsätzlich die Frage nach einer umfassenden Rahmenordnung für die einzelnen wirtschaftlichen Regelungen, die sich in der Geschichte wenigstens hinsichtlich komplexerer Wirtschaftsformen weitgehend auf die Alternative Markt- versus Planwirtschaft konzentriert hat.

3.2 Plan oder Markt?

Dem menschlichen Geist, der in seiner Mit- und Umwelt durch systematisches Analysieren ihres Funktionierens die bestimmenden Faktoren zu erheben sucht, um sie durch deren geschickte Kombination seinem Ziel bestmöglicher Selbstverwirklichung auch dienstbar zu machen, entspricht es, dieses Modell einer exakten wissenschaftlichen Erhebung und der entsprechend technologischen Anwendung auch auf die gesellschaftlichen Belange, und da gerade auch auf die Gestaltung einer Wirtschaftsordnung auszudehnen. Was schon Plato in seiner «Politik» für eine wohlgeordnete Polis vorschwebte, nämlich eine durch die Besten, die «Aristoi» eines Volkes (also durch die durch asketische Weisheit sich auszeichnenden Philosophen) konzipierte und von oben bis unten rational einsichtig durchstrukturierte Ordnung, hat die Menschen immer wieder und trotz des schon damaligen Scheiterns dieses Modell bei seiner praktischen Erprobung in Syrakus fasziniert: Gerade in Anbetracht der vielen Mißbräuche von sogar zu Recht aufgebauter Macht zu Ausbeutung und Unterdrückung, zur Verschleuderung von Ressourcen und zum zwecklosen Konsum sollte es doch möglich sein, durch eine rationale Planung eine Ordnung für Politik und Wirtschaft so zu konzipieren, daß Mißbräuche rasch entdeckt und zum Wohl aller verhindert werden könnten. Die mit solchen Plänen natürlich verbundene Beschränkung von Freiheit könnte daher durchaus hingenommen werden, zumal sie ja nur eine Freiheit zum Mißbrauch auf Kosten anderer oder der Allgemeinheit, nicht aber eine Beschränkung der eigenen schöpferischen Freiheit darstellen würde. Trotz aller intellektuellen Faszination, die von diesem Konzept besonders seit der im anthropologischen Optimismus der Aufklärung und ihres Rationalismus wurzelnden sozialistischen Denkanstöße ausgeht[39], sind in der Praxis jedoch alle planwirtschaftlichen Organisationsmodelle gescheitert.

Eine Ethik, die nicht apriorisch ideologisch vorzugehen bereit ist, sondern sich in ihren Prinzipien auf Erfahrung und Praxis verwiesen weiß, kann an dieser Tatsache nicht vorübergehen. Sie muß vielmehr nach der Ursache für solche Fehlschläge fragen.

Diese liegen offenbar in einer doppelten Überbewertung der menschlichen geistigen Fähigkeiten. Denn einmal ist es selbst mit den Mitteln moderner elektronischer Datenerfassung offenbar unmöglich, die für einen Plan unter den Bedingungen von weltweiten und komplexen wirtschaftlichen Beziehungen unerläßlich nötigen Daten vollständig und rechtzeitig genug zu erfassen, zumal sich darunter stets auch subjektive, also wesentlich «unberechenbare» Präferenzen befinden. Konkrete Wirtschaftspläne sind daher stets unvollständig und der neuesten Entwicklung nachhinkend, also nur sehr beschränkt brauchbar.

Zum zweiten aber würden sie selbst unter der Voraussetzung, daß ein hinreichendes Faktenwissen je erreicht werden könnte, alle Mitglieder einer Planungsbehörde mit einem derartigen Wissensvorsprung ausrüsten, daß die zum Egoismus neigende Wesensart des Menschen den Mißbrauch eines solchen Wissens (wiederum aller Erfahrung nach) fast notwendigerweise nach sich ziehen müßte. Das heißt aber nichts anderes, als daß wirtschaftliche Planung nur auf begrenzten Sektoren für beschränkte Zeitabschnitte und auch dort nur je nach angenommenen Voraussetzungen in unterschiedlichen Szenarien und auch dann nur als risikomindernde Entscheidungshilfen möglich sind. Eine umfassende Globalplanung vermögen sie nicht zu geben. Diese würde nämlich einen allwissenden Heiligen als Planungschef voraussetzen, was das Konzept schon als solches der Utopie zuweist und den Blick auf das Gegenmodell von Markt und Wettbewerb lenkt, dessen hohe ökonomische Effektivität im Vergleich zu allen planwirtschaftlichen Entwürfen sogar noch dort, wo sie mehr als bloß fragwürdige Wirkungen zeitigt, offenkundig ist.

Dennoch darf eine Ethik, die sich nicht auf einen platten Pragmatismus der normativen Kraft des Faktischen (und damit auch auf den «naturalistischen» Trugschluß) reduzieren lassen will, nicht allein mit dem Argument der tatsächlich hohen Effektivität begnügen, so sehr sie diese, so weit sie sich aus der Erfahrung erhärten läßt, ernst zu nehmen hat. Vielmehr geht es zunächst um die Frage, ob eine auf Wettbewerb und Konkurrenz aufbauende Wirtschafts- und Sozialordnung überhaupt als dem Wesen des Menschen angemessen erachtet werden kann bzw. ob ein solches zumindest partielles Gegeneinander von Menschen als mit Menschlichkeit vereinbar gedacht zu werden vermag. Daß solche Humanität in Anbetracht und unter Anerkennung der grundsätzlichen Gleichheit an Würde dennoch beachtliche persönliche wie kulturelle Unterschiede unter den Menschen nicht unbedingt auszuschließen braucht, erhellt wohl schon aus der Tatsache, daß Wettbewerb in Spiel und Sport zu den menschliche Existenz bereichernde Dimensionen des Lebens gehören und solcher Wettbewerb zwischenmenschliche Solidarität nicht nur nicht ausschließt, sondern recht eigentlich zur Voraussetzung hat. Unter diesen Vorzeichen gilt es daher, sozialethisch eine wettbewerbs- bzw. marktwirtschaftliche Ordnung genauer zu untersuchen.

3.3 Markt als sozialethischer Ordnungsfaktor

Obwohl sich aus den grundlegenden sozialethischen Leitprinzipien von Solidarität und Subsidiarität keine Wirtschaftsordnung als die apriori vorzuziehende ableiten läßt und sich dafür selbst aus menschenrechtlichen Normen als nur sekundär naturrechtlichen, sog. «mittleren Prinzipien» bestenfalls Hinweise darauf ausmachen lassen, scheinen neben der praktischen Effizienz marktwirtschaftlicher Ordnungen wie auch in Anbetracht der den Menschen als solchen offenbar überfordernden planwirtschaftlichen Konzeption doch auch erhebliche ethische Argumente für eine marktwirtschaftliche Wettbewerbsordnung zu sprechen[40]. Nur handelt es sich dann um Argumente, die weder in sich stringent zwingend – wenn auch von erheblicher Plausibilität – sind, noch in dem Sinn Zustimmung erhalten können, daß sie Fehlentwicklungen mit menschlichkeitswidriger Ausbeutung vom Schwächeren als bloß akzidentelle Reibungsverluste behandeln dürften. Dies vorausgesetzt wären für eine marktwirtschaftliche, also wettbewerbsbestimmte Ordnung folgende, freilich sorgfältig differenzierte Konvenienzgründe auszuführen:

Da wirtschaftliches Handeln stets ein Verfügen über an sich knappe, aber zugleich lebenswichtige Güter darstellt, ist es, und zwar gerade auch in einer auf Arbeitsteilung und damit auf Austausch von Gütern und Dienstleistungen aufbauenden Wirtschaft stets mit Macht verbunden. Deren Konzentration auf wenige Träger (wie etwa in einer politisch monokratischen Staatsform oder einer Planwirtschaft) legt in Anbetracht der Anfälligkeit schlechterdings aller Menschen für Selbstsucht und Überheblichkeit deren Mißbrauch aber besonders geringe Hindernisse in den Weg. Eine christliche Ethik, die in ihrer Erbsündenlehre um die existentielle Gefährdung und Versuchbarkeit des Menschen weiß, wird daher gut daran tun, auch im wirtschaftlichen Bereich auf eine entsprechende Verteilung der Macht zu achten.

Die seit der Aufklärung des 18. Jahrhunderts für die Organisation von Macht im Staat als Schutzform entwickelte Idee der Gewaltentrennung, wie sie sich über Jahrhunderte in der geschichtlichen Erfahrung vor allem in England entwickelte und von G. de Montesquieu († 1755) thematisiert wurde, zeigt verbunden mit einer demokratischen Machtkontrolle einen seither bewährten Weg zur Vermeidung von Machteskalation, der mittlerweile längst auch Einzug in die Liste der Menschenrechte als mittlere Prinzipien zur menschlichen Gesellschaftsgestaltung im politischen Bereich gefunden hat. Der allen Menschen offenstehende freie Wettbewerb am Markt, wie er fast gleichzeitig gegen eine ungerechte wirtschaftliche Machtkonzentration beim Adel vom schottischen Moralphilosophen A. Smith konzipiert worden ist, verteilt nun aber in analog «demokratischer» Weise wirtschaftliche

Macht auf beliebig viele Wettbewerber, denen allen der Markt als «Spielfeld» gleicherweise offen zu stehen hat.

Der Markt stellt so ein bedeutsames Instrument von Macht- und Herrschaftskontrolle dar. Ähnlich aber wie eine absolute Demokratie – die auf J. J. Rousseau († 1778) sich berufenden Exzesse der französischen Revolution unter Robespierre († 1794) und seinen Jakobinern machen es nur allzu deutlich – ohne begrenzende Rahmenordnungen wie Verfassung und Gewaltenkontrolle selber erneut zu gefährlichen Absolutismen führt, bedarf dann auch – was leider über weite Strecken vergessen wurde – der demokratisierende Markt angemessener Kontrollmechanismen, nicht zuletzt auch damit – wie schon W. Röpke bemerkte – neben den stets naheliegenderen Gewinninteressen andere Allgemeininteressen nicht zu wenig oder zu spät in die Entscheidungsprozesse einfließen, was in Anbetracht der oft erst mit erheblichen Verzögerungen wirksamen Ökoschäden (Treibhauseffekt, Ozonloch u. ä.) ethisch sogar noch zunehmende Beachtung verdienen dürfte.

Wie eine so verstandene Marktordnung im einzelnen dann als gesellschaftlich kontrollierte, also soziale konzipiert sein muß, kann freilich erst aufgrund der ethischen Erwägungen der einzelnen in einer Wirtschaftsordnung zu beachtenden Elemente, also von Arbeit, Kapital, sozialer Sicherung, Ökologie usw. wie unter Einbezug der jeweiligen geschichtlichen kulturellen Momente genauer gefaßt werden. Im Rahmen der systematisch allgemeinen Überlegung muß es daher hier genügen, auf das Modell als solches, und zwar in ethisch-systematischer Begründung, als ein sittlich mögliches Ordnungsmodell hingewiesen zu haben, um nach der Aufarbeitung der einzelnen, das wirtschaftliche Geschehen prägenden Faktoren zu einem sachlichen Urteil über eine hier und jetzt optimale (was nie heißen kann: ideale) Wirtschaftsordnung zu gelangen[41].

C. Elemente der Wirtschaftsordnung in ethischer Betrachtung

1. Vorbemerkung

Die mit der Industrialisierung verbundene «Soziale Frage» hat sich – in mancher Hinsicht mißverständlich – auf den Gegensatz «Kapital und Arbeit» bzw. auf die Frage nach dem Vorrang eines der beiden, faktisch ineinander wirkenden Elemente zugespitzt. Dabei hat die im Industrialisierungsprozeß nötige und zeitlich voraufgehende Bereitstellung von Produktionsmitteln und die dafür nötige Beschaffung von Kapital zum Trugschluß einer auch wertmäßigen Priorität des Kapitalgebers als «Arbeit-Gebers» und «Brotherrn» geführt, was allein schon deshalb irrig ist, weil Kapital so oder anders ebenfalls nur aus und dank Arbeit erwirtschaftet und angespart werden kann. Denn selbst Natur- und Bodenschätze sind den Menschen nur in den seltensten Fällen direkt zugänglich und nutzbar. Sogar auf der einfachen Kulturstufe der Jäger und Sammler bedarf es einer gezielten Aufbereitung der Lebens-mittel durch das «Mängelwesen» Mensch (A. Gehlen), also eines kulturellen Einsatzes, um damit die eigene Existenz erhalten zu können. Kapital als Ermöglichungsfaktor zu weiterer Weltgestaltung durch Arbeit sind diese Naturgüter jedenfalls noch nicht. Kapital werden sie erst, wo sie den menschlichen Bedürfnissen und Erfordernissen angepaßt und umgestaltet sind. Kapital ist also die Gesamtheit der als Erbe menschlicher Arbeit zur Verfügung stehenden Produktionsmittel, die es christlich gesprochen als «umgearbeiteter» Teil der Schöpfung zum Nutzen des Menschen verantwortlich zu verwalten gilt.

Ethisch aber ist diese Priorität des Kapitals zusätzlich fragwürdig, weil sie (wenn auch nur dank Arbeit erwirtschaftete und erarbeitete) Sachwerte dem aktuellen personalen Arbeitseinsatz zur Existenzerhaltung vorordnet und eben dadurch personale Bedürfnisse materiellen Prioritäten als (vermeintlichen) Sachzwängen unterordnet. Die vor allem von marxistischer Seite unterstrichene Gegenposition will dagegen als ein solchen Kapitalismus aufhebender Kommunismus nicht nur umgekehrt dem Faktor Arbeit den ersten Platz zuweisen, sondern durch Sozialisierung bzw. Verstaatlichung des Kapitals dieses aus dem Privatbesitz herauslösen und es kollektiv planerisch verwaltet einsetzen. Dies führt allerdings – wie alle geschichtliche Erfahrung lehrt – zu einem «Staatskapitalismus» und damit einer neuerlich gefährlichen Machtkonzentration bei Funktionären und einer suboptimalen Nutzung der Kapitalwerte, und zwar sowohl der Anlagen wie der Umwelt. Wenn daher die christlich sozialethische Tradition, besonders in den neueren kirchenamtlichen Aussagen der Katholischen Soziallehre beiden Extrempositionen skeptisch begegnet und den Privatbesitz auch an Produktionsmitteln unter sozialem Vorzeichen zwar Berechtigung einräumt, gleichzeitig aber «der Arbeit immer den Vorrang» zumißt[1], dann bedeutet dies weder eine implizite Bejahung eines liberalistischen Kapitalismus noch eines naiven Laborismus, sondern eine die personale Würde des arbeitenden Menschen unbedingt achtende und zugleich die geschichtlich konkrete Erfahrung ernstnehmende, also realistische Sicht, die daher als solche vertieft zu werden verdient.

Grundsätzlich verdient dieses christliche Verständnis jedoch unter ethischen Gesichtspunkten Beachtung, weil hier der Mensch als personales Subjekt der Wirtschaftsordnung Ausgangspunkt und Ziel der Überlegung ist und weil von diesem Zentrum her dann nicht nur das in der historischen Entwicklung der sozialen Frage besonders wichtige Problem von Kapital und Arbeit, sondern auch andere, z. T. deutlich an Bedeutung gewinnende Elemente einer Wirtschaftsordnung wie etwa die allgemeine soziale Sicherung menschlicher Existenz und vor allem die Umweltproblematik in den Blick genommen werden können. So ist es denn weniger die Arbeit als solche, die im Blick auf den Menschen ebenfalls nur Mittel zur Existenzerhaltung und -entfaltung und keinesfalls Selbstzweck ist, sondern der arbeitende Mensch, dem dieser unbedingte Vorrang der wirtschaftsethischen Überlegung gebührt. Es geht beim sog. «Vorrang der Arbeit» also stets um den Primat des Menschen gegenüber den Dingen, denn der Mensch als Subjekt der Arbeit ist unabhängig von der Arbeit, die er verrichtet, er und nur er ist Person und damit Träger einer unveräußerlichen Würde.

Unter dieser Voraussetzung soll daher zunächst, eben «vorrangig» das wirtschaftliche Grundelement «Arbeit» im Rahmen einer wirtschaftlichen Ordnung ethisch systematisch bedacht werden, wobei auffällt, daß trotz allem pastoral-praktischen Einsatz der kirchlichen Soziallehre für diesen Vorrang und die Rechte des arbeitenden Menschen seit der ersten Sozialenzyklika «Rerum novarum» (1891) von Papst Leo XIII., eine solche systematische Theorie des Stellenwerts der Arbeit erst in den letzten Jahren bedacht zu werden begann.

2. Der Vorrang menschlicher Arbeit

2.1 Der anthropologische Stellenwert der Arbeit – Elemente zu einer ethischen Theorie aus christlicher Sicht

In der griechisch römischen Antike wurde körperliche Arbeit – außer allenfalls (so etwa bei Cicero oder Vergil) die selbständige Landarbeit – verachtet und dem unfreien Mann bzw. den Frauen überlassen. Als eigentlich dem Menschen angemessen galt allein die «schole», die Muße, zu der allerdings auch kulturelle, künstlerische und geistige Tätigkeiten wie natürlich der auf die männlich kriegerische Ertüchtigung ausgerichtete Sport zählten. Von diesem Verständnis hebt sich dagegen die für die christlich abendländische Kultur prägende biblische Auffassung von Arbeit deutlich ab. Zwar werden auch hier Mühsal und Anstrenung von Arbeit als «Labor» keineswegs bestritten. Nur sind sie hier nicht das Eigentliche und Wesentliche, sondern Folge menschlicher Überheblichkeit, welche in vermessenem Stolz auf die eigenen Leistungsmöglichkeiten[2] glaubte, sich über die Schöpfungsordnung hinwegsetzen und selber «wie Gott» sein zu können. Eigentlich aber ist Arbeit Mitgestaltungsauftrag an der Schöpfung, von Gott selber dem Menschen zugemessene Teilhabe am Schöpfungsauftrag. Daher gehören Ruhe und Muße des Sabbat als Freude über das gelungene Werk wie als Zeichen der erlösenden Befreiung aus der Knechtschaft der Sünde (symbolisiert in der ägyptischen Fron des auserwählten Gottesvolkes) wesentlich zum altjüdischen Arbeitsethos, das auch von der neutestamentlichen Botschaft weitergepflegt wird. Arbeitsscheu wird abgelehnt: «Wer nicht arbeitet, soll auch nicht essen» (2 Thess 3.10). Paulus betont seine materielle Unabhängigkeit, die ihm seine Tätigkeit als Zeltweber ermöglicht, und Josef, der Ziehvater Jesu, wird ganz selbstverständlich als einfacher Handwerker, als «tekton» bezeichnet. Die meisten Apostel sind Fischer. Umgekehrt ist Arbeit aber auch keineswegs Selbstzweck. Übertriebenes Sorgen und Eifern werden abgelehnt[3].

Arbeit ist also notwendig zur Existenzsicherung. Als Teilhabe am Schöpfungsauftrag macht sie trotz aller Anstrengung auch Freude. Muße und Ruhe, Abstand also sind ihr notwendiges Gegenstück, denn Selbstzweck ist sie in keinem Fall. Dieses biblische Grundverständnis setzt sich in der kirchlichen Tradition fort, vor allem im benediktinischen Leitsatz

«Ora et labora», der im festen Rhythmus des klösterlichen Lebens die Muße (also Gebet, geistige Tätigkeit und Feier) mit Arbeit verbindet und so Lust wie Last an und von Arbeit ernst nimmt. Arbeitswut als eine besondere Form von Hab- und Geltungssucht gelten dann für ein echt menschliches Leben als zumindest so gefährlich wie der Müßiggang. Letztlich gilt Muße sogar mehr als Arbeit. Das heißt, man war – die vielen Heiligenfeste, die gerade auch dem Gesinde in der Landwirtschaft wie dem vorindustriellen Arbeiter z. B. im Bergbau zusätzliche Freiräume sicherte, bezeugen es – weit davon entfernt, die Arbeit als Selbstzweck zu verstehen, in deren Dienst dann der Mensch als «Arbeitskraft» zu stehen hätte[4]. Sie hat Dienst- und Mittelcharakter, und doch spiegelt sich darin auch ein schöpferisches Moment. Ziel aber ist nicht sie selbst, sondern der gottebenbildliche Mensch.

Obwohl dieses Verständnis von Arbeit sich in der christlichen Geistigkeit von der Zeit der Kirchenväter bis ins Spätmittelalter leicht feststellen läßt[5], wurde es kaum zu einer eigenen sozialethischen Theorie verdichtet. Eine systematische Theorie der Arbeit als solcher bietet erst Martin Luther († 1546): Arbeit darf zwar in keiner Weise als ein heilswirksames Werk angesehen werden; sie ist aber dennoch eine von Gott dem Menschen in seiner Rechtfertigung auferlegte Pflicht, die er als gerechtfertigter im Glauben dann auch treu zu erfüllen hat. Damit entsteht freilich die Gefahr, daß die so verstandene Erfüllung einer von Gott auferlegten Pflicht an sich als wertvoll zu gelten beginnen kann und dann der aus dieser Pflichterfüllung, also der aus der fleißig produktiven Arbeit resultierende Ertrag als Zeichen der Gottwohlgefälligkeit und sogar der Auserwählung angesehen wird. Obwohl weder M. Luther noch nach ihm J. Calvin dies beabsichtigten, hat sich im Gefolge dieser Ansätze – wie Max Weber wohl richtig beobachtete[6] – Arbeit als produktive Leistung so zum Eigenwert verselbständigt, daß sie als rational einsichtiger

Wesenszug des Menschen säkularisiert im Kantischen Sinn als «Pflicht an sich» zu gelten begann. Pflichterfüllung und damit Arbeitsleistung wird als so verstandener Wert dann jedoch sehr schnell zum Kriterium für die Bewertung des Menschen, dem entsprechend über die Erziehung in der Jugend oder später auch – dies etwa für Bettler oder Müßiggänger – durch Zwangsmaßnahmen[7] diese Wertdimension zu seinem eigenen Wohl beigebracht werden muß. Die besondere Bedeutung des Sprichworts vom «Müßiggang als aller Laster Anfang», der Verständnisverlust für ein kontemplatives Leben, der Ersatz von «Werken der Barmherzigkeit» durch Erziehungsmaßnahmen usw. sind damit Anzeichen für jenen, das ursprünglich theologisch nominalistische Pflichtverständnis der Reformatoren säkularisierenden Arbeitsbegriff der Aufklärung, in welcher sich vor allem in England das frühindustriell kapitalistische Verständnis einer produktiven Fortschrittsgesellschaft mit einem entsprechend straffen Arbeitsethos entwickeln konnte.

Hier geht es nun um ein Ethos, das sich zwar oft in einer scheinbar christlich religiösen Motivierung präsentiert, das sich aber seinen biblischen Quellen weitgehend entfremdet hat. In Anbetracht der menschenunwürdigen Folgen dieser Entwicklung, welche neben der Proletarisierung und Ausbeutung der arbeitenden Menschen auch deren Entfremdung vom christlichen Glauben mit sich brachten und diesen bald als «Opium des Volkes» (Karl Marx) erschienen ließen, wird ein neuer Ansatz für eine sozialethische Theorie der Arbeit aus christlich humanistischem Verständnis dringend[8]. In ihm wird es darum gehen, das Glaubensverständnis mit der vernünftigen Einsicht in die eigenen, vom Schöpfer so gewollten Wesensstrukturen des Menschen so zusammen zu denken, daß dadurch ohne Verlust an Glaubenssubstanz (säkularweltbezogen und doch nicht säkularisiert) die weltgestaltende Wirkung von Arbeit deutlich gemacht werden kann.

2.2 Grundlagen und Konturen eines christlich-sozialethischen Verständnisses

Ausgehend vom eben skizzierten vorneuzeitlichen, letztlich biblisch verwurzelten, realistischen Arbeitsverständnis in einer noch wenig systematisierten christlich-theologischen Ethik lassen sich für eine sozialethische Sinndeutung von Arbeit folgende prinzipielle Eigenheiten als Grundlagen für weitere Konkretionen einer Arbeitsethik ausmachen:

1. Arbeit ist für den Menschen als ein «soziales Mängelwesen» zur Existenzerhaltung wie zur geistig kulturellen Selbstentfaltung notwenig und insofern auch sittliche Pflicht.
2. In deren Erfüllung findet der Mensch als einzelner Selbstbestätigung in seinem schöpferischen Tun, in seiner dadurch erreichten mitmenschlichen Anerkennung in einem sozialen Status wie in der Erfahrung sinnvoller Tätigkeit in mitmenschlicher Gemeinschaft.
3. Zugleich erfüllt er damit auch den ihm vom Schöpfer übertragenen weltgestaltenden Auftrag. D. h. Arbeit ist mitmenschlich wie transzendenzbezogen Mittel und Weg sinnerfüllter Selbstverwirklichung des Menschen im Sinn der Schöpfungsordnung, auf deren Vollzugsermöglichung der Mensch folglich auch einen mitmenschlich einzufordernden Anspruch hat.
4. Dennoch ist so verstandene Arbeit verbunden mit Mühe und Anstrengung, die der Mensch auf sich zu nehmen hat, und zwar in einer alle möglichst gleich belastenden Weise, was nach Mechanismen für eine je neu korrekturoffene Verteilung der Lasten wie nach der Sicherung von Freiräumen zur Muße und Entspannung ruft.
5. Eben dies kann jedoch nicht durch Leistung und Initiative einzelner, sondern nur durch den gemeinsamen Aufbau sozialer Strukturen, also durch sozialethisch verantwortete gesellschaftliche Maßnahmen erreicht werden[9].

«Der Mensch ist seit dem Anfang zur Arbeit berufen; Arbeit ist eines der Kennzeichen, die den Menschen von den anderen Geschöpfen unterscheidet, deren mit der Erhaltung des Lebens (des individuellen wie desjenigen der Gattung) verbundene Tätigkeiten man nicht als Arbeit bezeichnen kann. Nur der Mensch ist zur Arbeit befähigt»[10] und daher auch dazu verpflichtet. Sie personal im Sinn einer christlichen Spiritualität zu gestalten, sie als ein Anrecht des Menschen zu sichern und doch die berechtigten Ansprüche der Umwelt wie des «Kapitals» zu gewährleisten, ist daher seit je und gerade auch für den sozialethisch engagierten Papst Johannes Paul II. in seinem Lehrschreiben «Laborem excercens» von 1981 zentrales Anliegen der kirchlichen sozialethischen Verkündigung. Wenn jedoch Arbeit derart individuelle wie soziale Wesenspflicht ist, dann muß solche Pflicht auch Quelle entsprechender Rechte für jeden Menschen, und zwar auch für den weniger leistungsfähigen sein, Dies ruft seitens der Gesellschaft nach entsprechenden politischen Maßnahmen zur Gewährleistung dieser Rechte. Zugleich kann aber die Organisation und Verteilung einer mit Lasten verbundenen Pflicht auch nicht einfach dem spontanen Spiel der freien (also meist der stärkeren) Kräfte oder einigen wenigen Machtträgern überlassen werden. Sie muß vielmehr unter Beteiligung möglichst aller Betroffenen geschehen; denn nur dann ist der arbeitende Mensch wirklich als Subjekt und nicht bloß als Arbeitskraft oder Produktionsfaktor geachtet.

Sicherung des Rechts auf Arbeit, angemessene Beteiligung am Ertrag wie an den Entscheidungsprozessen sowie Vorsorge bei unverschuldeter Minderung der individuellen Beteiligungsmöglichkeiten am Arbeitsprozeß sind daher die sozialethischen Forderungen, denen durch angemessene gesellschaftliche Strukturen und Institutionen Rechnung zu tragen ist, während die Verpflichtung zum eigenen Einsatz sowohl in der Erbringung der eigenen Arbeitsleistung wie des Mittragens an der partizipativen Struktur als Gemeinwohlverpflichtung auf den einzelnen zukommt. Die aus dem eigenen Arbeitsprozeß sich ergebenden Sorgfaltspflichten gegenüber der Umwelt wie hinsichtlich einer ökologisch wie anthropologisch rücksichtsvollen Gestaltung der Arbeit selber verteilen sich damit sozusagen doppelseitig sowohl auf die Gesellschaft als ganze wie auf den einzelnen. Gerade die heutigen hochtechnisierten und weltweit vernetzten Fertigungsprozesse erfordern für diese Doppelseitigkeit eine besondere ethische Aufmerksamkeit. Daraus ergeben sich dann für das Problemfeld «Arbeit» vordringlich folgende

2.3 Konkrete sozialethische Schwerpunkte:

Recht auf Arbeit – ein soziales Menschenrecht

Nicht nur der einzelne ist zur Deckung seiner Lebensbedürfnisse auf Arbeit angewiesen, auch die Gemeinschaft der Menschen, die nur durch eine feingliedrige Arbeitsteilung ihren kulturellen Stand erhalten und verbessern kann, braucht den Beitrag der Arbeit jedes seiner Glieder. So ist Arbeit Pflicht und Recht zugleich. Arbeitslosigkeit bedeutet so nicht nur für den einzelnen eine schwere Einbuße an materieller Sicherheit wie an persönlicher Stellung in der Gesellschaft, sondern stellt zugleich auch einen erheblichen Schaden für das Gemeinwohl als Ganzes dar, und zwar sowohl in materieller als auch in geistiger Hinsicht. Die Einsicht in diese Zusammenhänge hat das Recht auf Arbeit daher in die Liste der sozialen Menschenrechte aufnehmen lassen, die – anders als die sog. «Freiheitsrechte» – vom Gemeinwesen nicht nur ein Gewährenlassen, sondern aktive Intervention, hier die Gestaltung einer Arbeitsplätze erhaltenden und deren Schaffung fördernden Politik verlangt. Dies bedeutet dann, daß dieses soziale Menschenrecht auf Arbeit zwar keinen direkten Rechtsanspruch für den einzelnen darstellt. Diesen könnte das Gemeinwesen nur unter der Voraussetzung einer möglichen Zwangszuweisung von Arbeit und damit einer kaum noch tolerierbaren Beschränkung der individuellen Freiheit und damit auch der personalen Menschenrechte sicherstellen. Wohl aber verlangt es (neben der Pflicht für den einzelnen, sich gemäß seinen Fähigkeiten aktiv um Arbeit zu kümmern) vor allem seitens des Gemeinwesens eine Politik, in welcher – was bislang noch alles andere als selbstverständlich ist – ohne nationale, gesellschaftliche oder branchenbezogene Gruppenegoismen, also in einer weltweit globalen Verantwortlichkeit, das Ziel «sichere Arbeit für alle» optimal anzustreben wäre. Dabei hat dieses Ziel in Anbetracht seiner besonderen Bedeutung für die Sicherung des Gemeinwohls in einer allgemeinen Politik im Vergleich zu anderen Staatszielen sogar eine gewisse Priorität zu genießen[11].

Zum Aufbau einer solchen gezielten Politik bedarf es freilich sowohl des Zusammenwirkens aller sozialen Kräfte, der einzelnen, der Verbände, der Parteien kurz der gesamten Politik als auch einer möglichst genauen Kenntnis der die Unterbeschäftigung bewirkenden Faktoren. Arbeitslosigkeitsstrukturen sind nämlich keineswegs immer identisch. So müssen einmal auf der Ebene der Betroffenen selber all jene, die aus individuellen Gründen wie Behinderung, Alter u. ä. keine entsprechende Arbeit finden, unterschieden werden von den kurzfristig, meist wegen wirtschaftlicher Schwankungen Beschäftigungslosen. Diese wiederum gilt es abzuheben von den durch grundlegende Veränderungen in den Produktionsprozessen (Rationalisierung, Substitution von Produkten usw.) langfristig Arbeitslosen. Für jede dieser Gruppen sind andere Maßnahmen zur Gewährleistung des Rechts auf Arbeit vorzusehen. So müssen stützende Maßnahmen wie geschützte Werkstätten oder doch eigens konzipierte Arbeitsplätze, deren Mehrkosten dann aus öffentlichen Mitteln zu bestreiten sind, bei individuellen Beeinträchtigungen der Arbeitsfähigkeit die Arbeitsmöglichkeit für den einzelnen sichern helfen. Bei der aus wirtschaftlichen Schwankungen resultierenden sog. konjunkturellen Arbeitslosigkeit müssen dagegen Überbrückungshilfen, vor allem in Form solidarisch geführter Arbeitslosenversicherungs-Kassen aufgebaut und gefördert werden, während grundlegenden, strukturellen Veränderungen mit solchen Überbrückungsmaßnahmen allein nicht begegnet werden kann. Hier müssen durch Erleichterung der Umschulung und Arbeitsvermittlung in branchennahen Industrien, deren Nutzung dann freilich ebenfalls zur sittlichen Pflicht für den einzelnen wird, die menschenrechtlichen Ansprüche an angemessene Arbeit bestmöglich gewährleistet werden; eine eigentliche wirtschaftliche Strukturpolitik in Zusammenarbeit mit wirtschaftlichen Trägern und staatlichen Behörden wird unerläßlich. In jedem Fall ist dabei allerdings darauf zu achten, daß solche sozialen Maßnahmen zur Überbrückung von Notsituationen nicht auf Kosten der Allgemeinheit von einzelnen mißbraucht werden können. Arbeitslosigkeit darf sich nicht lohnen, die Versicherungsleistung nicht als schlichte Kassierung vorher erbrachter Leistung betrachtet werden. Dies setzt entsprechende Flexibilität hinsichtlich der Betriebsorganisation, der Arbeitszeit, der Tätigkeitsfelder usw. bei allen Beteiligten, beim Management wie bei den Arbeitgebern, aber auch bei den entsprechenden Behörden voraus, die dann nicht als zufällig günstige Voraussetzung, sondern als eigentlich ethisches Erfordernis zu gelten hat.

Entsprechend diesen personbezogenen Unterscheidungen muß aber auch auf der Ebene der Wirtschaftsordnung das Problem der Einzelfälle bei Behinderungen aller Art unterschieden werden von den strukturbedingten Ursächlichkeiten, unter denen dann bloß konjunkturell, also zeitlich oder örtlich/branchenbezogen begrenzte Einbrüche von den eigentlich strukturellen Veränderungen, die aller Regel nach unwiderruflich bleiben, abzuheben sind. Während nämlich im einen Fall Überbrückungsmaßnahmen zur Erhaltung der Arbeitsplätze durchaus sinnvoll sein können, und also entsprechende Subventionen seitens der öffentlichen Hand rechtfertigen, würden sie, obwohl vielleicht kurzfristig palliativ Härten mildernd, im anderen Fall die unausweichliche Krise nur hinauszögern und damit meist erheblich verschlimmern[12]. In diesem Fall ist dann die scheinbar menschlichere Lösung nur die momentan einfachere und bequemere, die zudem auf Kosten der Allgemeinheit und schließlich auch noch auf Kosten der schwächeren Arbeitnehmer geht. Daß in Anbetracht der durch solches zögerliches Fehlverhalten für alle entstehenden hohen sozialen Kosten die «gelegen oder ungelegen» geäußerte sozialethische Einsicht besonders gefordert ist, versteht sich von selber, auch wenn gerade dies mitunter ein erhebliches Maß an Zivilcourage erfordern mag.

Dabei verlangt die Gewährleistung des Rechts auf Arbeit sozialethisch allerdings keineswegs bloß Maßnahmen seitens der öffentlichen Hand. Gemäß dem Subsidiaritätsprinzip ist vielmehr zuerst – und hier vor allem zum Ausgleich konjunktureller Einbrüche – an innerbetriebliche Vorkehrungen zu denken. Eine gesunde Finanzstruktur mit guter Eigenkapitaldeckung und soliden Reserven, die nicht durch das Maximieren von Gewinnaussschüttung gefährdet werden dürfen, sind dabei die unerläßliche Grundlage. Eine maßvolle Diversifizierung, die sektorielle Krisen auszubalancieren hilft sowie eigene Solidaritätsprogramme wären als flankierende Maßnahmen dazuzunehmen, damit die allgemeine Arbeitslosenversicherung erst als «ultima ratio» eingesetzt werden und damit ihre Verwaltungsmacht beschränkt und hinsichtlich ihres Aufwands kostengünstig bleiben kann. Dagegen übersteigt eine strukturelle Arbeitslosigkeit aller Regel nach die betriebswirtschaftlichen Möglichkeiten und ruft – nun im vollen Sinn sozialethisch – nach national- und zunehmend sogar nach global-ökonomischen Maßnahmen.

Dabei dürften neben gezielten Bildungs- und Umschulungsprogrammen (den größten Anteil der Arbeitslosen stellen fast immer die beruflich am wenigsten qualifizierten Gruppen) und der Schaffung eines innovations- und investitionsfreundlichen Klimas (wie unkomplizierte Verwaltung, Steuererleichterung usw.) auch gezielte Sonderinvestitionen in die öffentliche Infrastruktur (z. B. in den Bereichen von Verkehr, Kommunikation und vor allem der Ökologie) angemessene Maßnahmen darstellen. Sie sind dies auch dann, wenn sie vorläufig nur über eine Verschuldung der öffentlichen Hand als sog. «deficit spending» zu erreichen sind. Sofern es sich dabei nämlich um echte Investitionen handelt, die auch späteren Generationen noch zugute kommen (also nicht um einfache Konsumausgaben), ist eine solche Politik auch im Sinn einer intergenerationellen Gerechtigkeit zu verantworten, während eine Verschuldung für laufende Kosten gegenwärtige Lasten auf künftige Generationen (oder über die Inflation auf den kleinen Sparer) ungerechterweise abzuwälzen versucht[13]. Daß freilich auch hier Einzelinitiativen für Bildung, Diversifizierung u. ä. sowie langfristige Investitionen über Steuererleichterungen usw. zu fördern wären, versteht sich im Licht des Subsidiaritätsprinzips von selbst, während reine Stützaktionen von Preisen,« Overmaning», also das Beihalten überflüssig gewordener Arbeitsplätze, aber auch tarifarische Schutzmaßnahmen keine brauchbaren Lösungmöglichkeiten abgeben, weil sie die notwendigen und schmerzlichen Entscheidungen nur vor sich herschieben.

Zusammengefaßt bedeutet dies, daß die Gewährleistung des Menschenrechts auf Arbeit seitens des Gemeinwesens punktuell nach Stützungs- und Überbrückungsmaßnahmen rufen kann, wobei selbst diese weniger direkt von der öffentlichen Hand organisiert, als vielmehr von mittleren Gruppie--

rungen, vorab den Betrieben und Firmen selber wie von den Tarifpartnern unternommmen und von der öffentlichen Hand gefördert werden sollten. Denn die spezifische Sache des Gemeinwesens bzw. des Staates ist die Ordnungspolitik, d. h. die Schaffung angemessener Rahmenbedingungen, während die konkreten Maßnahmen flexibler, mit weniger Machtkonzentration und bei Fehlern auch leichter korrigierbar sowie wegen des geringeren Verwaltungsapparates auch kostengünstiger von mittleren Trägern, vorab den genannten Tarifpartnern als den berechtigten Interessenvertretern direkt wahrgenommen werden können und sollen. Was sich theoretisch unter Berücksichtigung des ethischen Subsidiaritätsprinzips so als Postulat ergibt, bestätigt sich durchaus auch aus der praktischen Erfahrung.

Dies bürdet freilich den Interessenvertretern eine hohe Verantwortung auf und verlangt nicht selten sogar eine flexible Zurückhaltung der Gewerkschaften bei Tarifabschlüssen, wo branchenbezogen oder regional hinsichtlich Lohn, Arbeitszeit, Lohnnebenkosten usw. sogar uneinheitliche Abschlüsse möglich sein sollten oder starke Positionen nicht dadurch ausgenutzt werden dürfen, daß Probleme einfach auf schwächere Partner (bzw. auf die «Dritte Welt») verlagert werden. Aber auch seitens der Unternehmer ist größere Flexibilität verlangt, etwa hinsichtlich der Einführung von Teilzeitarbeit oder Mitspracherechten und vor allem für eine bei aller berechtigten Interessenbezogenheit offene und vertrauensvolle Verhandlungsführung, die u. U. bis zur «Offenlegung der Bücher» gehen kann. Als Preis für die größere Unabhängigkeit vom Staat und der Öffentlichen Hand bei der Gestaltung der Arbeitsbeziehungen ist dies in Kauf zu nehmen, zumal die Erfahrung die letztlich auch wirtschaftlich größere Effizienz eines solchen Vorgehens deutlich zeigt[14]. Gerade diese letzten Hinweise machen aber auch deutlich, wie sehr in einer freiheitlich demokratischen Gesellschaftsordnung, welche einen gesellschaftlich so bestimmenden Faktor wie die Wirtschaft keinesfalls sich selber überlassen darf, nicht der Staat als planend bestimmende Größe, sondern die freie und direkte Regelung durch die Beteiligten selber bzw. durch deren legitimierte Interessenvertreter bestimmend sein sollte. Damit sind die Verbände als Tarifpartner in die Verantwortung gezogen, und eben diese Verantwortung bedingt eine eigene sozialethische Überlegung.

Die Verantwortung der Tarifpartner

Zwar kannte auch die mittelalterliche Gesellschaft mit ihrem spätfeudalistischen Aufbau in den Zünften ein Ordnungsmodell der Arbeitswelt. Nur war dieses Modell berufs- oder branchenbezogen und somit vertikal gegliedert: Berufliche Standards, Markt- und Wettbewerbsordnung, aber auch gewisse soziale Pflichten, Rechte und Sicherungen je nach Rang und Stellung (Lehrling, Geselle, Meister) waren in einem geschlossenen Regelschema geordnet. Quervernetzungen nach Schichten oder Klassen, etwa von Gesellen gegen Meister, stellten von seltenen Ausnahmen abgesehen (neben den Bauernaufständen des 16. Jh. wird auch von einigen Arbeiterrevolten berichtet) trotz aller vorhandenen sozialen Gegensätze kaum ein strukturierendes Element dar[15].

Dies änderte sich jedoch grundsätzlich mit der beginnenden Industrialisierung, in welcher sich durch die technologische Entwicklung bedingt rasch zwei sich entgegenstehende und die Gesellschaft nun quer oder horizontal gliedernde Klassen herausbildeten: Auf der einen Seite die große Masse der auch durch eine geringere Sterblichkeit und das damit verbundene Bevölkerungswachstum zunehmenden Schicht mittelloser und kaum ausgebildeter Arbeiter, die an die standardisiert einfachen, gegen Ende des 19. Jahrhunderts an Fließbändern organisierten Industrie-Arbeitsplätze[16] drängten, und auf der anderen Seite die reiche kapitalkräftige

Schicht jener, die die Mittel besaßen, solche Produktionsanlagen aufzubauen, also allen anderen «Arbeit und Brot» zu geben. Der zu seiner Existenzsicherung auf diese Arbeit, bzw. auf die dadurch mögliche, wenn auch minimale Entlohnung Angewiesene war damit als Arbeit-Nehmer wehrlos dem Arbeit-Geber[17] ausgeliefert, außer wenn es ihm gelang, sich – dann natürlich gegen den oft genug auch polizeilich geschützten Willen der Unternehmer – zur Wahrnehmung seiner Interessen mit seinesgleichen zusammenzuschließen und gegebenfalls diese Interessen auch über die in Anbetracht der eigenen kargen Verhältnisse wie der großen Zahl von Arbeitsuchenden schwierige Kampfmaßnahme des Streiks durchzusetzen. Die Entstehung der Gewerkschaften war die natürliche, aber keineswegs akzeptierte Folge dieser Entwicklung.

Bei der von eher seltenen Ausnahmen abgesehen, verständnislosen Ablehnung gewerkschaftlicher Zusammenschlüsse seitens der Unternehmerschaft und einer liberalökonomischen Theorie, die das Überleben einer Unternehmung am Wettbewerb nur unter der Bedingung von Löhnen, die sich am Existenzminimum bemaßen, für möglich hielt, war so die Übernahme einer marxistischen Klassenkampftheorie praktisch unvermeidlich. Da damit aber aller Regel nach nicht bloß das Konzept eines Interessengegensatzes in einer allenfalls scharfen Auseinandersetzung, sondern zugleich das ganze Theoriegebäude des dialektischen Materialismus, also Klassenkampf, Revolution, Diktatur des Proletariats, Atheismus usw. verbunden wurde, ergaben sich zumindest für eine christliche Sozialethik nicht nur interessenbedingte (wegen faktischer Verbindungen zwischen Bürgertum und Kirche), sondern auch prinzipielle Schwierigkeiten für eine rechtzeitige Problemeinsicht und Akzeptanz dieser sozialethisch berechtigter und faktisch unerläßlicher Zusammenschlüsse zur Wahrung der existentiellen Interessen. Dennoch sind diese theoretischen Weiterungen in einen revolutionären Klassenkampf alles andere als zwingend. Unter Vermeidung des Ausdrucks «Gewerkschaft» und auch sonst noch sehr zurückhaltend konnte daher schon die erste päpstliche Sozialenzyklika «Rerum novarum» von 1891 die Berechtigung solcher «Vereinigungen» der Arbeiter zur besseren Wahrnehmung ihrer Interessen (wobei offenbar als letzte Möglichkeit auch der Streik nicht völlig ausgeschlossen ist) ausdrücklich anerkennen[18].

Dieser Tradition bleib die Soziallehre der katholischen Kirche nicht anders als in analoger Form die protestantischen sozialethischen Ansätze seither treu; entsprechend konnte Johannes Paul II. 1981 in seiner Enzyklika «Laborem excercens» festhalten: «die Katholische Soziallehre vertritt keineswegs die Meinung, Gewerkschaften seien ausschließlich Ausdruck der Klassenstruktur einer Gesellschaft und sozusagen der geborene Träger des das gesellschaftliche Leben unabwendbar beherrschenden Klassenkampfes». Denn der Kampf um gerechte Güter, um den es den Gewerkschaften geht, sei eben gerade kein Kampf *gegen* andere, sondern *für* Gerechtigkeit. Für diesen so verstandenen «Kampf» müsse dem Arbeitnehmer deshalb das Streikrecht in dem Sinn gewährleistet sein, daß die Beteiligung am Streik als eines letzten Mittels zur Verteidigung von Arbeitnehmerrechten keine nachteiligen Folgen für den Betroffenen zeitige[19]. Gewerkschaften sind nach diesem Verständnis also keinesfalls notwendig mit einer marxistischen Ideologie verbunden und es muß daher also sozialethisch gleicherweise bedenklich erscheinen, wenn es faktisch einem kirchlich engagierten Christen lange Zeit verunmöglicht wurde zugleich auch aktiver Gewerkschaftler zu sein, weil dies in Anbetracht der in der Gewerkschaft vertretenen klassenkämpferisch atheistischen Ideologie für einen Christen eine Unvereinbarkeit zu seinem Glauben bedeutet hätte. Ebenso abstoßend war es jedoch, wenn im unseligen sog. «Gewerkschaftsstreit» einzelne Bischöfe katholischen Arbeitern untersagten, in überkonfessionellen, sog. «christlichen Gewerkschaften» gemeinsam mit anderen Christen, um so nachdrücklicher, aber ohne ideologische Engführung ihre Interessen vertreten zu können[20]. Denn richtig verstanden sind Gewerkschaften keine ideologischen Stoßtrupps, sondern tatkräftige Interessenvertreter der Arbeitnehmer. Die Mitgliedschaft von Christen, denen dann freilich volle Meinungsfreiheit zu gewährleisten ist, kann daher auch eine wirksame Hilfe zur Vermeidung von falschen Ideologisierungen darstellen.

Entsprechend braucht dann das Verhältnis zu anderen wirtschaftlichen Interessengruppen auch nicht mehr in einem reinen gesellschaftlichen Konfliktmodell verstanden zu werden. Gemeinsame Interessen, die es gerade im Wirtschaftsbereich der Produktion wie des Austauschs von Gütern und Dienstleistungen ohne Zweifel gibt, schließen gegenläufige Interessen so wenig aus wie dies umgekehrt die Pflege gemeinsamer Ansätze verhindern dürfte. Die aus dieser Erkenntnis gewachsenen Formen von Tarifpartnerschaft, wie sie sich zum Nutzen aller und sogar unter vertraglicher Begrenzung von Kampfmaßnahmen[21] in fortschrittlichen Industrieländern herausgebildet haben, bedeuten somit keinen romantischen Rückfall in vorindustrielle sog. «berufsständische» Ordnungen[22]. Als Formen sozialethisch echter (also nicht bloß funktional erfolgreicher) Sozialpartnerschaft, die dann freilich nicht auf eine rein nationale Ebene beschränkt werden darf, scheint ihnen vielmehr die Zukunft zu gehören.

Das zu einer solchen konfliktfähigen Partnerschaft nötige Vertrauen in den anderen Tarifpartner setzt freilich – so wenig es leider und entgegen den im Neuen Testament vertretenen Verhaltensmustern in der christlichen Tradition gepflegt wurde – voraus, daß auf beiden Seiten vertragsfähige Partnergruppierungen vorhanden sind. Gerade Unternehmer- und Arbeitgeber-Verbände tun sich jedoch aus verschiedenen Gründen mit solchen im vollen Sinn sozial-partnerschaftlichen Vorstellungen alles andere als leicht. Denn einmal ist ein Zusammenschluß von Unternehmern, die ja von Haus aus Konkurrenten sind, ohnehin schwieriger. Zudem tut sich der selbständige Unternehmer, der sich aus der gesamten Industrialisierungstradition heraus lange Zeit als «Herr im Haus» zwar gern als der menschenfreundliche Patron, aber nur schwer als der Sozialpartner mit analogem Gegenüber verstand, mit solchen Verhandlungen auf gleicher Ebene nicht eben leicht. Dennoch hat die Entstehung von Gewerkschaften auch auf Arbeitgeberseite, zunächst wohl zur Abwehr von Kampfmaßnahmen oder zur Durchsetzung der Gegenwehr durch die Aussperrung zu eigenen Zusammenschlüssen geführt, die sich analog zu den Gewerkschaften zu sozialpartnerschaftlichen Interessenvertretungen unter Vermeidung von verlustreichen Kampfmaßnahmen zu entwickeln vermochten. Dabei erscheint diese Entwicklung sozialethisch sinnvoller als die Diskussion darüber, ob Aussperrung als Kampfmittel in der Hand des stärkeren Partners überhaupt ethisch zu legitimieren sei. Denn einmal ist es bei der Anwendung der Streikwaffe als Blockierung der gesamten Produktion durch sog. Schwerpunkt-Streiks, d. h. durch die Lähmung an einem besonders neuralgischen Punkt der hochkomplexen, firmen- und länderübergreifenden Produktionsketten, gar nicht mehr so sicher, welche Seite die stärkere ist, und zweitens sind konkrete ethische Urteile über eine unbedingte Verwerflichkeit einer Maßnahme in jedem Fall methodologisch fragwürdig[23].

In Anbetracht dieser sozialpartnerschaftlichen Entwicklungen sollte man freilich nicht übersehen, daß bis vor kurzem ein dritter Partner, nämlich der Kunde als Konsument ohne organisierte Interessenvertretung geblieben war. Zwar konnte er als Käufer am Markt durchaus seinen Einfluß geltend machen kann; er war aber gegenüber verborgenen Mängeln (wie etwa langfristig gesundheitsschädlichen Komponenten in einem Produkt, gegen unfaire Reklame mit ungenügender Produktinformation, gegen kartellbedingt überhöhte Preise wie gegen Umweltbelastungen usw.) weitgehend wehrlos und kam mit einem Einspruch in jedem Fall zu spät. Hier haben Konsumentenorganisationen in den letzten Jahren zunehmend und erfolgreich vorher latente Interessen in die Diskussion gebracht, die künftig vermehrt auch in einer partnerschaftlichen Auseinandersetzung (also nicht bloß über Bestimmungen seitens des Gesetzgebers) aufgearbeitet zu werden verdienen.

Allerdings muß hinsichtlich dieser an sich ethisch begrüßenswerten Entwicklung zu einer für alle Beteiligten tragfähigen und fairen Konsenslösung zur Regelung von Interessenkonflikten stets auf zwei Engführungen als Gefahren hingewiesen werden. Erstens ist dies die Tendenz, das Augenmerk nur auf Verbandsmitglieder zu beschränken, was dann, vor allem bei den Gewerkschaften, eine deutlich geringere Aufmerksamkeit schon für ausländische Arbeitnehmer oder aus dem Produktionsprozeß definitiv ausgeschiedene Arbeitslose und Rentner zur Folge hat. Bislang fast völlig ausgeblendet blieb aber auch eine internationale Solidarität der Arbeitnehmer, die die Kollegen der gleichen transnationalen Konzerne in den Billiglohnländern der Dritten Welt mit in die Verhandlungen einbeziehen würde. So lange die Arbeitsplätze der eigenen Mitarbeiter nicht bedroht sind, verzichtet man auch auf Einwände gegen eine recht «beliebige» Einstellung von Gastarbeitern oder die Auslandsauslagerung von weniger beliebter Arbeit in Billiglohngegenden. Da der Gewerkschaftsfunktionär in seiner Stellung von den Mitgliedern allein abhängt, liegt es zwar kaum in seinem Interesse, diese den etablierten Arbeiter-Gewerkschaftler eher belastenden Probleme aufzugreifen. Ebenso wenig werden Konsumentenorganisationen sich so leicht mit Belastungen, die ihre Mitglieder gar nicht betreffen, befassen wollen und etwa über Aufrufe zum Boykott von Waren aus Billiglohnländern die Einhaltung gültiger Sozialgesetze bei deren Produktion durchzusetzen versuchen. Gerade darum ist es jedoch Aufgabe der Sozialethik, auf diese Mängel hinzuweisen und nach Wegen zu deren Behebung zu suchen[24].

Dabei wird primär auf ein größeres Problembewußtsein an der Basis und damit auf eine globalethische Gewissensbildung hinzuweisen sein, die über eine Verbesserung der heute leider oft ungenügenden Demokratisierung der Verbandsstrukturen und über eine direkte Kontrolle der hauptamtlichen Funktionäre wirksam werden müßte, um von da aus einer faktisch längst international aktiven Unternehmerschaft eine effektive und d. h. kritische Partnerschaft bieten zu können. Gleichzeitig würde eine solche Demokratisierung der Verbände auch eher Gewähr dafür bieten können, daß wirklich die Bedürfnisse der Arbeitnehmer hinsichtlich Arbeitsbedingungen, Teilzeitarbeit, Freizeit, Urlaub vor Lohn usw. direkt und nicht bloß über die wohlwollende Betreuung von kaum mehr aus der Arbeiterschaft selber hervorgegangenen Funktionären zur Sprache käme. Verbände und ihre Funktionäre haben subsidiäre Dienstfunktionen zu bestmöglicher Sozialpartnerschaft. Selbstzweck an sich sind sie keinesfalls.

Veränderungen im Arbeitsverständnis

Die Industrialisierung, die eigentlich erst mit der Erfindung der Dampfmaschine durch J. Watt († 1819) als eines effizienten Lieferanten von mechanischer Energie einsetzte, hat die frühere handwerkliche Arbeit nicht nur im Produktionsprozeß als solchem, sondern auch hinsichtlich der Arbeitsauffassung grundlegend verändert. Der Begriff von Arbeit selber wurde nun naturwissenschaftlich, d. h. im Sinn der physikalischen Mechanik, rational verstanden. Arbeit als Produkt von

Kraft mal Weg als Leistung (d. h. als so verstandene Arbeit pro Zeiteinheit) zu optimieren, wurde zum Ziel, das mit der Segmentierung der Fertigungsvorgänge in einfache Einzelschritte und deren Aneinanderfügung am Fertigungsfließband im sog. «Taylorismus» erreicht wurde. Die Steigerung solcher Leistung, also die höhere Produktion zu günstigeren Preisen galt entsprechend als Fortschritt schlechthin, und der greifbare Erfolg einer besseren Versorgung auch der großen Massen in den Industrieländern schien diesem Verständnis auch Recht zu geben. Die trotzdem immer wieder angemahnte Gefahr, daß dadurch die menschliche Person selber physikalischen Bemessungsgrundlagen unterstellt und mechanisch materialistisch reduziert werde, konnte relativ leicht als geisteswissenschaftlicher Romantizismus abgelehnt werden, sobald es den Arbeitern auch materiell etwas besser zu gehen begann und sich über entsprechende Entwicklungskonzepte auch für die in ihrer Industrialisierung noch zurückgebliebenen Länder der Dritten Welt (also weitgehend für die früheren Kolonien der Industrieländer) Möglichkeiten zu einer Wohlstandsverbesserung abzuzeichnen schienen.

Im Vergleich zu solchem Fortschritt erschienen diese Belastungen zwar bedauerlich und daher in ihren Folgen zu minimieren, aber eben doch unvermeidlich, so sehr, daß es wenig erstaunt, wenn selbst in der christlich-ethischen Verkündigung Spuren dieser Mentalität zu finden sind[25]. Dieses «eindimensionale» fortschrittsgläubige Konzept wurde aber Ende der 1960er Jahre massiven menschlichen wie ökologischen Erschütterungen ausgesetzt[26]. Auch wer sich nicht als «Hippie» aus der Leistungsgesellschaft zurückzog, mußte aus ethischer Verantwortung gegenüber dem Konzept einer reinen Fortschritts- und Leistungsgesellschaft oft Zweifel anmelden, zumal sich gerade in jenen Jahren auf mehreren Ebenen unumkehrbare Grenzen bemerkbar zu machen begannen:

Als Erstes ist dabei die zunehmende Rationalisierung der

Arbeitsprozesse zu nennen, die durch die EDV-gestützte Automatisierung als sog. «zweite industrielle Revolution» noch gesteigert wird. Diese bringt eine erhebliche Freisetzung von menschlichen Arbeitskräften vor allem bei wenig qualifizierten Tätigkeiten mit sich, was einerseits erhöhte Freizeit ermöglicht, andererseits aber auch die Gefahr einer Wegrationalisierung von Arbeitsplätzen und damit einer Massenarbeitslosigkeit nach sich ziehen kann. Zugleich entsteht zweitens eine erhebliche Verunsicherung des Einzelnen sowohl für den Bestand seines Arbeitsplatzes wie durch einen höheren Anpassungsbedarf an die neuen Erfordernisse der sich rasch verändernden Fertigungsprozesse. Die hohen Arbeitsplatzkosten, die zudem in einer raschen Innovation kürzere Abschreibungen verlangen, rufen zugleich nach längeren Laufzeiten der Maschinen. Dies kann zwar kürzere, jedenfalls aber unregelmäßigere Arbeitszeiten nach sich ziehen und erhöht – zusammen mit den zunehmenden nervlichen Belastungen von Überwachungs- und Kontrollaufgaben – auch den Streß, der auf dem einzelnen lastet. Dies führt drittens dazu, daß die Arbeit zwar rein physisch erleichtert, gesamtmenschlich aber oft belastender wird; so wird sie auch verstärkt als reines Mittel zum Broterwerb verstanden und läßt, oft ohne ein Gesamtverständnis der Fertigungsprozesse zuzulassen, wenig schöpferische Momente spüren. Die einfache Arbeit sinkt ab zum bloßen «Job», während Leitungs- und Planungsfunktionen besonders anspruchsvoll werden und so von der Gegenseite her durch Überforderung des einzelnen an Menschlichkeit zu verlieren beginnen. Die Sinnfrage der einzelnen Arbeit stellt sich damit zunehmend; Ausstiegssyndrome nehmen zu.

Zugleich stellen sich aber viertens auch auf der gesamtgesellschaftlichen Ebene Sinnfragen hinsichtlich der gesamten arbeitsbedingten technologischen Entwicklung, die einerseits menschlichkeitsgefährdende Waffensysteme entwickelt, andererseits in ihren Fertigungsprozessen die Umwelt mit all ihren Ressourcen so übernutzt, daß die Existenz der Menschheit auch von daher bedroht wird. Was der Bericht über die «Grenzen des Wachstums» des Club of Rome von 1972 als Schock bewirkte, ist inzwischen zu einer tausendfach bewahrheiteten Allgemeinerfahrung geworden, der aber erst relativ wenig griffige Maßnahmen entgegengestellt werden können. Dazu kommt, daß sich – und dies wäre als Fünftes festzuhalten – die positiven Wirkungen dieser Entwicklung auf die relativ schmale Schicht der nördlichen Industrienationen beschränkt haben, während der Lebensstandard mit Ausnahme einiger fernöstlicher Schwellenländer sonst eher zurückging, zumal in manchen Entwicklungsländern ein fast uneingeschränktes Bevölkerungswachstum auch erste Ansätze zur Verbesserung illusorisch werden und das Nord-Süd-Gefälle erheblich zunehmen läßt. An solchen eklatanten Ungerechtigkeiten ungewollt irgendwie mitschuldig zu sein, belastet gerade ethisch sensiblere Zeitgenossen, was aber, da kaum etwas direkt dagegen unternommen werden kann, nur Resignation fördert. Zugleich werden die aus den ärmeren Regionen der Welt auf die nördlichen Arbeitsmärkte drängenden Menschen auch dann als Bedrohung der eigenen Identität empfunden, wenn sie die unbeliebten Restarbeiten der Industriegesellschaft übernehmen. Teilweise schon rassistischer Fremdenhaß gegenüber Gastarbeitern ist die Folge dieser um sich greifenden Verunsicherungen.

Mag so aufs Ganze gesehen die technologische Entwicklung der industriellen Leistungsgesellschaft materiell Entlastung und insofern Fortschritt zumindest für einige Menschen gebracht haben, so sind doch schon an der Verallgemeinerung dieser positiven Effekte Zweifel erlaubt. Der Verlust an personalen und sinnstiftenden Werten ist erheblich. Soll Arbeit daher im Sinn vor allem auch einer christlich verstandenen Sozialethik ihre personalen Existenzdimensionen wieder erhalten, ist über das einseitig materiell mechanizistische Verständnis der Moderne hinaus erneut und vermehrt den Personalwerten Aufmerksamkeit zu schenken. Prioritäre Bedeutung dürfte dabei dem besonders seit dem päpstlichen Rundschreiben «Mater et magistra» Johannes XXIII. von 1961 von der kirchlichen Lehrverkündigung hervorgehobenen Postulat umfassender «Partizipation» zukommen, die Anteil nicht nur am Ertrag der Arbeit (was schon Leo XIII. 1891 gefordert hatte), sondern auch in einem angemessenen organisierten demokratischen Prozeß Teilhabe an der Arbeitsgestaltung und den unternehmerischen Entscheidungsprozessen meint. Umfassende Information über die Arbeitsprozesse wie die Produkte und deren Verwendung, ist dafür unerläßlich, was freilich eine der Verarbeitung solcher Information angemessenen Bildung als unerläßliche Voraussetzung verlangt. Im Verbund mit einer solchen Informations- und der ihr entsprechenden Bildungspolitik gilt es aber auch erhöhte Flexibilisierung der Arbeitszeit, gerade auch als Teilzeit- und Heimarbeit bei gleichzeitiger bestmöglicher Wahrung gesamtgesellschaftlicher Ruhepausen (Sonntage und Festzeiten) anzustreben, sowie eine angepaßte Fertigungsstruktur, wie sie unter den Stichworten von «Job rotation, Job enlargement and Job enrichement» auch betriebswissenschaftlich schon diskutiert wurde[27].

In jedem Fall aber dürften noch so wohlgemeinte Verbesserungsmaßnahmen, die ohne demokratische Mitwirkung der Betroffenen eingeführt werden, sei es seitens unternehmerischer Initiativen durch das Management, sei es durch Gewerkschaftsfunktionäre, keine Lösung darstellen, weil in ihrem paternalistisch betreuenden (wenn nicht sogar bevormundenden) Vorgehen keiner von ihnen die Person der arbeitenden Menschen voll ernstzunehmen gewillt ist. Wesentlich mehr noch als die praktischen Schwierigkeiten, welche bei solchen Flexibilisierungen zur Bewältigung anstehen, stellen diese menschlichen Anforderungen, die eigentliche ethische Herausforderung dar. Da diese die bekannten Modelle hierarchischer Führung in Frage stellen und eine volle personale Respektierung jedes Menschen verlangen, erheischen sie einen radikalen Umdenkprozeß. Wo diese Herausforderung jedoch national und vor allem weltweit verpaßt wird, dürften die Belastungen der menschlichen Mitwelt wie der gesamten Umwelt in nicht allzu ferner Zeit zu so katastrophalen Folgen führen, daß sie gemeinsames Bemühen aller gesellschaftlichen Kräfte was die Verwirklichung grösserer Gerechtigkeit radikal in Frage stellen müßte. Davor hat Sozialethik auch dann zu warnen, wenn sie noch keine umfassenden Lösungsmodelle anzubieten hat, sondern nur Pisten zur gemeinsamen Suche im interdisziplinären Diskurs andeuten kann.

3. Der Umgang mit den materiellen Gütern der Welt

3.1 Voraussetzungen aus christlichem Verständnis

In der modernen wirtschaftsethischen Diskussion steht das Gegensatzpaar «Kapital – Arbeit» im Mittelpunkt. Daß dabei dem direkt auf den Menschen bezogenen Faktor Arbeit prioritäre Bedeutung zukommen soll, hat gerade christliche Sozialethik immer neu hervorgehoben. Dennoch muß auch dem Faktor «Kapital», und zwar nicht nur insofern darin auch wesentlich zu einem Sachgut «geronnene» Arbeit steckt, eigene Aufmerksamkeit geschenkt werden. Vielmehr geht es darum, der Frage nach der sittlichen Berechtigung von privatem Besitz an den materiellen Gütern dieser Welt, den Rohstoffen wie den daraus gewonnen Konsum- und Produktivgütern, eigens nachzugehen. Da Eigentum als frei verfügbarer Besitz an materiellen Gütern einerseits Voraussetzung für eine gewisse Unabhängigkeit des Einzelnen vom bloßen Wohlwollen seiner Mitmenschen und damit zur Eigenentfaltung und Wahrung seiner personalen Würde ist, wie es andererseits stets auch die Gefahr zu rücksichtslosem Gebrauch, d. h. zur Ausbeutung der Mitmenschen beinhaltet, ergibt sich als erster Eindruck eine Doppelgesichtigkeit von Eigentum schlechthin, der sich aus den bisherigen Überlegungen so gut wie aus der alltäglichen Erfahrung im Verlauf der Geschichte bestätigt.

Eigentumsschutz bei gleichzeitiger skeptischer Distanz irdischem Besitz gegenüber kennzeichnet denn auch die gesamte christliche Tradition, in welcher das dekalogische Diebstahlverbot ebenso ernst genommen wurde wie die zahlreichen, irdischen Reichtum relativierenden Jesusworte der Evangelien. Hier stand die Eigentumsbegründung als Menschenrecht stets neben dessen grundsätzlicher Infragestellung durch die verschiedenen Armutsbewegungen, und sozialistisch planwirtschaftliche Vorstellungen wurden für die Wirtschaftsordnung von engagierten Christen ebenso vertreten wie auf Privateigentum basierende Marktordnungen. Immerhin zeigt ein genaueres Zusehen dieser verschiedenen christlichen Ansichten, daß ihre Leitvorstellungen keine extremen Positionen vertreten. Weder ein reines, der altrömischen Rechtstradition noch vertrautes Besitzrecht als «jus utendi, fruendi et abutendi» (also des Nutzens und Gebrauchs, aber auch des Mißbrauchs) noch der Zwang zum völligen Verzicht auf Privatbesitz gelten je als sittliche Norm christlicher Ethik, auch wenn sich solcher Verzicht als radikales Zeugnis für die grundsätzliche Vorläufigkeit aller irdischen Werte besonderer Wertschätzung erfreut. Eine solche trotz aller erheblichen Meinungsunterschiede begrenzte Bandbreite läßt auf ein übergreifendes Grundverständnis schließen, das wie jede moraltheologische Einsicht dann seine Wurzeln in den eigenen Glaubensquellen, bzw. in deren vernünftigen Anwendungen auf die konkreten Herausforderungen der Zeit haben muß.

Dabei ergibt sich aus dem biblischen Schöpfungsverständnis, daß die gesamte Schöpfung zwar auf den Menschen hin zugeordnet ist, gemäß dem Satz «Gott segnete Mann und Frau und sprach zu ihnen: Seid fruchtbar und mehrt euch, bevölkert die Erde und unterwerft sie euch» (Gen 1,28). Eine genaue Lektüre des Textes zeigt aber, daß diese Herrschaft des Menschen niemals in dem Sinn absolut ist, daß sie auch den «Abusus» einschließen könnte. Der Mensch ist vielmehr bloß der gestaltende Verwalter. Der eigentliche Besitzer ist und bleibt Gott und nur in dem von ihm gesetzten Rahmen muß und kann der Mensch ohne letztlich zerstörerische Folgen seine Eigentümerrolle wahrnehmen. Die damit verbundene, sachbezogene Begrenzung der Verfügungskompetenz als einer pfleglichen Nutzung, die freilich erst durch die technologischen Nutzungsmöglichkeiten der Neuzeit ihre volle ökologische Tragweite sichtbar werden läßt, steht zudem stets in einem sozialen Horizont, der vor allem mit dem Seßhaftwerden der zunächst noch teilweise nomadisierenden Stämme des biblischen Gottesvolkes relevant wird. Die dabei drohende Gefahr einer monopolisierenden Tendenz beim Grundbesitz mit entsprechender Möglichkeit der Ausbeutung der Wehrlosen müssen Propheten wie Amos, Micha, aber auch Jesaia entgegentreten und die Rechte der Witwen und Waisen anmahnen. Der Schulderlaß und die Befreiung aus der Schuldsklaverei verbunden mit der Rückgabe von verpfändetem Boden anläßlich der Sabbat- und Jobel-Jahre, die alle sieben bzw. 49 Jahre abgehalten werden (vgl. Lev 25,1–55), aber auch das Zinsverbot (Dtn 23,20 ff.) als Verbot, aus der Not des Mitmenschen Profit zu schlagen, die Forderung ein lebensnotwendiges Pfand nicht zu nehmen oder doch bis zum Abend zu restituieren (Dtn 24,6 und 10–13), Löhne rechtzeitig zu zahlen (Dtn 24,14 f.) usw. zeigen auf rechtlicher Ebene ein analoges Bemühen, schrankenloses Ausnutzen von Besitzervollmacht abzubauen. Denn das Land gehört eigentlich Gott. Der Mensch, das Bundesvolk ist nach einer Art Erbpacht bloß «Gast und Beisasse» (Lev 25,23).

Die Ansätze der strenggläubigen Sekte der Essener, denen Jesus offenbar nahestand, zum Gemeineigentum, die auch in gewissen frühchristlichen Gemeinden gepflegt wurden (Apg 2,44, 4,32), die Reichtumskritik Jesu (z. B. Mt 6,24, und 19,24), aber auch die heilsrelevante Bedeutung, die er der Hilfeleistung dem Geringsten gegenüber zumißt (Mt 25,31–46), zeigen deutlich, wie die christliche Botschaft diese Linie fortsetzt: Irdische Güter sind dem Menschen zwar zu- und untergeordnet. Aber er bleibt dafür dem eigentlichen Besitzer, nämlich Gott, dem Schöpfer verantwortlich, wobei die Art und Weise, wie diese Verantwortlichkeit für den Umgang mit Eigentum gesellschaftlich organisiert und geregelt wird, zeitbedingt ist. Entsprechend den anderen geschichtlichen Umständen muß folglich auch je neu nach angepaßten normativen Strukturen gesucht werden.

3.2 Regelungsansätze aus der Geschichte

Weil die Kirchenväter in Anbetracht der römisch-rechtlichen Eigentumsdefinition, aber auch wegen der extrem ungerechten Verteilung von Grund und Boden (Großgrundbesitz aus der Bodenverteilung an Kriegsveteranen durch und über kaiserliche Feldherren) dem Privateigentum gegenüber skeptisch waren, ist es verständlich, daß sie eine privatrechtliche Eigentumsordnung bloß als eine dem sündigen Jetztzustand des Menschen angepaßte Lösung betrachteten. Die Reichtumskritik des Evangeliums nahmen sie entsprechend sehr wörtlich, freilich nicht bis zu einer völligen und dann durch einen eschatologischen Jenseitsbezug motivierten Ablehnung. Wenn daher Ambrosius wie Basilius, Johannes Chrysostomus wie Augustinus Eigentumsrechte als ungerecht und daher als Widerspruch zum Gottesreich ansahen, so ist dies zwar eine für ein solches reines Renteneigentum richtige, allgemein gesehen aber doch zu enge Sicht. Dennoch findet man erst unter den gewandelten Umständen des mittelalterlichen Bürgertums praktisch wie theoretisch neue ethische Ansätze, welche die ursprüngliche Sicht der Bibel vom Menschen als bloß sekundärem, Gott gegenüber aber zur Rechenschaft verpflichtetem Besitzer in die Richtung dessen zu entwickeln beginnen, was man später mit der «Sozialpflichtigkeit» privaten Eigentums zu umschreiben versuchte. Damit ist einmal die ethisch strenge, wenn auch rechtlich nicht direkt einklagbare Verpflichtung gemeint, zugunsten der Armen von den eigenen Einkünften einen Zehntel abzutreten. Aber auch die Betonung des weiterhin gültigen Zinsverbotes gehört dazu. Nur wird dieses nun vor allem zur Bekämpfung des Zinswuchers durch die Schaffung der sog. «Montes pietatis» als gemeinschaftliche Spar- und Leihkassen so ergänzt, daß neben der möglichen Überbrückung von Notlagen auch eigentliche Kredite gegen eine vertretbare «Entlöhnung» (also Eigentum als Investitionskapital mit Zins) in einem neuen «kapitalistischen Sinn» möglich wurden.

Aus dieser praktischen Veränderung entwickelte sich bei den hochscholastischen Theologen die theoretische Idee von der ursprünglichen und eigentlichen Gemeinwidmung aller irdischen Güter, auf die daher um der primär-naturrechtlichen Gerechtigkeit willen in Notlagen oder Unklarheiten als Grundprinzip zurückgegriffen werden muß, die aber aller Erfahrung nach im konkreten Normalfall am besten und zum Nutzen aller in einer Privateigentums-Ordnung organisiert werden sollte. Denn unter einer Privatbesitz-Verteilung, die als sekundär-naturrechtliche nicht mehr allgemein, sondern nur noch «im Allgmeinen» (=ut in pluribus) zu bezeichnen und – wie schon erwähnt – normalerweise (also von Ausnahmen abgesehen) einzuhalten ist, wird nicht nur die Sorgfalt im Umgang mit den irdischen Gütern am besten gewahrt, sondern auch eine klare Verteilung der Kompetenzen so ermöglicht, daß statt eines Faustrechts der soziale Friede auf diese Weise am ehesten gewährleistet werden kann[28]. Allerdings blieb diese Eigentumslehre, so sehr sie an sich auf komplexe wirtschaftliche Zusammenhänge weitergedacht werden könnte, auf den Umgang mit privatem Eigentum im bürgerlich handwerklichen (ethisch gesprochen also auf den zwischenmenschlich, primär-soziologischen) Bereich beschränkt. Was solche Gemeinwidmung und in deren Konsequenz die Sozialpflichtigkeit von Eigentum an materiellen Gütern im Zusammenhang mit der einsetzenden Kolonialära bzw. den merkantilistischen Wirtschaftsvorstellungen bedeuten könnte, wurde theologisch allenfalls marginal von den spanischen Völkerrechtlern hinsichtlich der versklavenden

Ausbeutung von Menschen, nicht aber direkt wirtschaftsethisch bedacht[29].

So machte erst die beginnende Neuzeit mit ihren geistesgeschichtlichen und wirtschaftlichen Entwicklungen, die weder mit der eigentumsskeptischen Haltung der christlichen Spätantike noch mit den geschlossenen Strukturen der spätmittelalterlichen ständischen Ordnung möglich gewesen wären, die Eigentumsfrage zu einem komplexen ethischen Problem. In deren Folge drängte die Betonung der individuellen Persönlichkeit des Menschen durch die Aufklärung die Sozialpflichtigkeit allen Eigentums zugunsten der freien Verfügbarkeit in den Hintergrund, zumal Besitz nun – wie oben gezeigt – nicht mehr bloß Reichtum an Konsumgütern bedeutete, sondern als einsetzbares Kapital zum Produktionsmittel und damit in einer völlig neuen Weise zu einer Quelle von Macht wurde.

Zwar bleiben auch für den Umgang mit diesen neuen Formen von materiellem Besitz die biblischen Leitprinzipien für eine christliche Ethik wegleitend, aber schon ein kurzer Blick in die Wirtschaftsgeschichte zeigt, daß für den Kapitalbesitz und erst recht für die heutige weltwirtschaftliche Problematik keine direkten Hinweise zu erwarten sind[30]. Wo so etwas dennoch zu finden versucht wird, etwa mit Appellen an die Großzügigkeit und Barmherzigkeit der Unternehmer gegen das Proletarierelend, bleibt eine solche, (scheinbar) biblische Ethik erfolglos, wenn sie nicht gar der ungerechten Ausbeutung ein Alibi verschafft. Ebenso wenig kann es fürderhin genügen, das Eigentum in seiner ethischen Relevanz ganz allgemein als «geschichtlich gegebenen Ort der Bewährung vor Gott»[31] zu bezeichnen und die nähere Ausgestaltung seiner Ordnungen den innerweltlichen Autoritäten zu überlassen.

Wie seit dem Ende des 19. Jahrhunderts immer klarer wurde, drängt sich der theologischen Ethik eine kritische Reflexion über Ursprung und Begründung von Eigentum daher geradezu auf. Denn nur so können Grenzen und Rahmen im Umgang mit diesen neuen Formen vom materiellen Besitz definiert und in einer zunehmend sich säkularisierenden Gesellschaft auch außerhalb der eigenen Glaubensgemeinschaft begründeterweise vertreten werden. Zudem kann nur auf diesem Weg die Auseinandersetzung mit anderen eigentumskritischen, vor allem den marxistischen Ansätzen, auch wenn man deren Voraussetzungen nicht zu teilen bereit ist, aufgenommen werden. Vor allem aber erlaubt erst eine solche Analyse den ethisch verantwortbaren Umgang mit Eigentum im bekannten zwischenmenschlichen, überschaubaren Bereich von den komplexeren gesellschaftlichen Eigentumsstrukturen im modernen Industriestaat abzuheben, also eine personal-zwischenmenschliche Ethik von einer Sozialethik zu unterscheiden, und nur so kann auch das direkte Eigentum an Konsumgütern oder Produktionsmitteln abgehoben werden von einem indirekten Eigentum an Produktionsmitteln vor allem in Form von Wertpapieren als einer eigenen Eigentumskategorie mit eigenen Gesetzmäßigkeiten, Sachzwängen und Gefahren. Ebenso erlauben erst solche Untersuchungen die kulturbedingte Wandelbarkeit und damit auch deren prinzipielle Veränderbarkeit zu erkennen und so die genuin sozialethische Fragestellung nach entsprechender Bewußtseinsbildung und Mitverantwortung eigens aufzugreifen.

3.3 Theoretische Begründung von Eigentum

Der ungenügende individualethische Ansatz

Da Eigentum zur Existenzsicherung unerläßlich zu sein scheint, und der Mensch ohne Eigenbesitz völlig abhängig wäre von anderen – sei es vom Unternehmer im reinen Kapitalismus, oder von der Gesellschaft in einem sozialistischen

Kommunismus –, geht auch eine christlich motivierte Sozialethik von der Voraussetzung aus, daß in dieser Welt und Geschichte die personale Freiheit und Würde nur durch ein gewisses selbstverfügbares Eigentum an materiellen Gütern zu gewährleisten ist. Anders als bei den hochscholastischen Ethikern, wo ein solches Recht erst erfahrungspraktisch sekundär bejaht wurde, gilt es seit der Moderne und da auch im neuscholastischen Denken des 19. Jahrhunderts aber als ein Recht schlechthin, das, weil der menschlichen Vernunft direkt einleuchtend, unveräußerlich mit dem Wesen des Menschen verbunden scheint. Entsprechend tritt die ursprüngliche Gemeinwidmung aller materiellen Güter dieser Welt in den Hintergrund.

Verstärkt wird diese Sicht noch, weil Eigentum ausschließlich als Frucht der eigenen Leistung sowie aus einem haushälterischen Umgang mit den Weltgütern angesehen wird. Über solches Eigentum ist der Mensch, vor allem das patriarchalische Oberhaupt der noch sehr selbständigen Großfamilie wie – in einer Art Ausweitung derselben – als Unternehmer und Besitzer eines Fabrikationsbetriebes uneingeschränkter Herr. Die Gesellschaft hat dies anzuerkennen, allenfalls als «Nachtwächterstaat» solches Eigentum gegen böswillige Übergriffe zu schützen. Wo diese der bürgerlich liberalen Gesellschaft des 19./20. Jh. selbstverständliche Ordnung infrage gestellt wird, scheint dies dann zugleich an die Grundlagen der Gesellschaft als solche zu greifen, zumal der Fortschritt, den die kapitalistische Industrialisierung für die Produktion von Gütern erbrachte, für die Überlegenheit dieser Ordnung den handfesten Beweis zu erbringen schien.

Dennoch erwachsen aus dieser Sicht erhebliche Schwierigkeiten. Sie ergeben sich einmal, weil Immobilienbesitz, langfristiges Konsumgut an Mobilien zusammen mit dem direkten Produktionsmitteleigentum im landwirtschaftlichen oder handwerklichen Familienbetrieb nicht unterschieden werden vom indirekten Eigentum an Produktionsmitteln, wie es in der modernen Industriegesellschaft über Aktienbesitz u. ä. eine immer bedeutendere Rolle spielt. Zudem wird in der Frage, wie dieses Eigentum zustande kam, zwar die Eigenleistung betont, aber nicht gefragt, inwiefern darin nicht auch noch die Leistung anderer bzw. der Gesellschaft als ganzer hinsichtlich Infrastruktur oder Umwelt involviert ist, die dann nach den gleichen Prinzipien ebenfalls und zurecht Eigentumsansprüche anzumelden hätten. Ebensowenig wird hier diskutiert, wie weit bei der das Eigentum erwerbenden Leistung das Recht des Stärkeren im Spiel war.

Trotz mancher diesbezüglich geäußerter Bedenken vermochte die christliche Ethik dieser undifferenzierten Sicht lange Zeit jedoch keine entsprechend kritische Position gegenüberzustellen. Der Reichtum der Klöster wie der Kirche als Institution mit eigenen Organisationsstrukturen durch die schon die Kritik der mittelalterlichen Armutsbewegungen domestiziert worden waren, fand nun säkularisiert erneut Bestätigung, zumal auch die Reformation keine besonders nachhaltige Eigentumskritik erbracht hatte. So stand im Gegensatz zu M. Luther, der gewinnerstrebende Handelsgesellschaften noch skeptisch beurteilte, schon «Calvin der Geldwirtschaft positiver gegenüber und erlaubte eine Verzinsung nach Billigkeit zur Kapitalbildung für den strebsamen Unternehmer. Der entsagende Einsatz des Eigentums dient der Ehre Gottes»[32]. Auf dieser Linie begründete sich dann auch der beginnende englische und europäische Kapitalismus, der sich selber auch in seinen großen Theoretikern wie J. Locke oder A. Smith durchaus auf einer christlichen Linie der richtigen Befolgung der Schöpfungsordnung verstand und darin von den liberalen Theologen der Aufklärung auch nicht unter Kritik genommen wurde.

Aber auch das eben genannte rationalistische bzw. neuscholastische Naturrechtsverständnis von Eigentum blieb in seiner Kritik ungenügend. Das durchaus berechtigte Postulat «der Bildung von Eigentum in Arbeiterhand», das neben dem Besitz von langfristigen Konsumgütern auch Miteigentum an Produktionsmitteln einschließt, trug bei aller Betonung der Sozialpflichtigkeit jeden Eigentums den spezifisch sozialethischen Gesichtspunkten der gesellschaftlichen Relevanz der Produktionsmittel zu wenig Rechnung. Ebenso wurde der erhebliche Unterschied zwischen dem allfälligen Eigentum des Arbeiters von derjenigen des Eigentumsunternehmers so wenig thematisiert, daß beide in gleicher Weise als ethisch berechtigt und sozialpflichtig erscheinen konnten. Sozialpflichtigkeit appelliert dann nur an das Gewissen des einzelnen Eigentümers zur Großzügigkeit, während – verstärkt durch die Ablehnung des sozialistischen und kommunistischen Marxismus – die gesellschaftliche Verantwortlichkeitsdimension sich kaum zu entwickeln vermochte. Zwar wurde entgegen einem unrealistischen Aufklärungsoptimismus mit seiner Annahme eines «von Natur aus guten Menschen» (J. J. Rousseau) der sündhafte, also egoistische Mißbrauch von Eigentum niemals ganz ausgeblendet und ein natürliches Sicheinpendeln der sozialen Ordnung aus dem Spiel wohlverstandener Eigeninteressen nicht einfach angenommen. Dennoch blieb die ursprüngliche Gemeinbestimmung der Güter fast nur noch spürbar in der allgemein akzeptierten Ausnahme-Notsituation, in welcher sich der Mensch ohne Schuld fremdes Gut, etwa im sog. «Mundraub», aneignen dürfe; nur für geistiges Eigentum galt die allgemeine Gemeinwidmung als selbstverständlich[33].

So blieb trotz solcher Restansätze der der eigenen biblisch theologischen Tradition eigentlich nahestehende Begründungszusammenhang von Eigentum in Gemeinbestimmung der christlichen Ethik der Neuzeit lange erstaunlich fremd[34]. Privateigentum wurde reduziert verstanden «als Voraussetzung zu einem Eigenleben als Bedingung der Freiheit von anderen und als Mittel des eigenen Dienstes»[35]. Die eigentliche sozialethische Auseinandersetzung mit der Eigentumsfrage gerade auch unter der Voraussetzung einer zunehmenden, weltwirtschaftlichen Vernetzung und in Anbetracht des Rufes nach einer neuen Weltwirtschaftsordnung vor allem seitens der armen Nationen setzte erst in der Zeit nach dem II. Vatikanischen Konzil – und auch dort nicht unangefochten – ein[36]. Sie ist jedoch epochal von einzigartiger Vordringlichkeit.

Die grundsätzliche Sozialpflichtigkeit von Eigentum

Wenn «Rerum novarum» die Bildung von Privateigentum in der Hand des Arbeiters zur Sicherung seiner Unabhängigkeit und damit der Achtung seiner personalen Würde forderte, so war dies also nur noch scheinbar ein individualethisches Argument. Was hier eigentlich gefordert wurde, war ein Lohnsystem, das über die bloße Sicherung des Existenzminimums hinaus die Möglichkeit zur Rücklage von Ersparnissen verlangte und daher den Eigentümer von Produktionskapital über die von Markt und Wettbewerb gegebenen Rahmenbedingungen hinaus direkt in Pflicht nahm. D. h. der freien Verfügbarkeit über Produktionsmitteleigentum wurden soziale Begrenzungen auferlegt und damit das Eigentum als solches institutionell in Pflicht genommen. Hier schlägt also zumindest implizit die grundlegende und ursprüngliche Sicht der Gemeinwidmung der Güter dieser Welt wiederum durch, für welche dann 1931 «Quadragesimo anno» den Begriff der «Sozialpflichtigkeit» in die allgemeine Diskussion brachte.

Auch wenn hier gegen Kollektivismen aller Art herausgestellt wird, daß derjenige, welcher das Recht auf Privateigentum leugnet, auch die Eigenständigkeit der Persönlichkeit bestreitet, so wird doch nicht weniger klar festgehalten, daß das Gemeinwesen, also der Staat, um des Gemeinwohles willen kontrollierend und regelnd in die Eigentumsordnung eingreifen können müsse. Zunächst über die freie Interessenvertretung, aber auch über die Gesetzgebung gilt es eine gerechte Verteilung der Produktionserträge sowie eine breite Eigentumsstreuung zu gewährleisten. Noch eindringlicher tritt dann das Moment der Solidarität in der zweiten Hälfte des 20. Jahrhunderts ins Blickfeld der christlichen Sozialethik. Wie nach Auflösung der Kolonialreiche die weltwirtschaftlichen Ungleichgewichte, das sog. Nord-Süd-Gefälle, immer deutlicher ins Bewußtsein getreten ist, setzt nicht nur in den «alten» christlichen Ländern Europas und Nordamerikas eine Besinnung ein, auch die Kirchen in den armen Entwicklungsländern melden sich zunehmend mit eigener Stimme zu Wort. Zwar wird auch weiterhin ein privates Recht auf Eigentum selbst an Produktionsmitteln nicht bestritten. Aber unter gewissen Umständen signalisiert selbst das kirchliche Lehramt für gewisse Sozialisierungsmaßnahmen Verständnis[37], und das II. Vatikanische Konzil betont ausdrücklich, daß Privateigentum «für niemand ein unbedingtes und unumschränktes Recht» darstelle. Niemals dürfe es zum Schaden des Gemeinwohls genutzt werden und im Konfliktfall entscheide nicht das freie Spiel der Kräfte, sondern eine ordnende soziale Instanz[38].

Nach der langen Periode einer vorrangig individualethischen Eigentumsdiskussion hat sich so in der christlichen Sozialethik – und zwar sowohl in der Katholischen Soziallehre als auch in der aus ihrer Tradition im sog. «Religiösen Sozialismus» dafür ohnehin offeneren protestantischen Sozialethik – das Schwergewicht der Begründung eines berechtigten Privateigentums an Konsum- wie am Produktionsgütern auf das sozialethische Moment verlagert, wo Fragen einer Eigentumspolitik auch hinsichtlich einer Steuer- und Fiskalpolitik wie zunehmend auch unter Einschluß einer Konsumpolitik eine Rolle spielen. Zudem hat sich die Optik von rein nationalen Gesichtspunkten auf globale Perspektiven verschoben. In einem gewissen Sinn kann man – vor allem unter Einbezug der befreiungstheologischen Diskussion – darin sogar etwas spezifisch Eigenes der heutigen christlichen Soziallehre im Vergleich zu den vorausgehenden individualethisch geprägten theologischen Versuchen sehen.

Wenn Papst Johannes Paul II. ganz selbstverständlich und darin völlig konform mit der alten thomasischen Tradition immer wieder von der «sozialen Hypothek, die auf jedem Eigentum liegt», reden kann, so ist dies ein deutliches Indiz für diese Entwicklung. Es ist eine Entwicklung, die zwar in der hundertjährigen Geschichte der Katholischen Soziallehre besonders deutlich greifbar ist. Daß sie keineswegs darauf beschränkt ist, sondern auch in der protestantischen Theologie eine analoge Wende zu sozialer Solidarität im Eigentumsbegriff festgestellt werden kann, wurde schon mehrfach angedeutet. Zwar unter einer größeren Bandbreite im Meinungsspektrum und damit oft wesentlich pointierter geht hier die Bewußtseinsbildung hinsichtlich einer sozialen Relativierung des Eigentumsbegriffs in dieselbe Richtung[39]. Dies gilt so sehr, daß schon 1962 in Deutschland eine gemeinsame christliche Denkschrift unter dem Titel «Eigentumsbildung in sozialer Verantwortung» herausgegeben werden konnte. Dies erlaubt aus der Sicht einer allgemeinen christlichen Sozialethik für den Umgang mit Besitz und Eigentum an den wirtschaftlich relevanten Ressourcen und Gütern dieser Welt sozialethische Verbindlichkeiten als zumindest langfristig vorgegebene auch öffentlich festzuhalten.

3.4 Sozialethische Fixpunkte in der Eigentumsfrage

Im Einklang mit ihren biblischen Quellen und der eigenen theologischen Tradition sollen die materiellen Güter der Welt nach christlichem Verständnis also dem Aufbau des Menschen als Person in Gemeinschaft dienen. Sie stehen damit in einer doppelten spannungsvollen Finalität, indem sie der individuellen Persönlichkeit wie der Menschheitsgesellschaft als Ganze zugeordnet sind, und zwar so, daß die Vernachlässigung eines der beiden Pole stets beide in Mitleidenschaft zieht. Entsprechend wird von einer christlichen Ethik privates Eigentum zwar prinzipiell bejaht. Als Voraussetzung der Selbständigkeit des Einzelnen, als Möglichkeit zur Kontrolle einer durch zu große Kumulation von Besitz entstehenden Machtballung, vor allem aber zu deren Verhinderung und damit auch zur Förderung einer Totalitarismen aller Art vorbeugenden Demokratie ist eine möglichst breite Streuung von Eigentum in all seinen Formen sozialethisch wünschenswert. Aber es gilt dann nicht weniger – wie in so vielen anderen Belangen menschlicher Existenz- und Gesellschaftsgestaltung –, die stets gleichzeitig und gleichrangig zu beachtende Sozialpflichtigkeit nicht zu vernachlässigen, und zwar sowohl hinsichtlich des Eigentums an Konsumgütern wie an Produktionsmitteln.

Hinsichtlich der Konsumgüter ist dabei als erstes im Sinn der traditionellen Almosengebote an die direkte, caritative Mitverantwortung für den Bedürftigen zu denken, die, allein zwar ungenügend, in vielen Fällen dennoch ihre eigene Bedeutung bewahrt hat[40]. In einer intensiven Konsumgesellschaft mit einer häufig kaum kontrollierten Wegwerfmentalität fordert solche Sozialpflichtigkeit aber auch eine zunehmend die eigenen wie gruppenbedingten Bequemlichkeiten einschränkende Rücksichtnahme auf die Umwelt. Die Forderung nach einem entsprechenden ökologiegerechten Lebensstil wird so immer deutlicher. Dabei ist diese Rücksicht nicht bloß als eine sittliche Forderung an Gutwillige zu verstehen, sondern auch als ein von der gesellschaftlichen Autorität sogar rechtlich durchzusetzender Anspruch mit entsprechenden Auflagen, Verordnungen und Abgaben. Der Christ darf sich aber selbst dann nicht aus der sittlichen Verantwortung entlassen fühlen, wenn dieser gesellschaftlich gesetzliche Zwang nicht mehr wirkt, wie etwa im staatenübergreifenden Bereich hinsichtlich Armut und Ungerechtigkeit. Die Aufrufe zum Einsatz für entsprechende Information sowie für Bewußtseins- und Gewissensbildung durch Wort, Zeichenhandlungen, Lebensstil, aber auch zu konkreten tätigen Hilfeleistungen, welche die praktische christliche Ethik etwa im Bereich der Hilfswerke prägen, sind keineswegs als unverbindliche Einladungen zu verstehen, sondern als ernstzunehmende Hinweise auf eigentliche sittliche Verpflichtungen.

Die allgemeinen ethischen Grundsätze beziehen sich aber ebenso auf das indirekte Eigentum an Produktionsmitteln, wo, wie vor allem bei transnational tätigen Kapital- und Aktiengesellschaften, dem einzelnen Besitzer u. U. relativ wenig direkter Einfluß auf die das Unternehmen bestimmenden Entscheidungen zukommt und wo doch weitesttragender Einfluß, also Macht ausgeübt wird. Gerade solche Ansammlungen von Produktionsgütern bleiben aber als Eigentum sozialpflichtig. Denn hier ermöglicht die Machtkonzentration verbunden mit internationaler Flexibilität und globalem Informationseinfluß auf die politische und öffentliche Meinung über Lobbies, Medien usw. sogar oft eine Ausschaltung der gesellschaftlichen Kontrollmechanismen. Sich selbst überlassen, kann dies im Sinn eines «ökonomischen Entropiesatzes»[41] sogar zur Auflösung der wirtschaftlichen Ordnung schlechthin führen kann. Wie amerikanische Wirtschaftsethiker zu Fragen um die Eigentumsrechte, die sog. «property rights» ebenfalls hervorheben[42], scheint die Wirtschaftsgeschichte, wenn sie bloß mechanizistisch ablaufen würde, nämlich auf einen solchen Punkt selbstauflösender Unordnung hinzutendieren, außer wenn im Sinn der ordoliberalen Vorstellungen eines J. Buchanan u. a. eine ethische Zielsetzung eine eigene, sozusagen kosmische Ordnung einzubringen erlaubt, eine Ordnung, wie sie im Verlauf der wirtschaftlichen Entwicklungen trotz aller Rückschläge noch am ehesten von christlich-ethischen Vorstellungen ausging.

Dieser ethische Einfluß ist jedoch in Anbetracht der Komplexität weltwirtschaftlicher Eigentums- und Machtstrukturen, häufig erschwert, einmal weil der formale Eigentümer als Aktionär, Teilhaber an Investment-Fonds usw. oft anonym und noch häufiger mit dem konkreten Management als Entscheidungsträger nicht identisch ist, aber auch weil Staat und öffentliche Hand über Funktionäre Anteile am sozialen Produktivvermögen halten und zudem internationale Verflechtungen, die sich zudem über den Börsenhandel u. U. sehr rasch verändern können kaum konkret normativ erfaßt zu werden vermögen. Insofern planwirtschaftliche Gegenmodelle der Sozialisierung von Eigentum aller Erfahrung nach als mögliche Lösung gleichzeitig praktisch ausscheiden, weil sie schon auf nationaler Ebene sozial wie ökologisch versagt haben, wird sozialethisch die Aufgabe dringlich, nach Wegen zu suchen, wie die genannte Sozialpflichtigkeit von Eigentum, also die sog. «soziale Hypothek» (Johannes Paul II.) auch für diese Formen von Eigentum eingelöst werden kann. Folgende Ansätze haben sich dabei als praktisch brauchbar erwiesen:

Auf der direkt politischen Ebene hat erstens eine angemessene Fiskal-, Steuer- und Sozialpolitik dafür zu sorgen, daß die unmittelbaren sozialen Verpflichtungen abgegolten werden, wobei dies häufig (etwa für verschiedene Sozialversicherungen) und unter Voraussetzung verbindlicher Rahmengesetze auch ohne direkte staatliche Organisation gewährleistet werden kann. Dafür ist es allerdings unerläßlich, daß solche Gesetze nicht über eine korrupte Verwaltung billig umgangen bzw. international durch Verschiebungen von Finanzen oder Verlagerung von Arbeitsplätzen unterlaufen werden können. Wenn das sozialethische Konzept einer sozialen Marktwirtschaft sittlich relevant sein soll, dann kann dies folglich nur in einer internationalen Dimension geschehen, die dann auch die dazu nötigen, eigenstaatliche Souveränität einschränkenden Kontrollmechanismen entwickeln muß.

Besondere Bedeutung kommt zweitens der durch die industrielle Produktion entstehenden Umweltbelastung zu, deren Kosten besonders dort, wo dies angeblich zur Sicherstellung von Arbeitsplätzen dienen soll, leicht auf die Gemeinwesen überwälzt, also sozialisiert werden. Daß hier streng nach dem Verursacherprinzip Kosten berechnet und Maßnahmen zur Verminderung von Umweltbelastungen, sei es über Nutzungssteuern oder (evtl. besser) über Verminderungsprämien[43] durchgesetzt werden müssen, gehört damit zu den unbezweifelten, wenn auch noch keineswegs durchgesetzten Forderungen einer humanen und damit auch einer christlichen Sozialethik.

Schon in den Anfängen der Katholischen Soziallehre sah man zudem drittens in einer breitgestreuten Vermögensbildung einen Ansatz zur besseren Wahrnehmung der Sozialpflichtigkeit. Hinsichtlich des Besitzes von Eigenheimen und persönlichen Ersparnissen wurden diesbezüglich denn auch erhebliche Fortschritte in den Industrieländern erreicht, die, auf die sog. Schwellenländer übertragen, auch dort die große Abhängigkeit von den Eignern der Produktionsmittel abbauen helfen könnte. Einer eigentlichen Beteiligung am Produktionspotential selber und damit einer Verteilung der wirtschaftlichen Macht an die direkt Betroffenen ist dagegen wenigstens bisher ein durchschlagender Erfolg trotz mancher Ansätze versagt geblieben. Dagegen hat die Idee der Mitbestimmung aller an einem Unternehmen Beteiligten, also nicht nur der Kapitaleigner, sondern der ganzen Belegschaft, und zwar für alle Belange und folglich auch auf der unternehmerischen Ebene in der christlichen Sozialethik als Postulat zur Wahrnehmung der Sozialpflichtigkeit von Eigentum unter den konkreten Gegebenheiten der heutigen industriellen

Wirtschaftsorganisation fest Fuß gefaßt. Der auch verfassungsrechtlichen Sicherung dieser umfassenden Partizipation am Eigentum auch der Produktionsmittel wie an den Entscheidungsprozessen, die über dessen Einsatz bestimmen, muß daher die besondere sozialethische Aufmerksamkeit ebenfalls gelten[44].

Hinsichtlich des wirtschaftlichen Ungleichgewichts zwischen reichen und armen Ländern setzt sich zunehmend die Erkenntnis durch, daß das freie Spiel der Kräfte allein noch weniger als innerstaatlich genügt, um der sozialen Dimension in angemessener Weise zum Durchbruch zu verhelfen. Deshalb fordert christliche Ethik als viertes die Bemühung um eine sozial gerechtere Weltwirtschaftsordnung[45], wobei freilich noch zuvor die vielfältigen protektionistischen Handelshemmnisse, welche die ohnehin schon mächtigen Partner begünstigen, abgebaut werden müssen. Gerade weil bislang keine Weltwirtschaftsbehörde als Schiedsrichter auch nur die Fairneß des Wettbewerbs überwacht und durchsetzt, erschweren solche Protektionismen nämlich den für die armen Länder ohnehin schon (zu) harten Wettbewerb noch zusätzlich und vergrößern so die weltweite wirtschaftspolitische Ungerechtigkeit. Da zudem ohne globale Maßnahmen, die stets eine übergreifende Weltbehörde voraussetzen, kaum Chancen bestehen, Lösungen für Weltprobleme wie etwa der Verschuldungskrise auch nur näher zu kommen, wird vollends deutlich, welche sozialethische Tragweite der Auseinandersetzung mit dieser Dimension zukommt.

Aus diesem Grund wird eine in der Eigentums- und damit in den wirtschaftlichen Machtfragen engagierte Sozialethik, die deren gerechte Verteilung und eine bestmöglich kontrollierte Chancengleichheit anstrebt, fünftens darauf achten zu müssen, daß das soziale Verantwortungsbewußtsein bei den politischen und vor allem bei den wirtschaftlichen Entscheidungsträgern gefördert wird. Bewußtseinsbildung bei allen

Betroffenen unter Einbezug der öffentlichen Meinung, aber auch die Förderung von möglichst neutralen, interdisziplinären und überregional durchzuführenden Forschungsprojekten gehören damit ebenfalls zu einer in dieser Problematik engagierten Sozialethik[46].

4. Gemeinwohl in Solidarität: das Problem der sozialen Sicherung

4.1 Nutzen und Grenzen direkter (caritativer) Solidarität

Eigentlich sollte der Erwerb aus Arbeit und die daraus normalerweise mögliche Eigentumsbildung die Existenzsicherung des Menschen sowohl für ihn selber (und zwar auch in den stets einzuschließenden Belastungen von Krankheit und Alter) wie für die meist familiär bedingt in seiner Verantwortung Stehenden gewährleisten. Aber selbst wo diese Idealvoraussetzung zuträfe, muß mit außerordentlichen Belastungen wie Unglücksfällen, Katastrophenereignissen u. ä. gerechnet werden, welche die Eigenkapazität des einzelnen übersteigen und daher gemäß dem Prinzip der Solidarität nach zusätzlichen Maßnahmen rufen, die gerade auch für eine christliche Ethik vom Anspruch des Evangeliums her, für die Armen besondere Sorge zu tragen, eine eigene Herausforderung darstellen. Darum hat man in der christlichen Tradition eigentlich immer gewußt. Unter manchen anderen stellen diesbezüglich vor allem die mittelalterliche Theorie der «Sieben Werke der leiblichen Barmherzigkeit» und die damit verbundenen Initiativen von Bruderschaften zur Abwehr oder Milderung von Notlagen einen in einfachen Gesellschaften tauglichen Versuch dar, dieser Herausforderung gerecht zu werden. Die Vinzenz-Vereine und vor allem der Aufbau einer organisierten «Caritas» mit sozialen Werken in privater Trägerschaft sind deren adäquate Fortsetzung in der beginnenden Neuzeit.

Obwohl solche privaten Initiativen vor allem auch im Licht des Subsidiaritätsprinzips nicht nur als geschichtliche Anregung, sondern auch in einer modernen Gesellschaft ihre Berechtigung haben, weil sie rascher, flexibler, persönlicher und meist bei weitem effektiver als staatliche Institutionen auf besondere Bedürfnisse und Notlagen einzugehen vermögen, sind sie doch nicht ausreichend, um in komplexen modernen Gesellschaften den zu einer menschenwürdigen Existenzsicherung notwendigen Schutz umfassend zu gewährleisten[47]. So sehr daher private Initiativen im Interesse aller unbedingt der aktiven Förderung seitens der öffentlichen Hand teilhaft sein sollten, so wenig vermögen sie einer flächendeckenden Minimalversorgung aller Bürger in dem modernen, stark vernetzten Gemeinwesen allein zu genügen.

Eine eigene Sozialpolitik mit entsprechenden gesetzlichen Regelungen der Ansprüche wie der Finanzierung aus öffentlichen Steuermitteln ist daher als materielle Basis gerade auch für das wirksame, phantasiereich orginelle Tätigwerden privater Initiativen unerläßlich. Dies ist umso wichtiger, als eine freie Wettbewerbswirtschaft trotz ihrer Vorteile hinsichtlich der Gewährleistung von Chancengleichheit wie von freier Initiative (und damit von wirtschaftlichem Fortschritt, Wohlstand und demokratischer Mitgestaltung im Gemeinwesen) tendenziell den Stärkeren fördert und den Schwächeren entsprechend leicht gesellschaftlich wie wirtschaftlich marginalisiert. Wenn daher – und dies ergibt sich sowohl aus der wirtschaftsgeschichtlichen Erfahrung wie aus einer philosophisch-theologisch-anthropologischen Überlegung mit großer Klarheit – eine Wettbewerbsordnung für die Wirtschaft nicht in Ungerechtigkeit und Unmenschlichkeit ausarten soll, bedarf es zugunsten der sozial Schwächeren eines sozialen Auffangnetzes. Sozialethisch führt dies zur klaren

Erkenntnis: Eine freie Marktwirtschaft kann nur als soziale auch eine menschenwürdige Wirtschaftsordnung sein.

Allerdings sind die existentiell sensiblen Bereiche, welche einen solchen sozialen Schutz erfordern, epochal unterschiedlich, und es war nicht immer nur das Eigentinteresse der Mächtigen, welches neue Sozialgesetzgebungen herauszögerte[48]. Oft standen gesellschaftlich unterschiedliche Entwicklungsstufen mit je anderen Interessen im Weg. Dennoch können, auch in Anlehnung an die sozialen Menschenrechte der UNO-Charta von 1948 wie der von den meisten europäischen Staaten sanktionierten europäischen Sozialcharta, einige allgemeine und unverzichtbare Dimensionen sozialer Sicherung festgehalten werden.

4.2 Konkrete Dimensionen sozialer Sicherung

Nicht mehr eigens erwähnt zu werden brauchen in diesem Zusammenhang die Errungenschaften für eine humane Gestaltung der Arbeitswelt, also etwa die gewerkschaftliche Vereinigungsfreiheit zum Schutz der Interessen der Arbeiter und die darauf aufbauende Möglichkeit des paritätischen Aushandelns der Verteilung von Nutzen und Lasten in freien Tarifverhandlungen durch die Interessenverbände sowie die sozialethisch immer neu herausgestellten Forderungen nach Partizipation am Ertrag wie an den Entscheidungen aller an einer Produktion Beteiligten. Daß diese Errungenschaften im wesentlichen auch zur sozialen Sicherung der Arbeitnehmer beitragen, und zwar sowohl hinsichtlich der Findung des «gerechten» Lohnes wie für den Schutz der Gesundheit am Arbeitsplatz, die Sicherung bei Krankheit und Alter, die berufliche Weiterbildung oder die Zumessung einer angemessenen Freizeit, steht außer Zweifel. Da solche Regelungen zudem von den direkt betroffenen Interessengruppen selber, d. h. ohne staatliche Verordnung getroffen werden können, entsprechen sie so auch einer vom Subsidiaritätsprinzip gestützten Ordnungsvorstellung. Das gilt auch dann, wenn die getroffenen Vereinbarungen durch staatliche Gesetze gestützt werden, die etwa eine allgemeine Forderung zu Verhandlungen (nicht aber die konkrete Vorgehensweise) rechtlich vorschreiben oder deren Ergebnisse gesetzlich schützen. Dennoch vermögen solche Regelungen gesamtgesellschaftlich allein nicht zu genügen, dies schon deshalb, weil sie sich nur auf aktuell Beschäftigte, allenfalls noch auf die ordnungsgemäß Pensionierten beziehen. Selbst unter diesen Voraussetzungen aber gibt es branchenmäßig oder regional noch erhebliche Unterschiede, deren ethische Rechtfertigung keineswegs von vornherein feststeht. Für all diese Belange muß folglich die subsidiär ordnende Rolle des Gemeinwesens regulativ in Funktion treten.

Dies gilt einmal für das *Bildungswesen*, das in den komplexen modernen Gesellschaften von jedem Bürger einen so hohen Stand fordert, daß für die allgemeine Grundausbildung (anders als für die spezifische Fachausbildung) gesamtgesellschaftliche Lösungen erforderlich werden, die zumindest den Minimalstand festlegen und für die durch andere adäquate Bildungsträger nicht erfaßten Menschen die entsprechenden Einrichtungen bereitstellen und deren Nutzung dem einzelnen Bürger als «Schulpflicht» vorschreiben. Obwohl in den alten Industrienationen dies heute eine Selbstverständlichkeit darstellt, ist der diesbezügliche Stand weltweit noch so schlecht, daß eine eigene Erwähnung im Hinblick auf Projekte für eine globale Wirtschaftsordnung sozialethisch nicht unterbleiben darf.

Desgleichen kann der Schutz vor den Folgen des Arbeitsverlustes nur gesamtgesellschaftlich gelöst werden, wobei das soziale Menschenrecht auf Arbeit zunächst eine entsprechende allgemeine Wirtschaftspolitik (und zwar ohne ungerechte Verlagerungen der Lasten auf schwächere Partner im eigenen Sozialgefüge oder im Ausland) verlangt[49]. Da jedoch gerade eine solche globale Betrachtungsweise, aber auch die rasche wirtschaftliche Entwicklung, mit welcher oft besonders ältere Menschen nicht mehr voll Schritt halten können, Arbeitslosigkeit nie gänzlich auszuschließen vermag, ist als zweites Feld sozialer Sicherung durch das Gemeinwesen der *Arbeitslosenschutz* zu nennen, der aller Erfahrung nach durch ein staatlich überwachtes (und so notwendig auch gestütztes) Maßnahmenpaket von Versicherungen und sozialer Unterstützung am besten zu gewährleisten ist. Allerdings wird selbst unter dieser Voraussetzung noch sehr darauf zu achten sein, daß nicht durch zu hohe Vergütungen oder nachlässige Arbeitszuweisung (etwa durch zu breite Interpretation von Unzumutbarkeitsklauseln) der Wille zur Arbeit bei einzelnen geschwächt wird oder daß eine zu große Verwaltungsbeamtenschaft der Versicherung nicht die «Arbeitslosigkeit als ihren Arbeitsplatz» zu teuren Kosten für das Gemeinwesen implizit egoistisch zu nutzen beginnen kann. Daß auch da dezentrale, wenn auch in sich vernetzte Organisationsformen am ehesten vor Mißbrauch schützen und so die größte Wirksamkeit erbringen, zeigt auch in dieser Problematik die Wichtigkeit der Beachtung des Subsidiaritätsprinzips.

Ähnlich komplex stellt sich aber auch das Problem der Existenzsicherung bei *Alter, Unfall oder Krankheit* dar. Auch hier gilt es, alle Bürger einzubeziehen, obwohl die erbrachte Arbeitsleistung einer ganzen aktiven Lebenszeit wohl kaum einfach unberücksichtigt bleiben kann. So haben sich denn fast überall, je nach den gesellschaftlichen Verhältnissen allerdings unterschiedliche Mischformen herausgebildet[50]. Dabei sollte über eine Grundrente aus allgemeinen Staatsmitteln (sei es direkt aus dem laufenden Haushalt als ein Ruhegehalt, sei es durch eine aus einem Umlageverfahren gespeiste Sonderversicherung) zumindest eine minimale Existenzbasis gesichert werden, während eine eigene nun leistungsbezogene

Pensions- oder Altersversicherung aus einem zur Zeit der aktiven Tätigkeit eingezahlten Versicherungsvermögen bestritten werden kann. Darüber hinaus sollte die aus der Entlohnung in den aktiven Tagen ermöglichte Ersparnis noch eine zusätzliche Sicherheit bieten[51]. Solche Mischsysteme haben den Vorzug größerer Flexibilität bei meist geringerem Verwaltungsaufwand als zentrale einheitliche Lösung. Einen wirksamen Schutz vermögen sie allerdings nur dann zu gewähren, wenn die Grundrente, die staatlich gesichert sein muß, das sogenannte «konventionelle Existenzminimum»[52] garantiert.

Die hier am Paradigma der Alterssicherung skizzierte Problemlage zeigt auch in den Bereichen der Absicherung gegen Krankheit und Unfall ähnliche Strukturen, wo ebenfalls vom öffentlichen Recht gewisse Minimalstandards über staatlich kontrollierte Mittel (Steuern, Umlegeprämien u. ä.) vorgegeben sein müssen, während Sonderleistungen der Einzelinitiative überlassen bleiben sollten, ja über eine gewissen Selbstbeteiligung (als sogenannter «Selbstbehalt) – nicht zuletzt zur Förderung eines aktiven individuellen Gesundheitsbewußtseins im Blick auf die Prävention von Krankheit oder zur Vermeidung von Gesundheitsgefährdungen aller Art – sogar vertraglich erzwungen sein können. Denn sozialethische Grundforderung ist nicht der möglichst vollkommen versorgende – und damit immer auch irgendwie bevormundende – Sozialstaat, sondern die durch eine angemessene Basissicherung auch die Eigenverantwortlichkeit des einzelnen anregende Organisation des Gemeinwesens.

Daß schließlich im Interesse des Volksganzen erbrachte Leistungen, vorab hinsichtlich der Sicherung von dessen Bestand durch die Sorge um die kommende Generation sozial ausgeglichen werden sollten, braucht sozialethisch kaum eigens hervorgehoben zu werden. Mutterschutz-Gesetze, Kindergeld, Familienrabatte im Steuersystem, Schulungshilfen (von Stipendien bis zum Schulbus) wären als bewährte, auf Verbesserung, aber auch auf hinderliche Verkrustungen stets neu zu überprüfende Maßnahmen zu nennen. Im Sinn eines die Gesellschaft als ganze tragenden *Generationenvertrages*, der auch in den Fragen der Alterssicherung eine große Rolle spielt, sind solche Vorleistungen gegenüber Familien mit Kindern sozialethisch unerläßlich gefordert, auch wenn hier im Konkreten kein abschließendes Spektrum der nötigen Maßnahmen benannt werden kann.

4.3 Komplementäre Pflichten des Einzelnen

Für die mit diesen konkreten Dimensionen sozialer Sicherung ja erst unvollständig umschriebenen, dem Gemeinwesen zugemuteten Verpflichtungen müssen selbstverständlich die nötigen Mittel bereitgestellt werden. Der mit diesen Maßnahmen bezweckte Schutz der Schwächeren bedingt in einem sozialen Gefüge zudem, daß deren Last dem wirtschaftlich Stärkeren auch in höherem Maß auferlegt wird. Das heißt, die größere Chance, die die Wettbewerbsordnung dem starken Einzelnen gewährt, bedingt zugleich und mit Recht eine größere soziale Belastung. Den sozialen Maßnahmen kommt so über ihre direkte Zielsetzung des Schutzes Schwächerer mit innerer Notwendigkeit auch eine Funktion im Dienst der ausgleichenden Gerechtigkeit zu.

Die entsprechenden gesetzlichen Verpflichtungen zu (meist progressiven) Steuer- und Sozialabgaben sind daher – unter Voraussetzung einer sauberen und öffentlich kontrollierbaren Rechnungsführung seitens der Behörden – nicht Frucht obrigkeitlicher Willkür, sondern ethisch begründete Gerechtigkeitspflicht[53]. Wo Steuergesetze diesen Gerechtigkeitsanspruch nicht (mehr) zu genügen scheinen, kann in demokratisch verfaßten Gemeinwesen daher nicht die Steuerhinterziehung (selbst nicht die scheinlegale über Kapitalflucht u. ä.), sondern nur die Abwahl kompromittierter Mehrheiten oder (besser und soweit möglich) ein Steuerreferendum das angemessene Korrektiv darstellen. Ähnliches gilt dann natürlich auch hinsichtlich der direkten Sozialabgaben, die von den Firmen wie von den Beschäftigten gefordert sind. Nur gilt es dann in diesem Bereich vor allem auch auf das Übel der Schwarzarbeit hinzuweisen, die als solche eigentlich Diebstahl nicht an einem anonymen Staat, sondern an den durch diesen zu stützenden schwächeren Bürgern ist. Daß Schwarzarbeit bei Überreglementierung freilich auch eine Art Notwehr des schwächeren Bürgers gegen eine bevormundende Staatsgewalt darstellt, sollte man nicht übersehen. Entsprechend groß ist die entsprechende Verantwortung bei den gesetzgebenden und verwaltenden Behörden für das je neu zu suchende rechte Maß zwischen der möglichen und nötigen Belastung einerseits und der Einsatz und Leistungswille dennoch fördernden Zumutbarkeit. Abgabepflichten sind unter diesen Gesichtspunkten also als solche durchaus eine sozialethisch begründete Gerechtigkeitspflicht, die freilich immer dann zerstört wird, wenn das Gemeinwesen unter Mißachtung des Subsidiaritätsprinzips sich vom Sozialstaat zum Versorgungsstaat entwickelt und dem Bürger gegen eine solche Vereinnahmung seiner Freiheit, die ihn zugleich über exzessive Steuern weitgehend um die Frucht jeder Eigeninitiative bringt, geradezu in den «Schatten staatsfreier Oasen» hineintreibt. Vor solchen versorgungsstaatlichen Exzessen nicht zu warnen, wäre daher sozialethisch nicht weniger verantwortungslos.

5. Ökologische Verantwortlichkeit

Insofern hier bisher von den «Gütern der Welt» die Rede war und insofern die nichtmenschliche Natur, (besonders deren Lebewesen) dem Menschen als technologischem Wirtschaftswesen stets unterlegen und daher schutzwürdig ist, hätten die ökologischen Gesichtspunkte durchaus schon in den beiden voraufgehenden Abschnitten angesprochen werden können. Da jedoch in Anbetracht der rasanten technologischen Entwicklungen der letzten Jahrzehnte die Umweltbelastungen in einem die Lebenswelt als ganze bedrohenden Maß zugenommen haben, empfiehlt es sich, eigens darauf einzugehen.

5.1 Grundsätzliche Vorüberlegungen

Im Gegensatz zum antik griechischen Verständnis, in welchem der Mythos von Prometheus, der den Göttern das Feuer raubt, so Kultur ermöglicht und dann für diesen Frevel grausam bestraft wird, faßt die biblische Sicht das weltgestalterische Tun des Menschen positiv als Auftrag und Teilhabe am Schöpfungshandeln Gottes. Die Erde sich untertan zu machen, gehört wesentlich zum Menschen (Gen 1). Nur versteht sich dieser Auftrag – anders als es seit der Aufklärung und dem mit ihr verbundenen Liberalismus in Wirtschaft, technologischer Industrialisierung und Politik gedeutet wurde[54] – nicht als beliebige Ausbeutung und Herrschaft, sondern als pfleglicher Umgang im Sinn des guten Verwalters. Dabei steht der Mensch durchaus im Mittelpunkt der Schöpfung, aber ein unbedingter Vorrang kommt ihm dabei nicht zu. Er unterliegt dem gleichen Geschick, der gleichen Sterblichkeit wie die Tiere (Koh 3, 19 und Ps 104, 27–30), die auch dann, wenn sie dem Menschen gefährlich sind, in Gottes Schutz (Job 38/39) stehen[55].

Menschlicher Weltumgang steht damit grundsätzlich in einem Spannungsfeld von Nutzung und Rücksicht. Natur wird erst zur Kultur, wo menschliche Vernunft sie gestalterisch auf sich bezieht, aber eben dadurch auch und – wie etwa frühere klimaverändernde Waldrodungen schon belegen – seit jeher gefährdet. Ökonomie und Ökologie stehen grundsätzlich in einem für die Menschheit lebensnotwendigen Spannungsfeld. Diese Spannung ist aber – wenigstens vom christlichen Verständnis und dessen «Option für eine verantwortete Welt» (W. Korff) her – weder einfach zerstörerisches Schicksal noch im freien Spiel der menschlichen Kräfte immer auf positiven Fortschritt hin ausgerichtet. Vielmehr ist sie unter den Bedingungen des in seiner Fülle noch ausstehenden Gottesreiches, d. h. unter dem sog. «eschatologischen Vorbehalt»[56], eine unter dem ebenfalls noch wirksamen Hang des Menschen zu zerstörerischer Überheblichkeit, also zur Sünde, zu bewältigende Aufgabe. Dies erfordert dann weder einen totalen Ausstieg aus der industriellen Technik und Wirtschaft noch ein blindes Vertrauen auf ein sich von selbst optimierendes Zusammenspiel, sondern eine Ethik im Sinn der alten Tugendvorstellung des rechten Maßes, der «Temperantia». Weder blinde Angst noch blindes Vertrauen, die beide menschenmörderische Folgen zeitigen würden, dürfen dabei Ratgeber sein, sondern eine maßvolle Vernunft, die davon ausgeht, daß man längst nicht immer alles darf, was man auch könnte, und die dennoch das Können immer wieder sinnvoll einsetzen muß. Denn «wir kranken nicht an einem zuviel, sondern an einem zuwenig an Rationalität»[57]. Folgende Leitprinzipien könnten sich dann bei diesem Einsatz «in Solidarität und Verantwortung für ein entwicklungsfähiges Universum»[58] als hilfreich erweisen:

Der Mensch braucht zu seiner Selbstverwirklichung zwar ein Minimum an gestaltbaren materiellen Ressourcen. Der Mehrverbrauch liegt aber weitgehend in seiner eigenen gestalterischen Verantwortlichkeit. Dessen Maß kann er nach den Zielvorstellungen seines Selbstverständnisses bestimmen. In dieser freien Steigerung erweisen sich jedoch langfristig alle Güter der Welt, ja die Erde selber als knapp, womit ihrem

Nutzen Grenzen gesetzt sind, und zwar sowohl hinsichtlich des Verbrauches selber wie hinsichtlich der Zahl der Verbraucher, womit sich das ökologische Problem stets als ein zugleich ökonomisches wie demographisches erweist. Diese Grenze läßt sich jedoch weder in einem reinen Pessimismus des totalen Austiegs noch in einem reinen Fortschrittsoptimismus, daß bei einer Wahl das Optimum sich von selber einstellen würde, feststellen. Da zudem die Lagebeurteilung meist auf primär emotionalen Empfindungen und nicht auf rationalen Analysen und Argumenten aufbaut, können Lösungsansätze nicht in Vorurteilen, sondern nur mittels einer rational argumentativen Sozialethik gefunden werden. Diese muß dann von einem Menschenbild ausgehen, das die unbedingte Würde eines jeden Menschen auch wirklich allen Menschen gleicherweise zubilligt und ihnen deshalb auch einen angemessenen Anteil an den zu ihrer Lebensverwirklichung nötigen Gütern zuzumessen bereit ist, das also Gerechtigkeit anstreben will.

Diese Gerechtigkeit darf dann freilich nicht nur die aktuell lebenden Menschen betreffen, sondern bezieht sich auch auf die kommenden Generationen hinsichtlich des Verbrauchs von Ressourcen wie des Bevölkerungswachstums. Von solcher Gerechtigkeit als «dem festen Willen, jedem das Seine zukommen zu lassen» (so die auch hier ebenfalls wegleitende Definition des altrömischen Rechtsgelehrten Ulpian) ist auch die nichtmenschliche Natur betroffen, die – nicht einfach gleich wie der Mensch aber doch irgendwie ähnlich, also analog zum Menschen – nie als bloßes Mittel behandelt und verbraucht werden darf: Auch Lebewesen, Pflanzen wie Tiere als einzelne wie vor allem als ganze Arten, ja auch die unbelebte Natur sind nicht einfach dem beliebigen Verbrauch des Menschen zugeordnet, ja nicht einmal nur deshalb mit Sorgfalt zu behandeln, weil sie auch künftigen Generationen noch erhalten bleiben sollten. Vielmehr sind sie – über jede solche sog. anthropolozentrische d. h. auf den Menschen allein bezogene Überlegung hinaus – wegen ihres Eigenwertes auch als solche zu achten und mit Respekt zu gebrauchen, wie es in selten eindrücklicher Weise die christliche Lebensphilosophie von A. Schweitzer († 1965) gefordert hat[59]. Als Geschöpf Gottes ist die lebende wie die unbelebte Natur nicht nur um des Menschen willen wertvoll, sondern an sich – und zwar gerade auch, wo der Mensch sie für sein Überleben braucht zu achten.

Wo diese Achtung der Schöpfung wie diejenige der Gerechtigkeit nachhaltig und langfristig verletzt wird, «rächen» sich aller geschichtlichen Erfahrung nach die Unterdrückten. Revolutionen wie Naturkatastrophen, Kriege und Klimaveränderungen haben ihre Ursachen meist in Ungerechtigkeit und Überheblichkeiten der Menschen. Es geht bei dieser global ethischen Forderung nach Achtung der Schöpfung also keineswegs nur um eine gefühlsmäßige Wertethik[60], sondern um die nüchtern rationale Beurteilung der in den Umweltbelastungen heute schon sichtbaren Folgen menschlicher Mißachtung dieses Respekts vor der Schöpfung. D. h. es geht um ein rational ethisches Urteil unter der ebenfalls ethischen Voraussetzung, daß die menschliche Existenz in diesem Kosmos Sinn macht, d. h., daß es besser ist, daß sie sei, als daß sie zugrunde gehe. So sehr dieser global- und damit ökoethische Ansatz christlichem Selbstverständnis entgegenkommt, so wenig ist er in seiner Einsichtigkeit aber darauf beschränkt. Er ist vielmehr jedem Menschen der nicht von vornherein am Existenzsinn verzweifelt, zugänglich, sofern er seine Aufmerksamkeit nicht bloß nach dem Prinzip «nach uns die Sintflut» auf kurzfristige Vorteile beschränkt.

Solche globale Gerechtigkeit, welche die Achtung vor der Natur als Bewahrung der Schöpfung einschließt, ist jedoch keine sich beim Menschen spontan einstellende Tugend. Sie ist vielmehr als Haltung des rechten Maßes, das u. U. auch

Verzicht auf kurzfristige Einzelvorteile verlangt, nur über Einsicht in die größeren Zusammenhänge und über eine entsprechende Einübung (griechisch: Askese) zu erreichen. Bildungsarbeit zur Formung von Bewußtsein und Gewissen sind daher unerläßlich, wenn nicht soziale Zwangsmaßnahmen mit ihrer unerwünschten zusätzlichen Härte hinaus allen persönlichen Einsatz des einzelnen ersetzen sollen. Da zudem solche Zwangsmaßnahmen den Menschen als Person, das Ziel aller ethischen Überlegung, letztlich aufzuheben drohen, ist eine Umweltethik als eigenverantwortliches Maßhalten, das der zerstörerischen «Überentwicklung» des Konsums wie der Technologie entgegenwirkt[61], erst recht dringend erfordert.

5.2 Wirtschaft auf dem begrenzten «Raumschiff Erde»

Unter der Voraussetzung der eben dargelegten grundsätzlichen ethischen Vorgaben, die Achtung vor der Schöpfung zu jeder Zeit und unter allen Umständen als dem menschlichen Wirtschaften vorgegebene Rahmenbedingung der Menschlichkeit verlangen, gilt es aber ebenso, die gegenwärtige epochale und neuartige Dringlichkeit dieser Problematik im Bewußtsein zu halten. Denn obwohl es auch schon früher menschlich verursachte Umweltkatastophen gab, so ist es bisher doch noch nie so weit gekommen, daß die Folgen einer global vernetzten wirtschaftlichen Produktionsweise nicht nur deren Produkte, sondern auch deren Folgelasten weltweit so verteilt, daß an Schutzzonen nicht mehr gedacht werden kann und die weltweiten Schädigungen zugleich menschheitsgefährdende Dimensionen angenommen haben. Die Klimaveränderung aufgrund des CO_2-Treibhauseffekts, die Verstrahlung durch fahrlässigen Umgang mit der Kernspaltung, die Zerstörung der schützenden Ozonschicht usw. sind eindrückliche Beispiele für diese Tatsache.

Sie hat zugleich zur Folge, daß anders als früher bei der heutigen Öko-Problematik häufig gar nicht einzelne Verursacher als Schuldige ausgemacht werden können. Spätfolgen wie Gefahrenherde werden zudem oft gar nicht erahnt, ehe ein, dann aber gleich weitreichender Schadensfall eintritt[62], oder ein vorläufiger Nutzen kommt u. U. über Jahre Tausenden zugute kam und entsprechend gepriesen, bevor bedenkliche Folgen sich bemerkbar machen (man denke dabei an den Einsatz von DDT gegen Malaria oder die Nutzung der Kernkraft zur Stromerzeugung). D. h. die Ökoproblematik erfordert nicht bloß (obwohl natürlich auch) sorgfältiges Vorgehen im Rahmen bestehender und bewährter Regeln, sondern zugleich eine bei aller Sorgfalt nie völlig sichere Risikoabschätzung, da geringe Restrisiken leicht katastrophale Folgen zeitigen können und doch ein voller Verzicht auf Risiken weder theoretisch noch praktisch je möglich ist. Kurz, «für fünf Milliarden Menschen gibt es keine ökologischen Nischen»[63], und doch erfordert der Lebensunterhalt dieser Milliarden von Menschen das Eingehen gewisser Risiken.

Entsprechend schwierig ist es daher, sachlich wie ethisch begründete Veränderungsvorschläge herauszuarbeiten und sie so in eine gesellschaftliche Öffentlichkeit zu vermitteln, daß sie Akzeptanz finden. Daran zu arbeiten ist aber dennoch unerläßlich, weil davon notwendigerweise betroffene Interessen einzelner Gruppen, deren Bedürfnis nach Sicherung des gegenwärtigen Lebensstandards oder die Vorsorge gegen Risiken aller Art keinesfalls alle gleichzeitig und umfassend befriedigt werden können. Obwohl die nötigen Verzichtsleistungen im Einzelfall als wenig zwingend erfahren werden, gilt es nüchtern zur Kenntnis zu nehmen, «was (ökologisch) passiert, wenn (ökonomisch) nichts passiert», um so wenigstens das Suchen nach Veränderungen ethisch plausibel werden zu lassen.

Ausgangspunkt einer solchen Umweltethik müßte dann

wohl die stellvertretend für viele von Kardinal Franz König unter dem Stichwort «Technik, Quelle der Angst oder der Zuversicht» geäußerte Warnung sein, die nicht nur Technologien als solche, sondern auch deren Anwendung, d.h. deren wirtschaftliche Nutzung und damit die Ökonomik betrifft: «Wenn die gegenwärtige Entwicklung als Trend weiter anhält, wird das Leben in Europa in hundert Jahren unerträglich, denn schon bis zum Jahr 2000 führt der gegenwärtige Trend dazu, daß 45 % der Erwachsenen durch Verkehrstod und weitere 15 % durch Suicid sterben.»[64] Technische Verbesserungen mögen zwar die Eskalation etwas verringern, eine Wende sei – der Kardinal schließt sich hier der einhelligen Meinung so verschiedener Persönlichkeiten wie des Philosophen E. Fromm, des Gründers des «Club of Rome», A. Peccei oder des russischen Bürgerrechtlers P. Schafarewitsch an – nur über eine radikale Gesinnungsänderung möglich, d.h. durch eine Umstellung von einer Verbrauchermentalität zu einem globalen und langfristigen Gebrauchsdenken, das sich stets neu zu fragen bereit ist, ob man das, was man kann, auch darf.

Ob die konkrete Problematik dann den Energieverbrauch, die Abfallbewirtschaftung, das Verkehrswesen, die CO_2-Belastung, die Zerstörung der Ozonschicht oder sonst eine Übernutzung betrifft, spielt kaum eine Rolle. Stets geht es um dieselbe Frage, wie dem vorab seit dem 19. Jh. sich progressiv entwickelnden und am Zerstörungspunkt angelangten technologisch wirtschaftlichen Wachstum wirksam Grenzen gesetzt werden können.

5.3. Lösungsvorschläge

Die ökologischen Belastungen, die weitgehend auf die Produktion und Konsumption in den hochtechnologischen Industrie-Gesellschaften zurückgehen und sich als Gefährdung für den Menschen schlechthin erweisen, wurden zuerst in dem demokratisch marktwirtschaftlich organisierten Gemeinwesen als solche empfunden. So liegt es nahe, daß das Aufgreifen der gesamten Problematik mit einer Sozialkritik an dem diese Technologie tragenden Wirtschaftssystem einsetzte und über eigene politische, sog. «grüne» Organisationen auch direkt zu ersten Gegenmaßnahmen führte. Dabei wurde freilich zu lange übersehen, daß die totalitär planwirtschaftlich organisierten Gemeinwesen im sog. realen Sozialismus teils wegen der Unterdrückung der öffentlichen Meinung und ihrer Kritik, teils aber auch wegen der mangelnden Innovationskraft einer von bloßen Funktionärskadern der Planverwaltung geführten Industrie eine ungemein größere Umweltgefahr darstellen. Veraltete Anlagen, sorglose Produktion wie aus Planrücksichten vernachlässigte Sicherheitsstandards ließen, wie der Verschmutzungsgrad von Luft und Wasser, das Waldsterben, aber auch Reaktorkatastrophen wie die von Tschernobyl zeigen, einen globalen Gefährdungsgrad erreichen, dessen Ausmaß vor dem politischen Umschwung im Jahr 1989 kaum jemand geahnt hatte.

Die Gefahr zum rücksichtslosen Verbrauch der Natur ist also offenbar nicht an ein bestimmtes Wirtschaftssystem gebunden. So wichtig daher die Sozialkritik – bis hin zu sog. Ausstiegszenarien – für die Bildung der öffentlichen Meinung ist und als beachtliche Zeichenfunktion für die Gewissensbildung ernstgenommen zu werden verdient, so wenig entstehen daraus direkt praktisch verwertbare Lösungsvorschläge. Untauglich für die Praxis sind jedenfalls alle Extremvorschläge wie der völlige Ausstieg aus der modernen Technologie oder ein blindes Vertrauen in die Selbstheilkräfte der wirtschaftlichen Prozesse. Während nämlich den Aussteigern in den hochentwickelten Ländern in Notlagen (Krankheit, Unfall u. ä.) die soziale Infrastruktur ihrer Heimat noch immer als eine Art Rettungsring zur Verfügung steht, ist die

Masse der am Existenzminimum lebenden Menschen der Dritten Welt ohne eine sogar noch weiter wachsende technologische Entwicklung schon mittelfristig dem Untergang geweiht. Nicht weniger fahrlässig ist aber auch eine Aufforderung wie: «So wenig wir die zukünftigen Generationen durch den mutwilligen Abschluß der technischen und wirtschaftlichen Entwicklung bemuttern und ihren eigenen Gestaltungs- und Neuerungswillen zerstückeln dürfen, so sehr dürfen wir der Zukunft die Lösung und die Finanzierung von Problemen überlassen»[65]. Ernstzunehmende Strategien gegen die Umweltbelastung sind daher allein bei dem vor allem seit 1980 unter dem freilich vagen «Prestige-Stichwort»[66] »Alternative Wirtschaft« auftretenden Modellen zu suchen, die freilich in ihrer Marktwirtschaft- und Kapitalismuskritik die Mängel der sozialistischen Planwirtschaften noch zu wenig beachtet haben und damit dirigistischen Maßnahmen oft zuviel Kredit einräumten[67].

Dennoch sind manche Elemente dieser Kritik durchaus ernstzunehmen, so etwa, wenn herausgestellt wird, daß erstens die Wettbewerbssituation im Konsumgüterbereich Lehrläufe produziert, die statt echter Innovation bloß modische Veränderung mit erheblichen Kosten verursacht, wie auch zweitens, daß durch die marktmäßig billige Bereitstellung von an sich kostbaren Rohstoffen (z. B. Erdöl und Metalle) unnötige Begleitprodukte (etwa für Verpackungen oder Reklame) entstehen, welche Ressourcen verschleudern und überflüssige, z. T. schwer entsorgbare Abfälle erzeugen, sowie drittens, daß all dies erst noch über die dank Massenproduktion mögliche Rationalisierung und Automatisierung eine gefährliche Arbeitslosigkeit entstehen lassen kann. Das konstante Anstreben eines Wachstums, das zudem an dem für den eigentlichen Wohlstand der Bevölkerung leicht irreführenden Brutto-Sozial-Produkt gemessen werde, zeitige so bei näherem Zusehen nicht eigentlich wirtschaftlichen Fortschritt, sondern letztlich eine «Wohlstandsfalle»[68], welche die Wirtschaftsentwicklung der Zeit nach dem Zweiten Weltkrieg als eine bloß im nominellen Sinn «soziale», faktisch aber fast reine Marktwirtschaft von Produktion und Konsumption letztlich ad absurdum führe und daher eine umfassende Verantwortungsethik[69] dringend notwendig mache.

Da solche Beobachtungen, wenn auch vielleicht nicht bis in jede Einzelheit, zutreffen sind nicht nur sie, sondern auch die unter diesen Vorzeichen als Ausweg vorgeschlagene Alternative sozialethisch zu beachten. Ausgehend von der Unterscheidung des formellen (Produktion von Gütern und Dienstleistungen) vom informellen (Hausarbeit, Nachbarschaftshilfe, marginale Arbeiten ohne eigentlichen Markt) Bereich der Wirtschaft wollen sie durch eine Stärkung des informellen Bereichs den heute fast ausschließlich dominierenden formellen Bereich zugunsten der ökologischen Bedürfnisse entlasten und zugleich die zwischenmenschliche persönliche Lebensqualität erheblich steigern. Um dies zu erreichen, sollte die Position der kleineren Einheiten gestärkt und die ohnehin unmenschliche und zu unkontrollierbaren Machtballungen wie auch zu Leerläufen führende Konzentration der wirtschaftlichen Entscheidung bei den großen transnationalen Konzernen abgebaut werden. In dieser durchaus dem klassischen Subsidiaritätsprinzip entsprechenden Strategie soll durch eine demokratische Partizipation zudem eine Kontrolle über das Großkapital und dessen Einsatz angestrebt werden, ohne allerdings dadurch die sozialstaatlichen Errungenschaften, nämlich Renten-, Kranken-, Arbeitslosen- usw. Versicherung, Stipendienwesen, Finanzausgleich und Subventionen für ungleiche Regionen u. ä. in Frage stellen zu wollen.

So eindrücklich diese Vorschläge aber sind, sie beachten offensichtlich zu wenig, daß die bloße Demokratisierung, so wünschenswert sie als Kontrollinstrument von Macht auch ist, aller Erfahrung nach nicht auch schon von sich aus eine echte, d.h. Selbstbeschränkung einschließende Verantwortung entwickelt. Denn auch der Mehrheitsentscheid, so sehr er divergierende Interessen ausgleicht, schießt aller Erfahrung nach und entgegen dem auch hier noch ungenügend kritisch bedachten Aufklärungsoptimismus den Gruppenegoismus nicht aus. Da so nationalegoistische oder fremdenfeindliche Volksentscheide durchaus nicht immer ausgeschlossen sind, muß, was in diesen Modellen zu wenig deutlich herausgearbeitet wird, ein menschenrechtlicher Rahmen der demokratischen Ordnung als verbindlich vorgegeben angenommen werden und auch durchsetzbar sein. Ebenso wenig wird so klar, wie in einer auf den vom direkten Produktivverdienst ausgenommenen informellen Sektor konzentrierte Wirtschaft die für den Unterhalt der sozialen Infrastruktur nötigen Mittel bereitgestellt werden könnten. Erst recht unbeantwortet bleibt aber die Frage wie in diesem Zusammenhang weltwirtschaftliche Probleme – wie etwa die Verschuldungskrise, die auch durch die demographische Explosion unerläßliche Wachstumsnotwendigkeit mancher Dritt-Welt-Länder, der ökologische Nachholbedarf der ehemals sozialistischen Wirtschaften u. a. m. – unter diesen Voraussetzungen bewältigt werden könnten. So berechtigt daher die Kritik und so anregend die Zielsetzung solcher alternativer Modelle ist, hinsichtlich ihrer Umsetzung gleichen sie – so ihre Kritiker – «einer Fahrt in die Zukunft mit Steuerung über den Rückspiegel», dieweil es doch gelte, «das gewaltige Zugpferd der Ökonomie vor den Karren der Ökologie zu spannen»[70].

Einmal mehr erweist sich so ein globaler Neuanfang als in der konkreten komplexen Wirklichkeit wenig praktikabel, und doch bleibt eine wohlüberlegte Zuordnung von Ökologie und Ökonomie zur Bewältigung der Ökoproblematik unerläßlich, die zudem hinsichtlich der die zerstörerischen Gefährdungen bannenden Veränderungen manche der vorgeschlagenen alternativen Elemente in die weitere Überlegung als Anregung aufgenommen hätte. Dies gilt einmal für die schon mehrfach geforderte Mentalitätsveränderung, die vom bedenkenlosen Konsum zu bewußtem und damit begrenztem Gebrauch der Ressourcen übergeht. Fortschritte beim Recycling der Abfallbewirtschaftung, der Nutzung von Sparpotentialen im Energieverbrauch beim einzelnen wie in der Industrie während der letzten Jahre zeigen, daß dies durchaus keine bloße Utopie darstellt. Sie durch entsprechende marktgerechte Anreize (wie Pfand auf Verpackung, Sparprämien, Imageförderung für ökogerechte Produkte und Verpackungen usw.) zusätzlich zu fördern, entspricht so den sozialethischen Anliegen. Dies gilt nicht weniger hinsichtlich der Pflege eines personbezogenen, alternativen Lebensstils, der statt Konsum mitmenschliche Beziehungen fördert und über Nachbarschaftshilfe (letztliche unnötige und erst noch wenig menschliche) Verwaltungskosten im Sozialwesen einspart. Daß in diesem Zusammenhang der Teilzeitarbeit, für die allem konkreten Anschein nach Bedürfnis, aber seitens der Unternehmer wie der Gewerkschaft wenig flexible organisatorische Bereitschaft besteht, erhebliche Bedeutung zukäme, versteht sich. Sozialethik hat auch hier auf eine entsprechende Förderung zu drängen.[71].

Diesen mehr auf der Konsum- oder Verbraucherseite angesiedelten Maßnahmen sollten dann auf der Produktionsseite ebenfalls greifende, aber möglichst marktgerechte umweltverträgliche Strategien entsprechen, wobei auch hier zunächst Mentalitätsfragen die sozialethische Aufmerksamkeit erheischen: Zwar ist die Tatsache, daß ein Unternehmen Erträge erwirtschaften muß, um überleben zu können, und daß die dazu im Produktionsbereich, gerade auch hinsichtlich ökologischer Verbesserungen unerläßlichen Innovationen nie ohne gewisse Restrisiken möglich sind, als Sachzwang in einer Marktwirtschaft zu akzeptieren, und zwar nicht etwa, weil diese Risiken belanglos wären, sondern weil sie aller Erfahrung nach in jeder anderen auf mehr Dirigismus aufbauenden Ordnung noch viel größer sind. Dies vorausgesetzt, ist es aber auch unbestreitbar richtig, daß das Streben nach kurzfristiger Gewinnmaximierung, und einem möglichst raschen «Return of investment» ökologisch meist bedenklich ist. Eine Geschäftsstrategie, die nicht auf langfristige Präsenz im Markt angelegt ist, ist daher umweltethisch von vornherein fragwürdig. Denn nur in einer langfristig ausgelegten Geschäftspolitik sind umweltschonende Investitionen auch lohnend. Sie zu fördern, bleibt dann über die eigengeschäftlichen Verantwortlichkeiten und Interessen hinaus ein wirtschaftsethisches Postulat an die Gemeinwesen und ihre Politik, die zu Recht demokratisch gestützt und kontrolliert werden muß und daher auch entsprechende Informationspflichten seitens der Unternehmen bedingt. Als konkrete sozialethische Forderungen hat dies u. a. zur Folge, daß gesetzliche Minimalstandards für den Umweltschutz unter bestmöglicher Risikoabschätzung erlassen werden müssen, wobei hinsichtlich der heute anstehenden Risiken ein «tutioristisches» Vorgehen[72] sich aufdrängt. Verletzungen dieses Standards sind dann als Straftat zu ahnden, während unbeabsichtigte, also nicht fahrlässige Verstöße nach dem Verursacherprinzip haftpflichtmäßig zu regeln wären. Zudem erweisen sich unabhängige Enquête-Kommissionen mit interdisziplinärem Sachverstand für die Festlegung solcher Standards als unerläßlich und müssen daher jenseits aller politischen Interessen geschaffen und ernstgenommen werden.

Daneben sind aber auch marktkonformere Mechanismen, etwa über die Preise (z. B. steuerliche Belastungen, die in Anbetracht der durch Ressourcenverbrauch induzierten Sozialkosten wie Lärm, Luft- und Wasserbelastung durchaus berechtigt sind) immer dort zu erwägen, wo sie keine untragbaren Ungerechtigkeiten am Markt schaffen[73]. Besonders interessant, weil in der Marktwirtschaft systemkonform und daher rasch wirksam, sind in dieser Hinsicht gemäß Testresultaten in den USA handelbare sog. «Umweltzertifikate». Diese werden für eine bestimmte Region, die man sich als eine Art «Käseglocke» (engl.: = bubble) vorstellt, von der zuständigen Behörde als Nutzungsrecht an Firmen abgegeben oder zugunsten staatlicher Umweltmaßnahmen verkauft. Wer dank Ersparnis diese Zertifikat-Anrechte nicht voll nutzt, kann sie weiter verkaufen, und zwar sowohl an andere Firmen wie auch (evtl. sogar zu einem Vorzugspreis) zurück an den Staat, der sie dann vernichten und so Emissionsmöglichkeiten relativ schmerzlos zurücknehmen kann. Indem zudem einmal abgegebene Zertifikate mit der Zeit an Nutzungswert verlieren und so zusätzlich den Spareffekt fördern, kann der Abbau von Emissionen noch zusätzlich dynamisiert werden, wobei für das Ganze natürlich eine demokratische Kontrolle der Abläufe wie der in diesem Fall freilich nicht mehr aufwendigen Verwaltungsbehörde nötig ist. Daß dies bei überschaubaren betrieblichen Einheiten leichter vor sich gehen kann als bei großen Machtkonzentrationen in Konzernen, versteht sich. Die betriebswissenschaftlich zur Zeit allgemein befürwortete organisatorische Aufteilung großer Konzerne in relativ unabhängige Profitcenter kommt jedoch diesbezüglich den ökologischen Anliegen entgegen. Unter diesen Voraussetzungen stellen diese Ideen daher auch in sozialethischer Hinsicht eine bedenkenswerte Ergänzung zu gesetzlichen Regelungen dar, die nicht zuletzt wiederum vom Subsidiaritätsprinzip her Förderung verdient, ohne daß deshalb allerdings auf jede auch gesetzlich geforderte Solidarität verzichtet werden dürfte.

Ohne Zweifel stehen all diese Versuche zu einer Lösung der Ökoproblematik noch sehr in den Anfängen. Sie haben aber, anders als die noch rein ideenmäßigen Alternativvorschläge bereits unter kritischem Einbezug von alternativem

Gedankengut praktische Erprobung erfahren und können so konkret weiter verbessert werden. Jedenfalls zeigen sie, daß eine Resignation fehl am Platz ist und sozialethische Impulse zu Lösungen führen können, die praktikabel und wirksam sind. Hier verstärkend kritisch und stimulativ mitzudenken und gewissensbildend die Einsichten weiter zu vermitteln, gehört daher unerläßlich zu einer wirtschaftsethischen Überlegung.

6. Koordination und Interdependenz der Elemente als sozialethische Anforderung an eine Wirtschaftsordnung

Der Vorrang des im Wirtschaftsprozeß engagierten Menschen und damit auch sein Vorrang vor allen Sachwerten, auch den von ihm selber geschaffenen, gilt einem humanistisch christlichen Verständnis und einer davon abhängigen Ethik als Schlüssel für den Aufbau einer menschenwürdigen Wirtschaftsordnung. Ihm müssen entsprechend alle Sachwerte zugeordnet bleiben. Dennoch dürfen Produktionsleistung und Arbeit keinen ausschließlichen Vorrang beanspruchen. Denn so sehr jedes Eigentum an Sachwerten sozialpflichtig ist, so sehr ist auch die Arbeit des Menschen selber wieder sozialpflichtig, also stets auch Dienst an den Mitmenschen wie der Gemeinschaft. Eben deshalb kann die wirtschaftsethische Überlegung sich nicht auf ihr ursprüngliches Problemfeld von Kapital und Arbeit beschränken, sondern muß auch die Belange der sozialen Sicherung der schwächeren, am Arbeitsprozeß nicht oder nur teilweise beteiligten Mitmenschen ebenfalls in ihre Überlegungen einbeziehen. Doch wird sie selbst mit dieser Ausweitung ihrer Aufgabe noch nicht hinreichend gerecht, weil Arbeit ja stets über ihren mitmenschlichen Bezug hinaus auch auf die die Rohstoffe liefernde Umwelt angewiesen bleibt. Da die Mißachtung von deren eigener innerer Ordnung durch schrankenlosen Verbrauch in den vergangenen Jahrzehnten mit zunehmender Geschwindigkeit die Lebensgrundlage der Menschheit zu zerstören droht, wird deren Schutz zunehmend zu einem existentiellen ethischen Postulat, das dann in keiner Weise auf einen naturalistischen Fehlschluß aufruht[74], sondern in einer klaren Werteinsicht in den Eigenwert der Umwelt als Schöpfung wie als Lebensgrundlage für den Menschen gründet.

Der Mensch als nicht instinktgesteuertes Mängelwesen, das für sein Überleben auf die Gestaltung seiner Umwelt in arbeitsteiliger Spezialisierung und damit auf den Austausch seiner Produkte und Dienstleistungen wesentlich angewiesen ist, ist so notwendigerweise ein ökonomisches Wesen. Da er aber in dieser Gestaltung nicht nur rationaler Einsicht, sondern stets auch seinem von Selbstsucht getrübtem Willen folgt, kann er nicht darauf vertrauen, daß sein Tun sich von selber zu seinem Besten auswirkt. Wirtschaft ist daher, soll sie menschlich bleiben, auf eine Rahmenordnung als Spielregel für den Wettbewerb angewiesen. Umgekehrt würde aber auch eine Ordnung, die planmäßig alles bestimmt, ohne selbstbestimmende Freiheit unmenschlich, weil sie die Person des Menschen auf eine reine Außenlenkung zu reduzieren neigt. Unter dieser Voraussetzung zeigten sich bei der Beschäftigung mit einer solchen die menschliche Freiheit für alle optimal ermöglichenden Ordnung in den Problemfeldern der Gestaltung menschlicher Arbeit wie des Umgangs mit Eigentum, der sozialen Sicherung des Gemeinwohls und des Schutzes der Umwelt einige Elemente, die offenbar durchgehalten werden müssen, wenn Menschlichkeit bewahrt werden soll. Unter den Leitstichworten von Solidarität und Subsidiarität sind dies vor allem die Beachtung der weltweiten Vernetzungen, die verbieten, Probleme bloß in nationalen oder regionalen Grenzen zu verstehen und – vorab unter christlichen Vorzeichen – dazu aufrufen, den am leichtesten zu übersehenden Armen besondere Beachtung zu schenken, damit ja nie Sachwerte vor Personwerten Oberhand erhalten.

Ferner ist besondere ethische Aufmerksamkeit stets auf den einzelnen wie die kleinere Einheit zu lenken, um sie gegen die Vereinnahmung durch sozialistisch staatliche Pläne wie durch monopolistische transnationale Konzerne zu schützen. Die Forderung nach größtmöglicher Partizipation, nach demokratischer Machtkontrolle und nach einem im sozialen Rahmen gewährleisteten Schutz der freien Initiative schafft zudem die Voraussetzungen dafür, daß eine Wirtschaft ohne halsbrecherische Risiken funktionieren kann und ihre Ordnungselemente dennoch nicht starr Initiative und Freiheit des Einzelnen ersticken. Das Modell einer sozialen Marktwirtschaft schien diesen Anforderungen in der theoretischen Überlegung weitgehend, besser jedenfalls als alle anderen bekannten Vorschläge zu genügen, nicht zuletzt, weil sie vom Konzept selber her korrekturoffen bleibt. Die Frage, die nun noch zu prüfen bleibt, ist, ob diese theoretische Vermutung sich im Blick auf die einzelnen Problemfelder auch verifizieren läßt.

D. Die «Soziale Marktwirtschaft» – Chancen und Gefahren eines konkreten, ökonomisch erfolgreichen Ordnungsmodells

1. Ambivalente Beurteilungen

Der Ablösung spätfeudaler merkantilistischer Ordnungsformen durch diejenigen des freien Wettbewerbs verdankt die moderne Gesellschaft einen gewaltigen Fortschritt an Lebensmöglichkeiten (Bevölkerungszunahme, Verlängerung des Lebensalters, Verbesserung des Gesundheitswesens, der Bildung usw.), aber auch an Wohlstand und Bequemlichkeit. Im Schatten dieser Entwicklung gibt es jedoch auch eine alle Toleranzen sprengende soziale Ungerechtigkeit zwischen zerstörerischem Überfluß und nicht weniger zerstörerischem Mangel sowie eine nachgerade katastrophale und ebenfalls zerstörerische Belastung der Umwelt. Neben einer breiten Akzeptanz sozial-marktwirtschaftlicher Ordnung, die durch das völlige wirtschaftliche Scheitern aller real existierenden Sozialismen in den letzten Jahren noch erheblich verstärkt wurde, bleibt so Skepsis seitens mancher Christen, denen die Benachteiligten von ihrem Glauben her zur besonderen Sorge anvertraut sind[1]. Aber auch seitens mancher geisteswissenschaftlich orientierter Intellektueller, denen als «Wertvorstellungsautoritäten» eine rational einsichtige, letztlich aber stets irgendwie platonisch ideale und von daher auch intellektuell planbare Ordnung mehr einleuchtet als ein durch das Experiment von «trial and error» bestimmtes Spiel im marktwirtschaftlichen Wettbewerb werden Bedenken angemeldet. Dies gilt umso mehr, als eine solche von Wert und Ethos aus intellektueller Sicht geprägte Ordnung der sozialen Stellung des Intellektuellen als eines «aristos» (bei Plato sind die Philosophen die Staatslenker) entgegenkommt[2]. Daß selbst in England, dem Geburtsland der freien Marktwirtschaft, der soziale Status des Unternehmers und Managers tiefer liegt als der des Beamten oder «Scholars», ist typisch für diese Tatsache, die schon W. Röpke mit dem Seufzer vom «aristokratischen Hochmut in der Geringschätzung des Wirtschaftlichen» beklagt hat. Marktwirtschaft begegnet so einer Art «Haßliebe» (G. Schwarz), die auch dann nicht verschwindet, wenn dieser Wettbewerb ordo-liberal in einen sozialen Rahmen eingespannt ist. Den einen erscheint die soziale Bindung dann als ein «Weg in die Knechtschaft» (so F. A. v. Hayek), anderen aber als ein Alibi für die raffinierte Sicherung der Macht der Stärkeren. Bei aller Kritik, die als einer freiheitlichen Ordnung wesentlich zu ihr gehört, erfreut sich aber die soziale Marktwirtschaft in der konkreten Lebenspraxis doch einer hohen Akzeptanz, weil ihre Ordnung die gegenläufigen Faktoren von Leistungsbelohnung und Bedürfnisbefriedigung eben doch einigermaßen optimiert, wie denn schon im alten Ägypten der an sich freie Wettbewerb unter den Ärzten zugunsten der Kranken durch eine staatliche Gebührenordnung eingeschränkt wurde.

Konkret ist die Gewichtung von Freiheit und sozialer Bindung unterschiedlich: Wo die Bedürfniskomponente im Vordergrund steht, wird die Gesellschaft staatliche Intervention zugunsten der Schwächeren im Mittelpunkt des Interesses stehen, deren Kosten und mangelnde Beweglichkeit aber weniger ins Gewicht fallen. Wer dagegen mehr die Leistungskomponente betont, wird vor allem die mit sozialen Anforderungen verbundenen ineffektiven Allokationen der Mittel, vor allem auch deren Verteilung nach dem «Gießkannenprinzip», tadeln und den damit verbundenen Freiheitsverlust sowie die unkontrollierten Schattenprivilegien anprangern.

Dem Ruf nach mehr Ordnung und Kontrolle steht so stets der Ruf nach größerer Deregulation im Sozialwesen gegenüber, weil sonst – etwa durch strukturerhaltende Maßnahmen des Staates – der Wettbewerb abgepolstert und Verluste, d. h. die Strafe des falschen Wirtschaftens, sozialisiert würden und durch einen generellen Tarifschutz unter gewerkschaftlichem Patronat eigentlich geschützte Lohnkartelle entstünden. So fordere die Erhaltung des Wettbewerbs die Deregulation.

Dies sei im übrigen zugleich eine Forderung der Gerechtigkeit, weil derart sozialisierte Vergünstigungen letztlich zulasten des Schwächeren gingen. Da nämlich die Unvorsichtigen im Versicherungswesen, die Arbeitsscheuen beim Arbeitslosenschutz, die Verschwender im Rentenwesen usw. gleichbehandelt würden wie die Gesundheitsbewußten, Arbeitswilligen und Sparsamen, belohne hoher Sozialschutz das Fehlverhalten der Menschen. Schließlich beeinträchtige das ganze System die Freiheit als solche, weil aus einem berechtigten Auffangnetz eine Hängematte würde, die schließlich zum Fangnetz entarte[3].

Aber selbst wo solche Kritik – in vielen Fällen übrigens durchaus zu Recht – erhoben wird, weil Sozialleistungen zu Wahlgeschenken umfunktioniert werden, überholte Strukturen aus politischer Opportunität zulasten der Allgemeinheit erhalten bleiben, wo für den Notfall gesicherte Hilfe als Anspruch ausgenutzt und der Sozialstaat zum Versorgungsstaat umfunktioniert wird, ist dies kaum je ein Appell zur Abschaffung der sozialen Komponente in der Marktwirtschaft, sondern eine Kritik zu deren Effizienzsteigerung durch Abbau von Mißbrauchmöglichkeiten, die dann weniger über neue Regelungen als vielmehr über die Steigerung der Eigenleistung zu erfolgen hätte.

D. h., wie so oft in der ethischen Reflexion sollte daher auch hier die Maxime: «Soviel Regel wie nötig, soviel Freiheit wie möglich» Beachtung finden.

2. Voraussetzungen und Grenzen

Soziale Marktwirtschaft ist kein festes System, dessen Regeln ein für allemal festgeschrieben werden können. Sie ist vielmehr ein nach zeitlichen und räumlichen Verhältnissen unterschiedliches Zusammenspiel freier Wettbewerbskräfte und ordnender Regeln, die zusammen ihrerseits unter einem humanen ethischen Anspruch zu stehen haben. Sie «funktioniert erst dann optimal, wenn zu dem gesetzlich erzwungenen moralischen Minimum die freie Bindung an moralische Grundsätze und Fairneß kommt». Denn «auch die nüchterne Welt des reinen Geschäftslebens schöpft aus sittlichen Reserven, mit denen sie steht und fällt und die wichtiger sind als alle wirtschaftlichen Gesetze und nationalökonomischen Prinzipien»[4]. Unter dieser schon öfter genannten humanistischen Voraussetzung gewährleistet aber der Wettbewerb am Markt soziale Mobilität nach oben wie nach unten, indem er Statusprivilegien weniger schützt als jede adels- oder funktionärsbestimmte Ordnung, den sparsamen Umgang mit Ressourcen im allgemeinen (außer bei Fehlindikation durch marktfremde, meist politisch bedingte Maßnahmen wie Argrarsubventionen, Erdöldumping usw.) belohnt und den einzelnen nur bei Selbstdisziplin unter Achtung der Spielregeln am Markt mitmachen läßt. Durch Stärkung der Eigenverantwortung und Abbau der stets kostenintensiven staatlichen Bewirtschaftung vermag der Markt sogar neue und fast revolutionäre Ideen zu produzieren, wie etwa Vorschläge für eine «negative Einkommenssteuer», welche ein mittleres Minimaleinkommen für alle garantieren könnte oder für ein zur beliebigen Schulwahl vom Staat zu entrichtendes, aber, um die ohnehin schon Reichen nicht zu privilegieren, versteuerbares Erziehungsgeld. Begünstigung des Rentensparens oder lohnender Umweltschutz durch die genannten handelbaren Zertifikate sind weitere Ideen, die dazu dienen könnten, eine falsch verstandene Solidarität der bequemen sozialen Fürsorge durch die Allgemeinheit (also auf Kosten der anderen) zugunsten größerer Eigenständigkeit und Subsidiarität ohne Verlust an Bedürfnissicherung abzubauen[5]. Im gleichen Sinn verstärkter Subsidiarität läßt sich zudem im freien Spiel des Wettbewerbs manches über flexiblere Verträge dezentral regeln, ohne auf stets irgendwie starre allgemeine Gesetze rekurrieren zu müssen, die, weil von einer Behörde, also in etwa von außen auferlegt und kontrolliert, auch leichter umgangen werden können.

So sehr dies alles aber der freien Entfaltung der menschlichen Persönlichkeit dient und sogar einiges an den durch egoistische Nutzung sozialer Schutzmaßnahmen entstandenen Ungerechtigkeiten abbaut – der Sozialstaat hebt ja entgegen aufklärungssozialistischen Idealvorstellungen den Hang des Menschen zum Eigennutz nicht auf –, so wenig kann solche Deregulierung korrektiv wirken, wenn nicht die Ordo-Parameter als Spielregeln für den freien Markt richtig eingreifen. Denn die «soziale Marktwirtschaft beruht auf der Verbindung von marktwirtschaftlicher Ordnung und sozialem Ausgleich»[6]. Allerdings haben gesellschaftliche, also meist staatliche Machtträger auch dafür keine höhere Einsicht in wirtschaftliche und technologische Zusammenhänge. Bei raschen Veränderungen und Entwicklungen sind sie im Gegenteil träger und schwerfälliger und insofern auch keineswegs geeignet, direkte wirtschaftliche Entscheidungskompetenz zu beanspruchen. Denn selbst wo Wirtschaftspläne nicht totalitär sind, sondern in einem «dezentralen Sozialismus marktorientiert» (O. Šik) bleiben, vermag das Ergebnis (wie etwa die französischen Versuche einer «planification» zeigen) nicht zu überzeugen. D. h., außer in akuten Notlagen, wo direkte aber kurzfristige Hilfe zu deren Überbrückung nötig ist, sind staatliche Lenkung und beliebig abrufbarer allgemeiner Sozialschutz meist ebenso ineffektiv wie kostspielig. Wo es dagegen um die wettbewerbsneutralen ethischen Minimalstandards an Menschlichkeit geht, also um den Schutz von Fairneß, Vertragstreue auch gegenüber Schwächeren, um Sicherheitsstandards und Zugänglichkeit zu öffentlichen Gütern, zu denen auch Luft und Wasser zu zählen sind, ist ein auch strafrechtlich sanktionierbarer Schutz durch die öffentlich rechtlichen Behörden nicht nur angemessen, sondern unerläßlich. D. h.: Die Deregulierung ist bei Direktintervention der öffentlichen Hand hilfreich. Wo sie jedoch eine Rückkehr zum Nachtwächterstaat anstrebt, hebt sie soziale Marktwirtschaft tendenziell, wenn auch meist gegen eigene Absicht, aus kurzfristigen Interessen selber auf.

Als erste und grundlegende Schutzmaßnahme muß seitens der politischen Gewalt daher ein Instrumentar bereitgestellt werden, das verhindert, daß der ja stets auch beunruhigende Wettbewerb durch starke Partner aufgehoben wird. D. h. konkret, daß versucht wird, über Absprachen (vor allem über die Preise) Konkurrenz abzubauen oder über einen durch politisch wirksame Wirtschaftsmacht möglichen Protektionismus den Wettbewerb von außen fernzuhalten, um so neuen Wettbewerbern den Marktzutritt zu erschweren. Da der Markt unter dem Druck des menschlichen Hangs zu egoistischer Privilegiensicherung (also einer den anderen die Kosten aufladenden Bequemlichkeit) offensichtlich zu seiner eigenen Aufhebung tendiert, muß er als demokratisches Moment durch antimonopolistische Anti-Kartellgesetze geschützt werden. Solche Schutzmaßnahmen können jedoch ihrerseits nicht von den Marktkräften selber, sondern nur von einer unabhängigen politischen Macht gewährleistet werden. Letztlich stellt so der Markt im gesellschaftlichen Leben, obwohl dies selten als solches thematisiert wird, ein weiteres wichtiges Moment einer nun freilich im wirtschaftlichen Geschehen wirksamen angemessenen Gewaltenteilung, und damit der Kontrolle von Macht dar, die es sozialethisch zu schützen gilt. Dies gelingt vor allem dann, wenn neben den Marktkräften und der politischen Macht eine von beiden Kräften unabhängige Notenbank den Geldfluß in einem wirtschaftlichen System überwacht und steuert, um den Geldwert als Referenzgröße stabil und von spekulativen Verunsicherungen frei zu halten. Dieses zusätzliche, einer sozialen Marktwirtschaft aber angemessene Instrumentar gewinnt daher als ein den nationalen wie internationalen wirtschaftlichen Ungleichgewichten gegensteuernder Ordnungsfaktor in einer weltweit immer mehr vernetzten Wirtschaft zunehmende Bedeutung und verdient als eigener machtkontrollierender Faktor in einer kritischen Sozialethik zu marktwirtschaftlichem Geschehen eigens hervorgehoben zu werden.

Vor allem aber gilt es zu beachten, daß in der traditionellen Konzeption von Marktwirtschaft eigentlich nur der Unternehmer als Besitzer der Produktionsmittel, also des Kapitals bzw. ein von diesem beauftragtes Management als Wettbewerbsteilnehmer auf der Seite der Produzenten auftreten konnte und dem dabei nicht weniger aktiven Arbeiter eine direkte Marktteilnahme nur auf der Abnehmerseite, d. h. je nach seiner Kaufkraft als Kunde möglich war. Von einer direkt mitbestimmenden Beteiligung an den Produktionsentscheidungen blieb er als «bloßer Arbeitnehmer» weitgehend ausgeschlossen. Markt als wirklich demokratisierendes Moment im wirtschaftlichen Machtgefüge würde jedoch nicht nur dessen institutionelle Kontrolle durch andere gesellschaftliche «Gewalten», also durch die legislativen, exekutiven und juridischen Institutionen im Gemeinwesen verlangen. Markt im eigentlichen Sinn ruft – wie gerade neuere Dokumente christlich-kirchlicher Sozialethik deutlich werden lassen – nach angemessener Teilhabe aller Beteiligten auch am Entscheidungsgeschehen in den wirtschaftlichen Belangen und zwar sowohl hinsichtlich der Wirtschaftsordnung als solcher wie in den Unternehmen selber.

Wie diese Teilnahme organisiert ist, ob über Interessenzusammenschlüsse (wie den Gewerkschaften, deren Formation dann nicht von den wirtschaftlich Mächtigen behindert werden darf und also von der politischen Macht geschützt werden muß), oder über Beteiligungen an Gewinn und Substanz der Betriebe, etwa durch genossenschaftliche Organisationsformen oder Mitarbeiteraktien oder schließlich über verschiedene Mitbestimmungsmodelle bzw. über Kombinationen solcher Elemente wird niemals von vornherein auszumachen sein. Kulturelle Rahmenbedingungen, Bildungsstand, soziale Schichtung, technologische Standards, aber auch geschichtliche Voraussetzungen in Industrie und Handelsstrukturen werden sehr verschiedene Formen entwickeln und sich je anders angepaßt als wirksam erweisen müssen.

Dabei zeigt sich auch, daß marktwirtschaftliche Organisationsformen keineswegs einfach mit Kapitalismus, also mit dem Privatbesitz von Produktionsmitteln in Unternehmerhand verbunden sein müssen. Andere Formen wie breitgestreuter Aktienbesitz auch in Mitarbeiterhand, genossenschaftliche Besitzformen, ja sogar Staatseigentum verbunden mit freiem Management[7] sind durchaus denkbar, sofern dem Risikokapital (bzw. demjenigen, der es im offenen Wettbewerb als Produktionsmittel zur Verfügung stellt) ein im Vergleich zu sonstiger Verwendung angemessener «Lohn» als Dividende oder Zins in Aussicht gestellt werden kann. Schwer denkbar ist allerdings ein Wettbewerbseinsatz, wo für den Wettbewerb mehrheitlich oder ausschließlich staatliche Mittel zur Verfügung stünden und eigener Einsatz keinen Ertrag zu erbringen vermöchte. Der Wettbewerb als solcher wäre dann auf der Produktionsmittelseite eingeschränkt oder aufgehoben. Ethisch entscheidend wichtig bleibt dagegen, daß die grundlegende demokratische Wettbewerbsordnung den Zugang zum Markt nicht auf eine ausgewählte Gruppe beschränkt, sondern über angemessene und von gesamtgesellschaftlichen Instanzen sichergestellte Maßnahmen für jeden offengehalten wird.

Unter all diesen Voraussetzungen kann eine marktwirtschaftliche Ordnung Chancengleichheit als Gerechtigkeit in angemessener Weise gewährleisten und damit auch sowohl theoretisch wie aus praktischer Erfahrung sozialethisch als wirtschaftliches Ordnungsmodell verantwortet in Erwägung gezogen werden. Da dieses Modell zudem wie kein anderes wirtschaftliche Effektivität, und das heißt immer auch den sorgfältigen Umgang mit an sich knappen Gütern und damit die Senkung von Kosten erbringt, kann ein sozialethisch verantwortetes Präferenzurteil für eine in ihrem Bestand wie in ihrer offenen Zugänglichkeit gesamtgesellschaftlich (und dies heißt zunehmend auch weltweit) gesicherte soziale Marktwirtschaftsordnung gewagt werden. In ihr kommt die persönliche Entfaltung des einzelnen wie die mitmenschliche Verbundenheit, also personales Subsidiaritätsprinzip wie soziales gemeinwohlbezogenes Solidaritätsprinzip offensichtlich zu einer komplementären Geltung, insofern man sich nämlich in einem funktionierenden Markt nur dann etwas leisten kann, wenn man zugleich eine auch für die anderen nützliche Leistung erbringt.

Dieses grundsätzlich positive Urteil darf freilich nie vergessen lassen, daß der Markt sozialethischer Ordnungsfaktor nur dann ist, wenn er nicht als solcher und allein diese Funktion erfüllen muß, sondern erst, wenn er in einem größeren gesamtgesellschaftlichen Rahmen steht. Echter wirtschaftlicher Ordnungsfaktor ist der Markt also nur in einer sozialen Ordnung, die aber, wie die ordoliberalen und institutionenökonomischen Wirtschaftstheorien zeigen, nicht nur ethischer Forderung entspricht, sondern auch der ökonomischen Theorieerkenntnis angemessen ist. Ludwig Erhard, der Schöpfer der sozial- marktwirtschaftlichen Lösung in der deutschen Bundesrepublik nach 1948 meinte einmal, seine

Idealvorstellung sei es, daß «der einzelne (und zwar wirklich jeder einzelne) sagen könne: Ich will mich aus eigener Kraft bewähren, das Risiko des Lebens selber tragen und für mein Schicksal selbst verantwortlich sein. Sorge du, Staat dafür, daß ich dazu in der Lage bin»[8]. Auf die Ökonomie einzelner Industriestaaten bezogen, ist dieses Ideal zwar sicher noch nicht voll erreicht; als wirtschaftspolitische Zielsetzung dürfte es aber anerkannt sein. Für zahllose andere Gemeinwesen aber, mit denen diese ersteren wirtschaftlich eng vernetzt sind, trifft es in keiner Weise zu.

Dennoch tendieren die nach ordoliberalen Vorstellungen organisierten Länder kaum darauf, ihre sozialmarktwirtschaftliche Ordnung auch dort durchzusetzen. Vielmehr versuchen sie oft genug, aus den Unrechtsverhältnissen jener Länder ja zusammen mit deren korrupten Führungseliten zu eigenem Profit zu kommen, wenn sie nicht sogar die ihnen günstigen asozialen Verhältnisse direkt stützen und – ohne in den Mitteln wählerisch zu sein – verteidigen. Hier muß offenbar eine staatsübergreifende Ordnungsmacht, über die noch eigens nachzudenken sein wird, für die Einhaltung der sozialen Komponente im Weltmarkt geradestehen[9].

Eine solche Kontrollinstanz wird aber auch gegen den Hyperkonsum der reichen Länder, der zu einem guten Teil auf Kosten der Umwelt und damit auch der kommenden Generation geht, erforderlich sein. Denn begrenzte, aber augenblicklich noch günstig verfügbare Ressourcen wie Luft, Wasser, Erdöl, Erze usw. werden heute ohne Rücksicht auf langfristige Sicherung, die wiederum der stets nur kurzfristig «denkende» Markt nicht zu gewährleisten vermag, leicht unwiderruflich übernutzt. Deshalb sollten über angemessene und d. h. heute teure Nutzungsrechte diese Güter kommerzialisiert und ihnen so Langzeit-Preise beigegeben werden, damit das allein gerechte Prinzip, daß alle bei einer Produktion anfallenden Kosten vom Verursacher/Verbraucher zu tragen sind, konkret Geltung erhalten kann. Ein Gleiches gilt ferner hinsichtlich der ohne Zweifel in naher Zukunft weltweit unerläßlichen Beschränkungen des Wachstums von Konsum und damit von Ressourcennutzung durch die wirtschaftlich ohnehin schon Mächtigen, aber auch hinsichtlich der Begrenzung von Nutzung bzw. technologischer Anwendung von Erkenntnissen aus der naturwissenschaftlichen Forschung, ja der Forschung überhaupt. Was auf nationaler Basis diesbezüglich längst, wenn auch selten problemlos, von sozialverantwortlichen Behörden an Beschränkungen durch Landschaftsschutz, Zonenordnungen, Lärmvorschriften, Verkehrslenkungen usw. im Sinn des Gemeinwohls durchgesetzt werden konnte, muß in Anbetracht der weltweiten Vernetzung der Wirtschaft auch auf dieser globalen Ebene in Angriff genommen werden.

Wenn soziale Marktwirtschaft daher kein bloß opportunistisches Lippenbekenntnis sein soll, wird man nicht umhin können, solche Beschränkungen wirtschaftlich wie politisch auch anzunehmen, zu bejahen und sogar zu fordern, selbst wenn damit eine einzelstaatliche Souveränitätseinbuße verbunden ist. Gegen Landschaftsschutz etwa der Tropenwälder, Regelungen bei der Nutzung der Ozeane hinsichtlich Bödenschätzen, Fischerei und Wasser, aber auch gegen die Regulierung der Finanzmärkte durch eine Art Welt-Notenbank u. ä. kann daher der Einwand einer «Einmischung in innere Angelegenheiten» nicht länger erhoben werden. Sozialethische Verantwortung würde vielmehr sogar fordern, rechtliche Sanktionen anzuerkennen, obwohl dies in der gegenwärtigen weltpolitischen Situation noch als reine Utopie erscheinen mag.

Wer bedenkt, was unter den Vorzeichen der «Europäischen Gemeinschaft» im nationalstaatlich so zersplitterten Europa diesbezüglich, wenn auch noch keineswegs in hinreichendem Ausmaß, erreicht wurde, wird ermutigt, solche nicht nur für eine funktionierende soziale Marktwirtschaft, sondern für das Überleben der Menschheit relevante soziale Rahmenbedingungen als sozialethisch unerläßliche Forderung auch weltweit aufrecht zu erhalten.

3. Soziale Marktwirtschaft aus sozialethischer Verantwortung

Wie die vorangehenden Überlegungen deutlich werden ließen, hat jeder Wettbewerb im Markt unter den konkret lebenden Menschen eine Tendenz zur Selbstaufhebung, der durch eine faire gesellschaftliche Rahmenordnung mit entsprechender kontinuierlicher Kontrolle begegnet werden muß. Insofern ist eine Marktordnung, die nicht zugleich eine sozial gesicherte wäre, als dauerhafte Ordnung eine Illusion, die nur unter der aufklärerischen, aber unrealistischen Voraussetzung des von Natur aus guten Menschen denkbar hatte erscheinen können. Zugleich aber vermag der Wettbewerb als solcher, und zwar unter der Bedingung seiner gesellschaftlichen Gewährleistung noch in einer weiteren, hier schon mehrfach angesprochenen Hinsicht allein nicht zu genügen. Denn so sehr der freie Zugang zum Markt in echtem Wettbewerb gesichert werden muß und nur so die Privilegienbildung durch Monopole, Machtlobbies, Rentensicherung usw. weitgehend ausgeschlossen werden kann, so wenig vermag dies allein den Interessen jener Rechnung zu tragen, die sich aus unterschiedlichen Gründen am Wettbewerb von vornherein gar nicht oder nur mit sehr erheblichen Nachteilen beteiligen können. Dies trifft zunächst zu für alle irgendwie körperlich oder geistig Behinderten, deren personale Würde aber gleichermaßen Achtung fordert wie diejenigen der Gesunden. Hier vermag die Chancengleichheit nicht einfach passiv über die Verhinderung von Sperren hergestellt zu werden. Es ist vielmehr eine aktive Politik nötig, die wiederum nur über gesamtgesellschaftliche Maßnahmen verwirklicht werden kann.

Ähnliches gilt aber auch für die in ihrer wirtschaftlichen Entwicklung aus welchen Gründen auch immer zurückgebliebenen oder benachteiligten Menschengruppen, denen verbesserte Eintrittschancen in das Spiel des Wettbewerbs ebenfalls geboten werden müssen, damit sie sich überhaupt aktiv einschalten können. Auch dies vermag die Wettbewerbsordnung als solche nicht zu leisten, d.h. auch hier bedarf es gesellschaftlicher Schutz- und Förderungsinitiativen sowie einer bewußten Bejahung der dieser zugrundeliegenden Ethik. Deren Anerkennung erlaubt zudem vor direkt staatlichen Regelungen über freie soziale Verträge und Abmachungen die sozialen Verantwortlichkeiten in Eigenverpflichtung zu übernehmen und aus echter Interessenkoordination auf effektive Weise Gemeinwohl sicherzustellen. Erfahrungen mit der freien Tarifpartnerschaft, u. U. sogar ohne weitere staatliche Rücksicherungen als das gewöhnliche Vertragsrecht, zeigen, was wohl auch auf anderen Gebieten möglich wäre[10]. Dabei gebietet das Subsidiaritätsprinzip, daß solche Strukturen seitens der öffentlichen Hand nicht etwa staatlich übernommen, sondern zielstrebig und bestmöglich erhalten und gefördert werden.

Schließlich haben, wie schon mehrfach erwähnt, die industriellen technologischen Entwicklungen der letzten Jahrzehnte deutlich werden lassen, daß die nichtmenschliche Natur und Umwelt, die zunächst kein knappes und damit zunächst auch kein marktgängiges Gut darzustellen schien, in die ökonomische Überlegung einzubeziehen sind. Für Luft, Wasser und Tierarten, die nicht direkt als Nutztiere zu gebrauchen sind, war nämlich Wettbewerb und Markt lange undenkbar. Ihre Belastung wurde in Kauf genommen, bis sich zerstörerische Folgen bemerkbar zu machen begannen und gewisse dieser Güter, wie etwa das Wasser, selber knapp zu werden anfingen. Da die Umwelt als solche jedoch kein Wettbewerbspartner ist, bedarf er, um darin «gehört» zu werden, nicht ganz unähnlich den Behinderten und den Minderheiten, eines menschlichen Anwalts, der selbstlos und um des gesamten Gemeinwohls willen die entsprechenden Umweltinteressen gegen den menschlichen Egoismus einzelner wie u. U. (fast) der ganzen Menschheit einfordert. Daß dann auch dies nur über gesellschaftliche Maßnahmen zu gewährleisten ist, weil der Markt allein hier letztlich selbstzerstörerische Konsequenzen zeitigen kann und daher versagt, wurde schon mehrfach betont. Damit wird aber auch von dieser Seite her klar, daß der wirtschaftliche Wettbewerb und Markt, die sich nicht auf alle existentiell wesentlichen Werte des Menschseins beziehen können, diese aber dennoch unbesehen und u. U. erheblich schädigen, nur in einem sozialen Rahmen ethisch zulässig sind. Auch unter diesem Gesichtspunkt ist somit eine wirklich freie und zugleich im vollen Sinn soziale Marktwirtschaft, das den ethischen Erfordernissen am besten entsprechende Organisationsmodell. Was W. Churchill in diesem Sinn von der Demokratie allgemein einmal gesagt haben soll, trifft dann auch für eine marktwirtschaftliche Ordnung zu: Sie ist die schlechteste Organisationsform, mit Ausnahme allerdings aller anderen. Doch auch dies gilt nur unter der unabdingbaren Voraussetzung, daß der gesellschaftliche Rahmen politisch verwaltungsmäßig gesichert und d. h. praktisch demokratisch in Gewaltentrennung zum Schutz gegen die stets mögliche Korruptionsanfälligkeit verfaßt ist.

Wo immer dies jedoch nicht zutrifft, wo politische und gesellschaftliche Macht schwach oder unkontrolliert stark ist, wo sie der Spielball von Interessengruppen oder grundlegend korrupt ist, wie dies in vielen gerade auch wirtschaftlich schwachen Staaten zutrifft, ist Marktwirtschaft ein Deckname für ein skrupelloses Machtspiel, in welchem der Stärkere allein das Sagen hat und nur allenfalls die Furcht vor einem Stärkeren dem sog. «wohlverstandenen» Eigeninteresse mehr oder weniger kurzfristig gewisse Schranken setzt. Unter solchen Gegebenheiten vermag soziale Marktwirtschaft sich nicht zu bewähren, ihre Empfehlung als Lösungsvorschlag gemahnt an Zynismus, zumal im internationalen Geflecht sich multinationale Firmen, die sich in ihren sozialwirtschaftlich verfaßten Stammländern durchaus regelkonform verhalten, unter solchen Umständen oft und leicht an den rücksichtslosen Machtkampf der Stärkeren, soweit er zu ihren Gunsten spielt, anpassen. Sozialethisch erfordern solche Auswüchse international geltende Übergangslösungen, die keinesfalls ohne Härten und ohne Beschränkungen von Freiheit vor sich gehen dürften. Dafür Patentlösungen, etwa gar sozialistisch planwirtschaftlicher Art, vorschlagen zu wollen, wäre vermessen, obwohl Elemente aus solchen Vorstellungen da und dort sogar zeitweilig hilfreich sein mögen[11]. Nicht weniger vermessen ist es aber auch, wenn man meint, die Investitionen und die Geschäftspolitik multinationaler Konzerne einfach dem Markt überlassen zu dürfen, weil sie sich ja nur systemgerecht verhielten und sich eben dort engagierten, wo sich der Einsatz am besten lohne. Dies ist nicht nur dort ethisch fragwürdig, wo Diktaturen dazu führen, daß der Markt zu ihren Gunsten gar nicht spielt und so dem für sie interessanten Investor günstige, aber auf Kosten des Großteils der Bevölkerung laufende Bedingungen entstehen. Dies ist auch deshalb falsch, weil die international abgestützte Wirtschaftsmacht solcher Firmen sehr wohl imstande ist, sich jene sozialen Bedingungen zu schaffen, die für sie konkurrenzlos günstig sind. Hier den Markt als Korrektiv gegen solche Machtkonzentration aufrechtzuerhalten, ist auf der einzelstaatlichen Ebene zunehmend schwierig. Dazu ist eine Weltwirtschaftsordnung mit entsprechender Kompetenz wenigstens in den wichtigsten ökonomischen Dimensionen bei internationalen Behörden unerläßlich, obwohl dafür bislang erst vage Umrisse erkennbar sind[12].

4. Initiative Freiheit und Gemeinsinn – ein Fazit

Christliche Sozialethik thematisiert die menschliche Selbstverwirklichung im wesentlich zur menschlichen Natur gehörenden Spannungsfeld der individuellen Dimension seiner Persönlichkeit wie in deren notwendigen Einbindung in eine mitmenschliche Gemeinschaft. Die zu dieser Selbstverwirklichung nicht weniger wesentlich gehörenden und durch weltgestaltende Arbeit zu erwirtschaftenden materiellen Güter, wie auch deren Produktionsprozeß stehen dann notwendigerweise ebenfalls in diesem Spannungsfeld. Reiner Individualismus, wie ihn zumindest tendenziell die liberale Markt- und Wettbewerbsordnung unter dem dann verabsolutierten Stichwort eines reinen «homo oeconomicus» vorschlägt, aber auch ein die freie Eigeninitiative einebnender Wirtschaftsplan, wie er von gewissen Ausprägungen des Sozialismus vorgeschlagen wurde, negieren diese wesentliche Spannung mit den aller Regel nach bei solcher Wesensvernachlässigung unausweichlichen zerstörerischen Folgen.

Das geschichtlich gewachsene Konzept eines ordo-liberalen Wirtschaftsmodells versucht, ohne doktrinäre Vorentscheidung diese Spannung auszuhalten. Praktisch wie theoretisch vermag es – wie gezeigt – den Ansprüchen einer ethisch verantworteten wirtschaftlichen Zielvorstellung mit bestmöglicher Gewährleistung der Menschenrechte auf Arbeit und soziale Sicherheit, wie auch den Schutz der Umwelt bei gleichzeitiger Garantie der für die Verwirklichung der individuellen Freiheit unerläßlichen Eigenverfügbarkeit über Eigentum in einer freilich sozialpflichtigen Verantwortung und unter Sicherung eigenschöpferischer Initiative weitgehend zu genügen. Obwohl damit Mängel und Fehlleistungen nicht unbedingt ausgeschlossen sind, erfüllt es diese Zielsetzungen aber doch besser als alle sonstwie vorgeschlagenen und in der Praxis erprobten Modelle von Wirtschaftsordnungen.

Eine realistisch ethische Option für dieses Modell, und zwar nicht etwa aus bloß opportunistischem Gefallen an dessen hoher Funktionalität und Effektivität für «das größte Glück der größten Zahl» (J. Bentham), sondern weil sich darin gerade auch für die Sicherung und Eigenentfaltung Benachteiligter die größten Möglichkeiten zu wirklicher Chancengleichheit, also für umfassende Gerechtigkeit als Zielsetzung eröffnet, bedeutet also keineswegs, daß damit ein Idealzustand schon erreicht wäre oder zumindest dessen Entfaltung und Vollendung in jedem Fall, wenn nur niemand störe, gewährleistet sei. Vielmehr geht es sozialethisch immer neu darum, die gerade von den besten wirtschaftswissenschaftlichen Theoretikern dieses Modells immer wieder hervorgehobene ethische Grundlage aktiv im Bewußtsein zu halten. Neben dieser kritischen Funktion hat Sozialethik aber auch, wo immer neue Möglichkeiten sich dazu erschließen (etwa durch neue technologische Möglichkeiten, bessere Kommunikation, höheres Bildungsniveau usw.) stimulativ deren Förderung und gerechte Erschließung für alle Partner zu urgieren, wie sie umgekehrt neue Schwierigkeiten und Belastungen kritisch aufzugreifen und auf deren Verbesserung einzuwirken hat. Wirtschaftsethik hat damit zwar nicht als besserwisserischer «Vormund und Richter», wohl aber als kompetent engagierter Gesprächspartner gerade in einem Modell einer sozialen, d. h. demokratisch kontrollierten und menschenrechtlich orientierten Marktwirtschaft einen von deren Zielsetzungen her unerläßlichen (und in der konkreten Praxis auch zunehmend, wenigstens theoretisch anerkannten) Platz.

IV. Konkretionen auf verschiedenen Vollzugsebenen

A. Notwendige Differenzierungen eines nationalökonomischen Ansatzes – eine Vorbemerkung

Von ihren Ursprüngen her ist Wirtschaftswissenschaft Nationalökonomie. Schon ihre Anfänge in der Vorklassik sahen vor allem in den merkantilistischen Ansätzen die Ordnung der Wirtschaft im Licht der politischen Ziele der Nation. Ihre vor allem außenpolitische Handlungsfähigkeit zu stärken, ihre Autarkie als wirtschaftliche Unabhängigkeit, wenn nötig durch territoriale, auch koloniale Expansion zu sichern und das Wohl ihrer Bürger, zumindest der tonangebenden Schichten, zu gewährleisten, waren die Zielsetzungen. Obwohl mit den technologischen Entwicklungen der Industrialisierung diese Autarkie einzelner, besonders kleinerer Nationen längst zur Illusion geworden ist und Wirtschaft wie Handel längst nur noch in weltweiter Vernetzung funktionieren, hat sich in Anbetracht des Fehlens von globalen politischen Ordnungsstrukturen daran bisher grundsätzlich wenig geändert[1]. Wirtschaftsordnungen, die zur Durchsetzung einer den Wettbewerb auf Menschlichkeit hin regelnden Rahmenordnung auf eine mit entsprechender Macht und Kompetenz ausgestatteten Behörde angewiesen sind, bleiben daher primär auf ein staatliches Umfeld beschränkt, das freilich als solches durch die umliegenden anderen Wirtschaftssysteme interaktiv mitbestimmt ist. Diese gegenseitige Bestimmung ist natürlich um so intensiver, je ähnlicher sich die Wirtschaftsordnungen sind und je verflochtener die wirtschaftlichen Abläufe sich gestalten. Gelegentlich kann dann eine solche Interaktion so weit gehen, daß es zu Zusammenschlüssen in Wirtschaftsgemeinschaften, wie etwa USA-Canada-(zunehmend) Mexico und vor allem die in einem nunmehr

40jährigen Prozeß sich zunehmend formierende Europäische Gemeinschaft, kommt.

Wenn man jedoch bedenkt, wie stark nationale Eigeninteressen gerade in diesen Einigungsprozessen nach wie vor weiterwirken, dann ermißt man, wie stark trotz allen Zusammenwachsens die nationale Komponente bleibt. Dazu kommt, daß trotz der weiteren weltweiten Vernetzung jeder interne Zusammenschluß die Tendenz hat, seine Außengrenzen zu stärken und die nun einfach größer gewordene Binnenwirtschaft nach außen abzuschotten, sobald das politisch behördliche Instrumentar für die Durchsetzung einer solchen Ordnung funktionsfähig aufgebaut ist. Obwohl dies an sich, von den technologischen wie von den Produktionsprozessen und -kapazitäten her wie auch in Anbetracht der längst weltweiten Tätigkeiten der transnationalen Konzerne ein Anachronismus ist, bleiben die Wirtschaftsordnungen und damit die mit ihnen befaßten Wirtschaftswissenschaften primär auf solche national/regional gefaßte gesellschaftliche Einheiten ausgerichtet. Nicht als ob diese dann als in sich geschlossene, auf ein Autarkieideal ausgerichtete verstanden würden; Vernetzungen werden durchaus als Gegebenheiten anerkannt. Aber sie werden positiv oder negativ auf diesen eigenen Standpunkt hin bewertet und entsprechend über tarifarische wie nichttarifarische politisch bestimmte Maßnahmen gefördert oder gehemmt.

Was bislang in diesen wirtschaftsethischen Überlegungen, vorab auch unter dem Stichwort der «sozialen Marktwirtschaft» zusammengetragen und bedacht wurde, bewegte sich entsprechend – wenigstens weitgehend – ebenfalls auf dieser nationalökonomischen Ebene der Problemstellungen. Dies ist, vorausgesetzt, daß gegen eigenstaatlichen Gruppenegoismus die internationalen Verantwortlichkeiten der Wirtschaftspolitik angemahnt werden, wohl realistisch. Wo statt einer letztlich der Marktwirtschaft widersprechenden Abhalte- und Schutzpolitik die Erleichterung des Marktzutrittes von neuen Industrieländern begrüßt wird, oder wo auf der Verbandsebene hinsichtlich der Mitverantwortung der Wirtschaft für die Arbeitsbedingungen der Lohnarbeiter in Billiglohnländern Mitverantwortung gesucht wird oder menschliche Gastarbeiterregelungen angestrebt werden, könnten sogar über gesetzliche Regelungen einzelner Staaten Ansätze zu einer echten Weltwirtschaftsordnung entstehen. Aber sogar wenn diese realpolitisch reichlich utopischen Voraussetzungen erfüllt wären, würde dies langfristig nicht von global weltweiten Ordnungsparametern dispensieren können.

Tatsächlich rufen nämlich die heutigen weltwirtschaftlichen Abhängigkeiten und Vernetzungen, vor allem auch in Anbetracht des zunehmenden Nord-Süd-Gefälles dringend nach einer weltwirtschaftlichen Ordnung bzw. nach einer entsprechenden ethischen Auseinandersetzung damit. Erste Ansätze dazu wurden im Rahmen der UNO schon unternommen. Ähnlich wie später in der Weltverschuldungskrise der 1980er Jahre haben sich im Sinn einer weltweiten wirtschaftlichen Verantwortlichkeit kirchliche Stellen wie der Ökumenische Rat der Kirchen in Genf oder die päpstliche Kommission «Justitia et pax» schon früher mehrfach auf der Grundlage der Prinzipien einer christlich motivierten Wirtschaftsethik zu diesen Problemen zu Wort gemeldet. Der weitgehende Mißerfolg dieser Interventionen lag dann wohl nicht (wie gelegentlich behauptet) in der mehr pastoral engagierten als wirtschaftswissenschaftlich fundierten Argumentation, sondern bei den vorgegebenen nationalen Interessen der einzelnen Wirtschaftspartner, die Konzessionen zugunsten eines Welt-Gemeinwohls gerade auch seitens der mächtigsten Nationen verunmöglicht haben. Entsprechend wichtig erscheint es deshalb, daß abschließend zu diesen einführenden Darlegungen zu einer Wirtschaftsethik wenigstens eine Skizze (mehr ist unter den derzeitigen weltpolitischen

Voraussetzungen wohl kaum möglich) zu einer ethisch verantworteten Weltwirtschaftsordnung vorgelegt wird.

Da aber nicht nur diese global makro-ökonomischen Belange der Wirtschaftsordnung eigene Beachtung verdienen, sondern auch – sozusagen aus der Gegenrichtung – die mikro-ökonomischen Probleme auf der Betriebs- und Unternehmensebene nach ethischer Auseinandersetzung rufen, entsteht auch von dieser Seite her ethischer Handlungsbedarf. Denn so sehr der «direkte Arbeitgeber»[2], also der einzelne Unternehmer vom «indirekten Arbeitgeber», also von der Wirtschaftsordnung als solcher in seinem wirtschaftlichen Tun (aber nicht auch in seiner politischen Mitverantwortlichkeit) wie von einer Art Sachzwang abhängt, so wenig ist mit diesem Verweis – entgegen einer zu einfachen Ausflucht mancher Unternehmer und Manager – seine spezifisch eigene sozialethische Verantwortlichkeit auch schon ausgelotet.

Vielmehr gibt es auch im begrenzten Spielraum des einzelnen Unternehmens im Wettbewerb sehr erhebliche Möglichkeiten ethischer Eigengestaltung, sei es in den Kunden- und Lieferantenbeziehungen der Unternehmungen, sei es für das Betriebsklima als ganzes, wo neben der Lohnstruktur und dem Führungsstil vor allem der partnerschaftlichen Mitbestimmung, Bedeutung zukommt, sei es schließlich auch für die Stellung eines Betriebs im übrigen politischen Umfeld wie natürlich in der ökologischen Verantwortlichkeit.

In mancher Hinsicht ist dies nicht neu. Berufsständische Regelungen für den «ehrbaren Kaufmann» der Hanse so gut wie für den in einer Zunft organisierten Handwerksmeister hinsichtlich Ehrlichkeit, Produktqualität, Umgang mit Gesellen und Lehrlingen wie für das Kreditgebaren und die Zahlmoral zeigen Ansätze zu einer solchen betrieblichen Ethik, die sich mit der heutigen sogenannten «corporate ethics», der in den USA durchaus auch aus manifesten betrieblichen Eigeninteressen neu aufgegriffenen Betriebsethik sogar in manchem decken.

Da aber neue Erkenntnisse gerade auch aus den modernen Betriebswissenschaften viele neue Aspekte eingebracht haben, empfiehlt es sich, diesen Belangen ebenfalls noch eigens Aufmerksamkeit zu widmen und sogar damit zu beginnen, um dann von da aus auf die Weltdimensionen zurückzukommen.

B. «Corporate Ethics» – Wirtschaftsethik auf Betriebs- und Unternehmensebene

1. Ethik als «gefragtes Gut»

Trotz einer vor allem im katholischen Raum entwickelten systematischen christlichen Sozial- und Wirtschaftsethik und trotz zumindest punktuellen, appellativ zeugnishaften Ansätzen im evangelischen Raum[3], bezogen sich diese Überlegungen primär auf die ordnungspolitischen Zusammenhänge im nationalökonomischen Bereich. Für die Entscheidungen des einzelnen Unternehmers blieb es meist bei Appellen für ein faires menschenwürdiges Verhalten des Vorgesetzen gegenüber den von ihm abhängigen Arbeitnehmern. Die eigentlichen Führungs- und Managemententscheide blieben weitgehend seinem sachlichen Gespür überlassen, weil ja Fehlverhalten im Wettbewerb sich ohnehin rasch räche und so von selber korrigiere. Der christliche Glaubensvollzug beschränkte sich so neben der kultisch gottesdienstlichen Dimension weitgehend auf caritative Verpflichtungen, wie es die Karikatur ausdrückt: «Christ ist man am Sonntag, am Werktag gilt: Geschäft ist Geschäft».

Wenn diesbezüglich seit Ende der 1970er Jahre eine deutliche Wende festzustellen ist, so sind dafür mehrere Ursachen zu nennen. Einmal haben verschiedene Skandale und Schadensereignisse aus menschlichem Versagen vor allem im Finanz- und Ökobereich die Aufmerksamkeit der öffentlichen Meinung durch Fernsehen und Presse auf diese Belange der Verantwortlichkeit der einzelnen Unternehmung und ihrer Leitung gelenkt. Ein allgemeiner Vertrauensverlust der «classe dirigeante» im Management, die in den Ruf kam, der rücksichtslosen Gewinnmaximierung alle anderen Werte zu opfern, war die Folge. Daneben hat aber – nun positiv – die

Ausbildung der Betriebswissenschaften als einer eigenen wirtschaftswissenschaftlichen Disziplin dazu beigetragen, daß ethische, also wertbezogene Überlegungen auch in diesem Bereich angestellt wurden, zumal auch die ethische Systematik sich zunehmend der wesentlichen methodologischen Unterschiede zwischen einer auf die Gestaltung der gesellschaftlichen Ordnungen bezogenen Sozialethik und der mehr auf die überschaubaren sozialen Einheiten primärer Gruppierungen bezogenen zwischenmenschlich personalen Ethik bewußt wurde.

Vor allem in den USA, wo das Bedürfnis nach ethischer Rückbindung von Management-Entscheidungen zuerst, nämlich schon Ende der 1970er Jahre, spürbar wurde und – etwa durch die Einführung eines Pflichtfachs «Ethics» an den «Business-Schools» oder durch die Entstehung von wirtschaftsethischen Forschungs- und Beratungsinstituten, die über Kongresse und Tagungen breitere Kreise ansprachen – ein Ethik-Training für Führungskräfte als Notwendigkeit zu gelten begann, entdeckte man dabei allerdings bald, daß sich die traditionellen Wertvorstellungen einer christlichen Katechismusmoral nach dem Muster der alttestamentlichen Zehn-Gebote-Liste nur mangelhaft auf moderne wirtschaftliche Probleme wie etwa den Wertpapierhandel an der Börse mit spekulativen Termingeschäften oder den Waffenhandel anwenden ließen.

Gleichzeitig wurde man der in einer pluralistischen Gesellschaft wenigstens unterschwellig wirksamen Unterschiede in den sozial relevanten Wertvorstellungen gewahr: Während die einen wirtschaftlichen Erfolg auch als Lohn für ethisch richtiges Verhalten ansehen, gilt anderen die (markt-)wirtschaftliche Rationalität, zu welcher die Erwirtschaftung von Gewinn und Profit notwendigerweise gehören, sogar als in sich fragwürdig. Für manche Christen sind sie sogar, obwohl im «Reich der Welt» unerläßlich, für das Reich des Glaubens bloß der Sünde verhaftet, was dann einem seitens der Ökonomik mit Recht abgelehnten Moralismus Vorschub leistet und dazu führte, daß christliche Ansätze ausgegrenzt werden und pragmatische Denkmodelle die Oberhand erhalten[4].

Erst wo wirtschaftliche Effizienz einerseits auch als ethische Dimension anerkannt, aber andererseits als ausschließlich am Profit zu bemessende abgelehnt wurde, konnte eine ethische Diskussion erneut einsetzen, die trotz aller pluralistischen Wertungen doch als Basiskonsens Zielsetzungen wie menschliche Kommunikation, Gerechtigkeit, Sicherheit und mögliches Vertrauen als ethisch verbindlich wie zugleich als ökonomisch sinnvoll anzuerkennen vermag. Obwohl ein solches, wie man in der Hanse sagte, «ehrbares» Verhalten auch wirtschaftlich die Transaktionskosten senkt, ist doch die ökologische Erhaltung des «Raumschiffs Erde», die Pflege wahrer Menschlichkeit und die damit mögliche Friedenssicherung ein nicht weniger wichtiges Motiv in den Überlegungen einer so verstandenen «corporate ethics». So konnte sich auf dieser Basis im letzten Jahrzehnt eine auf Betrieb und Unternehmen ausgerichtete Ethik entwickeln, welche personalgruppenbezogen in den mikroökonomischen Belangen als Ergänzung zum ordnungsbezogenen makro-ökonomischen Bereich sozial- und betriebswissenschaftliche Ergebnisse nicht mehr einfach wertfrei als harte Fakten hinnimmt und Ethik in die Privatsphäre verweist oder eine diesbezügliche Ethik auf ein bloßes «Human engineering» reduziert[5].

Vielmehr gilt es nun auch für den «direkten Arbeitgeber», dem als Unternehmer für das Gemeinwohl zudem eine herausragende Rolle zukommt[6], nach Leitwerten für seine Führungsaufgaben zu fragen. Ethik wird von der Privatsache für den Sonntag zum wirtschaftlich gefragten Gut, was zwar die Gefahr der schnellen Lösungen nicht ausschließt, für die Vermittlung echter humaner Werte und damit für die christliche Verkündigung aber zugleich vielleicht sogar einmalige

Chancen eröffnet. Zwar ist die Gefahr, daß Ethik auf «Business» angewandt zur weiteren Profitmaximierung instrumentalisiert und so korrumpiert wird. Wenn man aber von der Voraussetzung ausgeht, sittliches Verhalten fordere nur «Opfer» und zahle sich niemals (auch nicht langfristig) aus, dann macht man sie nicht nur irrelevant, sondern leugnet letztlich auch, daß ein schöpfungskonformes Verhalten – und nur dieses darf Kriterium christlicher Ethik sein – auch dem Geschöpf Mensch zum Guten gereichen kann und soll. Eben dieser Ansatz sollte daher seitens einer christlichen Ethik für die unternehmerisch-betrieblichen Belange weiter bedacht werden.

2. Führungsfunktionen unter ethischem Anspruch – ein Ausgangspunkt

«Corporate Ethics», die wesentlich den Ethos-Standard eines Unternehmens ausmacht, hängt von allen Beteiligten und Betroffenen ab: «Denn jedes Unternehmen vom kleinsten bis zum größten hängt in seinem wirtschaftlichen Erfolg von verschiedenen Einzelpersonen und Gruppen ab ... und alle leisten einen Beitrag zum Unternehmen, alle nehmen teil an seinem Risiko zu wachsen oder unterzugehen»[7]. D. h. die Betriebsethik hängt gleichzeitig ab vom größeren gesellschaftlichen und makroökonomischen Umfeld, das der konkreten Management-Entscheidung im Unternehmen nur begrenzten Spielraum läßt, von der Beziehung zu Lieferanten und Kunden, die zwar in Wechselwirkung selber vom Stil des einzelnen Unternehmens beeinflußt sind sowie vor allem von der Belegschaft des Unternehmens selber, zu welchem aber selbst unter der Voraussetzung einer hohen Mitbestimmungskultur an herausragender Stelle die Führungskräfte (sei es als Eigentumsunternehmer, sei es als angestellte Manager einer sonst anonymen Eignerschaft) gehören. Von ihnen hängen Betriebsklima, innovative Kraft, Ethos wie Wertvorstellungen, kurz die ganze «corporate identity» einer Firma in hohem Maße ab. Nur genügt es dann nicht, daß der Manager einfach «sauber und anständig» ist und sich loyal an vorgegebene Rechtsordnungen hält. Denn ohne eigenes ethisches Umdenken vom bloß betriebsbezogenen auf ein globales Wertverständnis vermögen auch staatliche Maßnahmen keine Neuorientierung durchzusetzen.

Diese grundlegende Erkenntnis der Business-Ethik in den USA[8] gilt generell und ruft nach der Ausbildung entsprechender Wertausrichtungen, welche die klassische Ethik seit der griechischen Antike unter dem Stichwort der «Tugend» zu erfassen versucht hat. Es geht dabei erstens um eine hohe Auffassung vom Menschen und seiner unveräußerlichen Würde, unabhängig von jeder sonstigen Qualifikation, wie sie gerade von der von christlichen Idealen geleiteten Chefpersönlichkeit vertreten und daher auch von der kirchlichen paränetischen Verkündigung stimulativ und kritisch gestärkt zu werden verdient. Denn das letzte Ziel der sozialen Marktwirtschaft sind ja weder Macht und Recht oder Freiheit und Demokratie an sich; Ziel ist allein Humanität (so A. Müller-Armack), also ein kategorischer Imperativ der Menschlichkeit. Selbstkritisch und fähig zum persönlichen Lob für jede erbrachte Leistung hat ein Chef diese Achtung weniger zu lehren als vorzuleben, und zwar in einem gesprächsbereiten Führungsstil, der nicht einfach befiehlt, sondern erklärend überzeugt und sich dazu die fachliche Kompetenz aneignet, aber zugleich auch dem unterstellten Mitarbeiter Vertrauen in dessen Sachverstand entgegenzubringen vermag. Wer meint, ohne Delegation alles selber bestimmen zu können, taugt nicht zum ethisch qualifizierten Manager. Wo die Führungspersönlichkeit nicht Wertvertrauen in technologischer (für das Produkt wie den Produktionsprozeß) und in anthropologischer Hinsicht ausstrahlt, kann sie ihrer Aufgabe somit nicht gerecht werden[9]. Das alte, der preußischen Soldatenführung entliehene dreifache «K» für: «Kommandieren, Kontrollieren, Korrigieren» sei daher zu ersetzen durch Kontextverständis, Kultur von Werten und Kräfteaktivierung aller Beteiligten, liest man entsprechend in Verhaltensanweisungen für Manager[10].

Solche mitmenschliche Haltung paart sich dann wesentlich mit der vor allem von J. A. Schumpeter[11] herausgestellten Innovationsfähigkeit des Führenden, die dafür unter Ausschluß möglicher Gefährdung Dritter auch das unternehmerische Risiko zu tragen bereit sein muß. Dabei ist Innovation nicht nur technologisch hinsichtlich Produkt und rationeller Produktionsmethode zu verstehen, sondern auch menschlich sozial für das Betriebsklima wie für die Arbeitsprozeßgestaltung[12]. Trotz dieser auf die innerbetriebliche Gestaltung gerichteten Haltung kann der Führungsverantwortliche in Wirtschaft und Industrie sich allerdings je länger desto weniger auf diese Bereiche beschränken. Als der in diesen Belangen besonders kompetente Fachmann trägt er nämlich als Bürger für die ordnungspolitische Gestaltung der wirtschaftlichen Rahmenbedingungen ebenfalls sozialethisch besondere Verantwortung für die Mitgestaltung über die gerade im demokratisch verfaßten Gemeinwesen spezifisch ihm zugänglichen Einflußmöglichkeiten. Denn was im Mikrobereich der Unternehmung als ethisch richtig gilt, muß auch im Meso-Bereich der Verbände wie im Makro-Bereich der politischen Ordnungsgestaltung prinzipielle Gültigkeit haben.

Grundsätzliche Fairneß (Vertragstreue, Verzicht auf Tricks in der Konkurrenz, sichere Qualität des Produkts usw.) sowie Dienstbereitschaft statt Machtgier als Motiv wären dann als fundamentale Grundtugenden gerade auch des wirtschaftlichen Führers, des Managers wie des Unternehmers zu benennen. Aus dieser Haltung heraus vermögen

Führungspersönlichkeiten und die aus solchen bestehendem Kader zu integrativen Kraftquellen des Unternehmens als Arbeitsgemeinschaft zu werden, welche jedem ihrer Glieder das «Bewußtsein im eigenen Bereich zu wirken»[13] vermitteln. Dies ist besonders in Zeiten der wirtschaftlichen Struktur- wie des soziologischen Wertewandels und in einer Risikogesellschaft – man denke an die Gefahrenschere zwischen demographischem Druck und technologischer Unsicherheit – für die Persönlichkeitsstabilität von ausschlaggebender Bedeutung. Ohne diese integrative Kraft wäre daher ein Träger von Kaderfunktionen zwar vielleicht formelle Kommandoinstanz, keinesfalls aber die für den langfristigen Bestand des Unternehmens unerläßliche Chef-Persönlichkeit.

«Corporate Ethics» tendiert so offensichtlich weniger auf Normfindung, als auf die Schaffung eines Ethos, eines Betriebsklimas, das von Werten der personalen Achtung aller Beteiligten, von kritischem Zukunftsvertrauen und von global menschlicher Verantwortlichkeit geprägt ist. Die damit angesprochene Verantwortung kann dann nicht partiell bleiben, sondern muß für den gesamten Innen- wie Außenbereich des Unternehmens, die human mitmenschlichen Belange wie die Qualität der Produkte und den Schutz der Umwelt umfassen. D.h. aber nichts anderes, als daß das unternehmensethische Bemühen zwar sinnvollerweise bei der Führungsverantwortung einsetzt, sich aber keinesfalls darauf beschränken darf. «Corporate Ethics» zielt auf die gesamte Arbeitsgemeinschaft einer Unternehmung, deren Ethos zu prägen.

3. «Corporate Ethics» als Ethos einer Arbeitskultur

Wenn das von der Führung ausgehende Bemühen um eine ethische Unternehmenskultur Sinn haben und etwas im Betrieb bewirken soll, dann ist dies nur möglich, wenn diese Kultur als Ethos, als Stil oder Klima das gesamte Verhalten des Unternehmens prägt, d. h. wenn es von allen Mitarbeitern im «Wir-Gefühl» getragen wird, ja wenn der ethisch geprägte Führungsstil von Bedürfnis und Erwartung aller mitgetragen oder sogar ausgelöst wird. Dabei sind es wiederum nicht Normen und Anweisungen, welche die prägende Rolle spielen, sondern das Bedürfnis, zwischen dem privaten, gerade auch dem religiös motivierten ethischen Standard und der Arbeit im Betrieb ohne inneren Widerspruch, also nicht «schizophren» existieren zu können. Für das, was im Betrieb mit der dort gegebenen Technologie produziert wird, muß jeder einzelne bei kritischen Rückfragen seitens der Öffentlichkeit hinsichtlich Produkt, Prozeß, Umweltbelastung wie Konkurrenzgebaren geradestehen können. Denn Betriebs- und Unternehmensethos stellen nie eine Insel im allgemein gesellschaftlichen Ethos dar; sie müssen sich vielmehr als Teil davon auch davor zu rechtfertigen vermögen.

Solche gemeinsame soziale Verantwortlichkeit bedarf allerdings zugleich auch institutioneller Stützen. Partizipation an Ertrag und Kapital wie vor allem an den Entscheidungsprozessen sind dafür zusammen mit dem dafür unerläßlichen Informationswesen – wie vor allem auch die neueren lehramtlichen Dokumente der Katholischen Soziallehre betonen – unerläßlich. D. h. ein von der Errungenschaften menschenrechtlicher Demokratien geprägtes Informations- und Führungssystem gehört wesentlich zu einer christlich human- und sozialethisch geprägten Unternehmenskultur. Einwände, dies führe einen in harter Konkurrenz stehenden Betrieb notwendigerweise in den Ruin, sind weder bewiesen (es gibt vielmehr genügend Gegenbeispiele), noch vermögen sie zu erklären, warum das, was auf dem noch komplexeren Gebiet der politischen Staatsorganisation in kulturell vielfältigen Formen zwar nicht perfekt, aber doch wesentlich besser als alle anderen Modelle von Staatsführung funktioniert, für die Gestaltung einer Unternehmenspolitik unrealisierbar sein soll[14]. Platonisierende Relikte aristokratischer Denkstrukturen, welche die Unternehmerschaft des 19. Jh. prägten und die Ideologie des Klassenkampfes aus innerer Notwendigkeit nach sich zogen, vermögen kaum mehr den Herausforderungen an ein Unternehmen an der Schwelle zum 21. Jahrhundert zu genügen.

Entsprechend dürfen dann auch die Betriebsorganisation, die Strategien in Produktion und Marketing wie vor allem die «Unternehmensphilosophie» nicht einfach Chef-Sache sein. Sie müssen, um prägen zu können, von einem Wir-Gefühl getragen werden. Deshalb insistieren vor allem die in den USA entwickelten Modelle der «corporate ethics» auf der Bewußtseins- und Gewissensbildung der Gruppe als eines «moral-agent», die sich ihre eigenen Wertvorstellungen ethisch plausibel machen müßte, um sie dann als Gruppenmoral internalisieren und rechtlich auch nach außen hin vertreten zu können. Erst so vermag ein Unternehmen als soziale Einheit auf der ihr besonders angemessenen mikroökonomischen Ebene, aber auch im gesellschaftlichen Gefüge aktiv prägend zu werden, und zwar sowohl beispielgebend für andere Unternehmen und die eigene Branche wie auf der Makro-Ebene der Gestaltung der gesamten Wirtschaftsordnung und nicht weniger auf der Ebene des individuellen Verhaltens der einzelnen Akteure auf der sog. «Face to Face-Ebene»[15]. D. h.: Nicht allein der einzelne, wie es gemäß dem Menschenbild der Aufklärung der Wirtschaftsliberalismus vertrat, noch allein die gesellschaftlichen Verhältnisse, wie es in Reaktion darauf der Marxismus meinte, sondern von beiden Seiten her und vor allem aus solchen gemeinschaftlich aktiven Gruppen als einer Art sozialen Mitte heraus gestaltet sich jenes Ethos, dem die besondere Aufmerksamkeit der «corporate-ethics» in besonderer Weise zu gelten hat.

Dabei zeigt eine sozialpsychologische Analyse, daß sich solche ethischen Prägungen in einem typischen Ablauf herausbilden, den man in den USA als «policy process» bezeichnet. In diesem Prozeß geben sich die Betroffenen zunächst Rechenschaft über ihre oft divergierenden Wertvorstellungen, um sie zu einem gemeinsamen Wertstandard, der dann als Verhaltenskodex der Firma Geltung haben soll, zu vereinigen. In einem gewissen Unterschied zu den meisten in Europa üblichen und an sich wertvollen Verhaltenskodizes verschiedener Unternehmungen, die meist von den Geschäftsleitungen erlassen werden, sollen solche sozusagen von unten her gewachsenen Kodizes auf breitem Konsens abgestützt sein und eben dadurch besonders wirksam werden. Um dies zu erreichen, muß jedoch parallel zu dieser theoretisch ethischen Wertsetzungs-Arbeit das laufen, was diese Modelle als «Ethic screening» bezeichnen, nämlich die Erhebung der tatsächlich befolgten Werte und Normen, die ähnlich wie Führungsmaximen und Praxis oft von den theoretisch bekannten erheblich abweichen können[16]. Ein oft ernüchternder, in jedem Fall aber stimulierender Theorie-Praxis Vergleich ist die natürliche Folge dieser zweiseitigen Erkenntnisstrategie.

Von dieser doppelten Erkenntnis her gilt es dann, negative Verhaltensweisen zu sanktionieren und besonders die positiven über Belohnungen, sog. «incentifs» frühzeitig zu stärken, um im vielfältigen Interessennetz eines Unternehmens (Mitarbeiter, Kunden, Umwelt, soziales Umfeld, finanzielle Verpflichtungen gegenüber dem Risiko-Kapital, gesetzliche Auflagen usw.) das richtige Gleichgewicht zu finden und einzuhalten, um von da aus nicht bloß reaktiv, sondern prospektiv-aktiv, also vorausschauend, aber ohne ständige Angst vor negativen Konsequenzen planen und produzieren zu können. Aber selbst diese positiven Ergebnisse des vorgeschlagenen Vorgehens entbinden nicht von der ethischen Grundfrage:

4. «Corporate Ethics»: mehr als utilitaristischer Konsequentialismus?

Wäre «corporate ethics» nämlich nicht mehr als ein pragmatisch utilitaristischer Sozialeudaimonismus, dann würde sie sich auf eine kybernetische Systemkosmetik reduzieren, der nur das bessere, reibungslosere Funktionieren der Abläufe in der Produktion am Herzen liegt, wo man also «Human relations» pflegt, weil ein angenehmeres Betriebsklima (bis hin zur Farbgebung der Arbeitsräume, der begleitenden Musik usw.) die Produktivität steigert, die Kosten senkt und so das «Human capital» besser nutzen läßt. Nicht der Mensch als solcher, sondern sein Wohlbefinden als Produktionsfaktor interessiert. Von Ethik im eigentlichen Sinn könnte dann nicht mehr die Rede sein; sie reduzierte sich im Sinn von E. Durkheim († 1917) auf Diagnose und Therapie von Fehlern im System, das als solches aber fraglos als geltend anzusehen ist[17].

Ohne Zweifel lassen sich Beispiele für solche Reduktionen von Ethik auch in gängigen Unternehmensphilosophien nachweisen. Dennoch ist dies allgemein gesehen nicht deren Absicht. Zwar werden utilitaristische Momente, die ja im Zusammenspiel annähernd gleichstarker und partizipativ integrierter Partner durchaus ethische Relevanz haben, durchaus ernstgenommen[18] und damit eine Reihe negativer Folgen, wie etwa mittelfristig schädliche Ökobelastungen oder Diskriminierungen von Minderheiten usw. rechtzeitig ausgeschlossen. Dies stellt für eine ethische Unternehmenskultur gegenüber einer bloß kurzfristigen Gewinnmaximierung mit einem raschen «Return of Investment» zwar schon einen erheblichen Fortschritt dar. Zur Sicherung eines wirklich humanen Ethos genügt dies freilich – und zwar auch aus der Sicht der professionellen «Corporate Ethics» nicht, ebensowenig verläßlich scheinen jedoch die spontan eintretenden «Hilfen» einer unsichtbaren Hand im freien Wettbewerb oder die aus der entgegengesetzten Position vorgeschlagenen staatlichen Regelungen[19]. Damit bleibt nur, auf die eigene persönliche Verantwortlichkeit aller Betroffenen zu setzen.

Dazu werden – hierin alter ethischer Tradition folgend – drei Ebenen unterschieden: Eine den «realistischen» Verhaltensweisen der bedingten Reflexe der Lohn/Strafe folgende, auf kurzfristige Ziele gerichtete Wertebene, welche der verhaltenspsychologischen Erkenntnis zugänglich ist und daher – ähnlich biologischen Gesetzen – eingehalten werden sollte, um nicht Schaden zu nehmen. Darüber liegen die ethischer Einsicht folgenden Werte und Ziele, die nach der goldenen Regel aus Achtung und Rücksicht vor den Mitmenschen, aber auch aus berechtigten Eigeninteressen Nutzen zu fördern und Schaden zu vermeiden sucht, nicht zuletzt, weil auch in Geschäft und Wirtschaft sich normalerweise nur dieses Vorgehen auszahlt. Wenn dieses Vorgehen aber nicht nur gelegentlich, also opportunistisch, sondern immer Geltung haben soll, dann muß es zugleich auf letzten fundamentalen «Kernwerten» aufbauen, die so oder anders als «Prinzip Gerechtigkeit» (J. Rawls) einsichtig gemacht und persönlich angenommen werden müssen, um dann als Basis für die genannten unternehmensethischen Verhaltenskodizes dienen zu können.

Echte Unternehmenskultur – und nur in einer solchen ist ein Unternehmen langfristig erfolgreich denkbar – erfordert eine solche Fundierung; denn sogar empirische Untersuchungen haben ergeben, daß Werte und moralische Bindungen eine erfolgreiche Unternehmensführung eher fördern als behindern. D. h.: Was für den «ehrbaren Kaufmann der Hanse» galt, trifft für den wirtschaftlichen Verantwortungsträger in heutigen Unternehmungen, wenn auch unter komplexeren Voraussetzungen nicht weniger zu[20]. Damit schreibt «corporate ethics» für den spezifischen mittleren Bereich des Wirtschaftens aber genau das fest, was christliche Sozialethik seit jeher auf verschiedenen Ebenen zu vermitteln versuchte und wofür sie offenbar unter dem aktuellen Problemdruck einer postindustriellen Kultur besonders offene Ohren findet: Die Achtung jedes Menschen als einzelner Person wie die Sorge um das Gemeinwohl in der menschlichen Gesellschaft. Diese Chance nicht zu nutzen, wäre folglich ethisch unverantwortlich[21].

5. Der (noch) fehlende Welthorizont

Während die klassische Wirtschaftstheorie und die darauf bezogene Ethik die Ordnungen der staatlichen Gemeinwesen als Nationalökonomie bedachte und so auch das Leitparadigma für die Wirtschaftsethik abgab (auch die hier vorgelegte einführende Übersicht zeugt davon), hat die «corporate ethics» im Anschluß an die Differenzierungen von Wirtschafts- und Betriebswissenschaft den mittleren Bereich der Unternehmensführung und -gestaltung in den Blick genommen und in den letzten Jahren vorangetrieben. Die Nähe zu einer individuellen Wirtschaftsethik, besonders hinsichtlich einer Führungsethik, ist dabei unverkennbar. Noch wenig bedacht wurde aber, wie sehr Betriebe und Unternehmungen heute zunehmend, sei es über die Finanzstrukturen oder über Lieferanten- und Kundenbeziehungen, sei es vor allem über Abhängigkeit und Eingliederung in transnationale Konzerne von globalwirtschaftlichen Rahmenbedingungen abhängen. Der Makro-Bereich, auf den sich die meisten wirtschaftstheoretischen Überlegungen beziehen, ist trotz dieser weltweiten Entwicklung aber noch immer der einzelne Staat, obwohl gerade auch dieser – und zwar sogar bei führenden Großmächten – zunehmend auf den Bereich einer «oberen Meso-Ebene» zurückfällt und darin von den globalen Zusammenhängen abhängt.

Dennoch darf sich eine allgemeine Wirtschaftsethik, wie schon mehrfach angedeutet, nicht auf diese nationalökonomischen Dimensionen beschränken. Sie hat vielmehr gerade auch die Makro-Ebene der Weltwirtschaft in ihre Überlegungen einzubeziehen, zumal seitens der «corporate-ethics» im Blick auf multinationale Konzerne erste Versuche zur Erarbeitung globaler Verhaltenscodizes schon vorliegen[22].

Weltwirtschaftliche Ordnungsvorstellungen aus den gleichen sozialethischen Leitbildern einer sozial verantworteten Marktwirtschaft wenigstens im skizzenhaften Entwurf vorzulegen, gehört daher zu einer wirtschaftsethischen Übersicht. Denn mit zunehmender wirtschaftlicher Vernetzung und mit der wachsenden Autorität von überregionalen und sogar weltbezogenen Behörden, aber auch von weltweit agierenden transnationalen Konzernen wird diesem bislang noch wenig profilierten Gesichtspunkt der Wirtschaftsethik eine stets größere Bedeutung zukommen. In Ermangelung globaler politischer Ordnungsstrukturen kommt zudem der sozialethischen Überlegung sogar besonderes Gewicht zu. Einer in christlicher Motivation wurzelnden Wirtschaftsethik liegt dieser Gesichtspunkt aber auch deshalb besonders nahe, weil nach dem neutestamentlichen Verständnis der Aufteilung der Welt in Staaten und Nationen ohnehin nur ein relativer, auf das eine, die ganze Menschheit umfassende Volk Gottes hin finalisierter Stellenwert zukommt.

C. Für eine globale Ökonomie – der weltwirtschaftliche Zusammenhang

Ein umfassendes elektronisches Informationssystem für Nachrichten aller Art, wie ein effizientes internationales Verkehrssystem für den Transport von Personen und Gütern läßt den wirtschaftlichen Austausch zwar nicht auf einen einzigen einheitlichen Markt zusammenschrumpfen, hat aber doch zur Folge, daß die globalen Handelsbedingungen auch für lokale Märkte zunehmend bestimmend werden. Was in den letzten Jahren sich im Bank- und Börsenwesen besonders eindrücklich bemerkbar machte, nämlich die fast verzugslose weltweite Anpassung der Kurse und Tendenzen, gilt in unterschiedlichem Maß allgemein für das Wirtschaftsgeschehen. Es spielt sich so gut wie die Politik und das Informationswesen nirgends mehr ohne weltweite Bezüge ab. Wirtschaft ist immer auch Weltwirtschaft und entsprechend wird eine Sozialethik, die diese weltweite Dimension aus ihren Überlegungen ausblenden würde, ihrem Wissenschaftsobjekt nicht gerecht. D. h. sie verurteilte sich selbst zur praktischen Irrelevanz und würde sich so auch rasch selber aufheben.

1. Die Entwicklung der Weltwirtschaft in der zweiten Hälfte des 20. Jahrhunderts

Die bestehende Weltwirtschaftsordnung ist nach 1945 unter der Führung der USA vor dem Hintergrund der Erfahrungen der 30er Jahre entstanden. Die Handelskriege im Gefolge der Weltwirtschaftskrise von 1929 hatten durch wachsende Handelsbeschränkungen und einen Abwertungswettlauf zu einer kollektiven Selbstschädigung mit der Folge eines allgemeinen wirtschaftlichen Niedergangs geführt. Um erneuten Handelskriegen vorzubeugen, sollte eine neue Welthandelsordnung auf der Basis des Prinzips des Freihandels zum Vorteil aller errichtet werden. An der Schaffung des vorläufigen Welthandelsabkommens (GATT) von 1948 waren 23 Staaten unter der Führung der USA beteiligt. Vor allem die westlichen Industrienationen sowie wenige Entwicklungsländer zählten dazu. Während die sozialistischen Staaten dem GATT unter Druck der UDSSR fernblieben, war danach ein großer Teil der heute souveränen Staaten aufgrund ihres damaligen Kolonialstatus noch ausgeschlossen. Sie stießen aber später dazu, so daß dem GATT heute etwa 90 Staaten angehören; darüber hinaus wenden rund 30 Staaten die GATT-Regeln an. Dieses vorläufige Welthandelsabkommen sollte eigentlich durch die Schaffung einer internationalen Handelsorganisation – ITO (Havanna-Charta) mit supranationalen Kompetenzen abgelöst werden, die u. a. eine Kontrolle internationaler Wettbewerbsbeschränkungen sowie Maßnahmen zur Stabilisierung von Rohstoffpreisen vorsah. Die Schaffung der ITO scheiterte aber am Widerstand des US-Kongresses, so daß aus dem Provisorium GATT ein Dauergebilde wurde.

Im Bereich der finanziellen Beziehungen wurden zudem bereits 1945 der internationale Währungsfonds (IWF) sowie die Weltbank, die später weitere Unterorganisationen erhielt, als supranationale Organisationen mit Entscheidungskompetenzen errichtet, die vor allem im internationalen und zwischenstaatlichen Kreditwesen eine bedeutsame Rolle spielen. Darüber hinaus hat aber auch die dank der EDV-gestützten Information in den 1980er Jahren aufgebaute internationale Vernetzung der Börsen, die den Wertpapierhandel «round the clock» möglich machte, das private Finanzwesen in internationale Dimensionen gestellt. Die Globalisierung, die auf der Unternehmensebene durch die Entstehung der multinationalen Konzerne wie durch die über gegenseitige Beteiligungen transnationalen Verknüpfungen längst zur Tatsache geworden war, erhielt so auf der Finanzebene ihre dynamisierende Parallele. Diese an sich wünschenswerte Internationalisierung und Öffnung im Austausch von Waren und Dienstleistungen unter (wenigstens theoretisch) freien Wettbewerbsbedingungen bevorzugte jedoch faktisch die stärkeren Partner, also die «alten» Industrieländer, während die gleichzeitig in die Selbständigkeit entlassenen ehemaligen Kolonien nun als «Dritte Welt» an den Vorteilen unterproportional teilhatten und sogar durch eine faktische Diskriminierung noch mehr ins Abseits gedrängt wurden.

Daher erstaunt es wenig, daß nach dem Ende des Kolonialzeitalters eine verschärfte Kritik an den Welthandelsstrukturen durch die Entwicklungsländer einsetzte, die sich besonders auf folgende Aspekte bezieht: Einmal leidet das gegenwärtige Welthandelssystem unter einem Legitimationsdefizit, da die Mehrheit der Länder bei seiner Errichtung ausgeschlossen war und sich später weitgehend nur entscheiden konnte, den bestehenden Regelungen beizutreten, ohne diese grundlegend in Frage stellen zu können. Zudem hatte zweitens die dem GATT zugrunde liegende liberale Außenhandelstheorie durch einen wachsenden Welthandel zwar einen allgemeinen Anstieg des weltwirtschaftlichen Wohlstands bei Angleichung der Einkommensunterschiede der verschiedenen Länder prognostiziert, während die faktische Entwicklung der Weltwirtschaft durch ein Anwachsen der Ungleichgewichte zwischen Industrie- und Entwicklungsländern gekennzeichnet war. Schließlich werden drittens selbst die von den Entwicklungsländern als unbefriedigend angesehenen Regeln des Welthandels von den Industrieländern noch unterlaufen und ohne Sanktionsgefahr verletzt, oder doch (etwa bei Freihandelszonen wie der EG) so in ihrem Sinne interpretiert, daß einseitige Änderungen zu Lasten der Entwicklungsländer möglich werden. Eine Vielzahl von Hemmnissen verhindert auf diese Weise für Produkte aus Entwicklungsländern gegen Buchstaben und Geist des Regelwerkes den Marktzutritt, indem die in verschiedenen Zollrunden reduzierten finanziellen Belastungen durch nichttarifäre Handelshemmnisse ersetzt wurden. Dazu zählen «freiwillige» Selbstbeschränkungsabkommen mit einzelnen Entwicklungsländern, restriktive Verwaltungspraktiken beim Import, Änderungen für technische Normen, Umwelt- bzw. Gesundheitsvorschriften usw., die alle letztlich dem Schutz bestimmter heimischer Wirtschaftszweige dienen.

Solche Regelverletzungen durch die Industrieländer sind möglich, weil eine Asymmetrie der Macht zwischen Industrie- und Entwicklungsländern besteht, die ihre Begründung darin findet, daß Industrieländer fast sämtlich Produkte der Entwicklungsländer aufgrund ihres technologischen Wissens und bei entsprechenden finanziellen Aufwendungen selbst herstellen könnten und daher auf deren Import auch verzichten könnten, während Entwicklungsländer existentiell auf den Import von Gütern hoher Technologie aus Industrieländern angewiesen sind.

Außerdem ist viertens die Kontrolle privater Wirtschaftsmacht im Welthandel unzureichend: So werden aus Gründen der Exportförderung in der Rechtsordnung der Industrieländer Kartellabsprachen zugelassen, die im Inland unzulässig sind[1]. Auch fehlen bisher weitergehende Maßnahmen zur Kontrolle multinationaler Unternehmen. Außer selbstverantworteten Verhaltenskodizes, die auf die Kontrolle durch die öffentliche Meinung bzw. der Konkurrenz angewiesen sind, gibt es keine normativen Begrenzungen. Dagegen ist aufgrund der durch das Kolonialzeitalter vorgeprägten Wirtschaftsstruktur und der insgesamt schlechten Ausgangsbedingungen die Wettbewerbsfähigkeit der meisten Entwicklungsländer auf den Weltmärkten unzureichend und zwar hinsichtlich der Möglichkeit der Verfügung über Sachkapital wie über ausreichend qualifizierte inländische Arbeitskräfte wie schließlich für den Zugang zu immateriellem Kapital, also zu (Know-how) patentgeschützten Technologien und Gebrauchsmustern, aber auch ganz allgemein zu einer soliden Allgemeinbildung breiter Volksschichten.

In Anbetracht dieser Benachteiligungen ist daher 1964 auf Betreiben der Entwicklungsländer die Welthandelskonferenz UNCTAD[2] als Organ der UNO gegründet worden. Auf Grund der von ihr erhobenen Forderungen haben die Industrieländer im Rahmen des GATT in den 60er Jahren den Entwicklungsländern gewisse Vorzugsbehandlungen zugestanden. Nur sind bei dieser Vorzugsbehandlung eine Reihe gerade jener Güter, vor allem Textilien und Agrarerzeugnisse ausgeschlossen, bei denen die Entwicklungsländer über Wettbewerbsvorteile verfügen. Auf den UNCTAD-Konferenzen, an denen an die 170 Länder teilnehmen, haben die Entwicklungsländer daher ihre Forderungen in Richtung auf eine grundlegende Neuordnung der Weltwirtschaftsbeziehungen im Rahmen einer *Neuen Weltwirtschaftsordnung* erweitert. Als deren vordringliche Ziele wären vor allem zu nennen:

– Die Stabilisierung von Rohstofferlösen durch die Errichtung gemeinsamer Fonds (sogenannte «Buffer Stocks»),
– die Handelsliberalisierung der Industrieländer für Produkte der Entwicklungsländer, sowie
– ein verbesserter Technologietransfer von den hochindustrialisierten zu den Entwicklungsländern bei gleichzeitiger Sicherung von deren wirtschaftlichen Souveränität und mit dem Recht auf Enteignung fremder Unternehmen.
– Zudem sollte die Mitbestimmung der Entwicklungsländer in internationalen Organisationen wie dem IWF erweitert werden, weil dort die Stimmrechte nach Kapitalbeiträgen verteilt sind.
– Zugleich soll aber auch eine bessere finanzielle Hilfe sowohl über erweiterte Liquidität des IWF wie über eine er-

höhte öffentliche Entwicklungshilfe angestrebt werden, die verstärkt international über multilaterale Institutionen zu leiten wäre, um die bilaterale zwischenstaatliche Hilfe, die leicht mit irgendwelchen politischen Verpflichtungen verbunden werden kann, abzubauen.

Diese Forderungen wurden jedoch von den Industrieländern weitgehend abgelehnt oder aber trotz verbaler Zusagen, wie z. B. für die Erhöhung der stattlichen Entwicklungshilfe auf 0,7 % des Bruttosozialproduktes, nicht eingelöst. Im Gefolge der beiden Ölpreiskrisen seit Mitte der 1970er Jahre und der nachfolgenden Schuldenkrise traten die Fragen des Welthandels zwar etwas in den Hintergrund; gelöst aber sind sie keineswegs. Über ein bloßes Krisenmanagement hinaus stellen sie für eine dauerhafte Entwicklung der Weltwirtschaft so nach wie vor ein Kernelement dar, das eine global finalisierte Wirtschaftsethik daher nicht außer Acht lassen darf.

2. Sozialethische Überlegungen zu einer Weltwirtschaftsordnung

2.1 Der Ausgangspunkt

Der feste Ausgangspunkt für eine Auseinandersetzung christlicher Sozialethik mit den Fragen einer Weltwirtschaftsordnung kann selbstverständlich auch hier nur die fundamental gleiche Würde aller Menschen als Ebenbilder Gottes sein, die es für den Bereich einer globalen Ökonomik in der heutigen Gesellschaft zu konkretisieren gilt. In einer kulturell und weltanschaulich pluralistischen und gerade unter wirtschaftlichen Gesichtspunkten weltweit zunehmend vernetzten Gesellschaft haben sozialethische Aussagen aber nur dann eine Chance, ordnend auf gesellschaftliche Gestaltung einzuwirken, wenn sie sich auch unabhängig von ihrer letzten Begründung im Menschenbild des christlichen Glaubens einsichtig zu vermitteln vermögen. Eben dies hat auf Grund ihrer ins Mittelalter zurückreichenden Tradition des naturrechtlich schöpfungstheologischen Ansatzes die kirchliche Soziallehre wie oben dargelegt[3] für den national-ökonomischen Bereich zu leisten unternommen. Die globalen Herausforderungen einer Weltwirtschaft in einer multikulturellen und so weltanschaulich erst recht pluralistischen, aber dennoch existentiell zunehmend gegenseitig abhängigen menschheitsweiten Gesellschaft stellen damit nicht grundsätzlich neue Probleme; sie stellen sie aber in einer neuen und potenzierten Weise.

Die Sozialenzyklika «Mater et magistra» von Papst Johannes XXIII. aus dem Jahr 1961 und vor allem die Erlasse des II. Vatikanischen Konzils (1962–65) begannen diese Herausforderung anzunehmen und zu reflektieren. Sie haben so schon recht frühzeitig dazu beigetragen, daß ein weltweites Problembewußtsein für diese Fragen geweckt wurde. Mit der genannten Unterscheidung der globalen weltwirschaftlichen Ordnungsstrukturen als dem «indirekten Unternehmer» vom «direkten», also einzelnen Unternehmer[4], dessen konkrete wirtschaftliche Entscheidungen trotz aller auch als eigene Verantwortung gespürter ethischer Forderung nur im Rahmen einer umfassenderen Wirtschaftsordnung als dem «indirekten» Unternehmer getroffen werden kann, hat Papst Johannes Paul II. dann 1971 die hier anstehende Frage erstmals in ihrer theoretischen Eigenart angesprochen, ohne damit freilich eine eigene Lösungstheorie seitens der kirchlichen Lehre vorschlagen zu wollen. Diese hat keinen dritten Weg anzubieten[5]. Ihre Aufgabe ist es vielmehr, vom dem evangelischen Gebot umfassender Nächstenliebe her, also aus einer prioritären «Option für die Armen», auf deren Bedürfnisse und Leiden aufmerksam zu machen, wobei dann nicht nur der einzelne Benachteiligte, sondern ebenso auch die jeweils von Benachteiligungen aller Art betroffenen Volksschichten (oder Völker) als ganze in die Überlegung einbezogen werden. Für sie gilt es, über alle rassischen und nationalen Grenzen hinweg auf eine dauerhafte Überwindung der wirtschaftlichen Ungerechtigkeiten wie auf eine institutionelle Neuordnung der sozialen Ungleichheiten zeitigende Strukturen hinzuarbeiten.

Wenn sich kirchliche Verlautbarungen, die katholischen lehramtlichen Lehrschreiben so gut wie die protestantischen Denkschriften zu Recht auf das mahnend-auffordernde, also paränetische Moment der Verkündigung konzentrieren, so setzt dies aber um der eigenen Glaubwürdigkeit willen unbedingt voraus, daß gerade diese Form der Verkündigung auf einer exakten theologisch-sozialethischen Reflexion aufbaut, welche ihre normativen Wertsetzungen in der theologischen Tradition vor den Einsichten der Vernunft verantwortet, sie aber zugleich und letztlich im Glauben an die freimachende Erlösungsbotschaft Jesu Christi reflexiv-kritisch festmacht und aus genauer wissenschaftlich erhärteter Information die wirtschaftliche Problemlage auf die aktuellen, die weltwirtschaftlichen Ordnungsstrukturen betreffenden Probleme weiterzudenken versucht.

Dabei ist es auch auf der weltwirtschaftlichen Ebene unerläßlich, auf das ethische Ungenügen einer bloß pragmatischen Rationalität zur kritischen Beurteilung eines sachgerechten ökonomischen Verhaltens des Menschen hinzuweisen, obwohl marktwirtschaftliche Wettbewerbstheorien sich auch hier gelegentlich den Anschein geben, es könnte schon aus einer Theorie des wohlverstandenen Eigeninteresses eine hinreichende und ökonomikinhärente Wirtschaftsethik begründet werden[6]. Neben den schon genannten allgemeinen Tendenzen der Marktwirtschaft zu ihrer Aufhebung zugunsten der im Wettbewerb mächtig gewordenen Starken in Kartellabsprachen und Protektionismen aller Art, hat für die weltwirtschaftlichen Ungleichgewichte zwischen den Industrieländern und der Dritten Welt als deren früheren Kolonien in den letzten Jahren vor allem die sog. Dependenztheorie eine historisch-kausale Erklärung zu geben versucht[7]. In einem zunächst zu monokausalen (und seither differenzierten) Ansatz stellt sie eine zwar wechselseitige Abhängigkeit zwischen den reichen Ländern als den Zentren von Macht, Einfluß, Wissen und Information und den armen Peripherien fest, zeigt aber zugleich, wie diese Abhängigkeit stets und zunehmend zugunsten der reichen Zentren wirkt und die Entkolonisierung dagegen keine Zäsur bedeutet. Obwohl diese Theorie «hausgemachte» Ursachen wie Korruption, Mangel an politischer Stabilität, Analphabetismus oder klimatische Bedingungen zunächst vorschnell überging oder vereinfachend ebenfalls der Abhängigkeit zuschrieb, so sind die erhobenen Fakten doch stark genug, um eine Lösung der weltwirtschaftlichen Probleme keinesfalls allein von den Marktkräften erwarten zu lassen.

Ferner wäre darauf hinzuweisen, daß das Marktgeschehen vom alltäglichen Einkauf bis zum Börsengeschehen[8] auf eine unbedingte Vertragstreue angewiesen ist, deren Verletzung sich zwar im allgemeinen, d. h. unter wenigstens annähernd gleich starken Partnern, wie sie sich in den alten Industrieländern finden, recht kurzfristig rächt, die aber bei großen sozialen Unterschieden – man denke an die häufig mit brutaler Gewalt durchgesetzten Vertragsbrüche von Großgrundbesitzern gegenüber faktisch wehrlosen Landarbeitern in Lateinamerika nicht greift und dann die freie Wettbewerbsordnung oft in die bare Unmenschlichkeit des Rechts des Stärkeren umkippen läßt. D. h. aber nichts anderes, als daß der Markt nur dann «zum Wohle der Nationen» (A. Smith[9]) dient, wenn er von einer staatlich gesicherten Rechtsordnung unterfangen ist. Gerade diese aber fehlt auf der Weltebene weitgehend und macht diese so zu einem Raum, wo das Recht des Stärkeren an die Stelle einer Ethik der Gerechtigkeit treten kann.

Ökonomikinhärente Ansätze, die etwa über das sog. «Gefangenen-Dilemma»[10] nach dem Prinzip des wohlverstandenen Eingeninteresses unter annähernd gleich starken Wettbewerbsteilnehmern einen in etwa befriedigenden Ausgleich herstellen wollen, genügen als Sozialeudaimonismus für die weltwirtschaftlichen Ansätze nicht. Denn dessen Leitsatz vom «größten Glück für die größte Zahl» läßt es u. U. zu, daß einzelne diesem Ziel untergeordnet werden und gerade dies wurde dann das Schicksal vieler Kolonialvölker, für die eine wirklich besondere Sorge für Arme den Grundsatz unbedingter Gerechtigkeit, konkret vor allem als Achtung der Menschenrechte, einzufordern hat.

So sehr sich die Wirtschaftsethik daher um die der menschlichen Vernunft angemessene ökonomische Rationalität ihrer Aussagen zu mühen hat, so wenig kann sie sich mit einer anthropologisch so dünnen Grundlage zufrieden geben. Weltwirtschaftlich gesehen kann von diesem Ansatz her gegen die genannte weitere Marginalisierung der sog. Entwicklungsländer, von denen die starken Industrieländer nichts zu fürchten haben, nämlich höchstens über den für all diese Staaten kaum konsistent zu führenden Nachweis, daß eine weitere Vernachlässigung langfristig den wohlverstandenen Eigeninteressen der stärkeren Nationen zuwiderläuft, eine Rücksichtnahme gefordert werden. Eine alle Gemeinwesen umfassende, unbedingte Rücksicht ist so jedoch nicht gewährleistet; die ethische Ablehnung des eingangs genannten Zustandes grundlegender struktureller Ungleichgewichte in der Wirtschaft und damit der Ungerechtigkeit ist dann bestenfalls eine Klugheitsdevise, jedoch noch keine unbedingt auch wirtschaftspolitisch verbindliche ethische Norm. Erst wo im Sinn einer Gerechtigkeitsethik, wie sie hier unter christlichem Vorzeichen vertreten wird[11], wie sie aber im Sinn des Kategorischen Imperativs von I. Kant, den Menschen nie bloß als Mittel, sondern immer zugleich auch als Selbstzweck zu brauchen oder in der genannten Gerechtigkeitstheorie von J. Rawls[12] der praktischen Vernunft des Menschen schlechthin einsichtig und als «goldene Regel» implizit auch von praktisch allen Völkern anerkannt ist[13], die Achtung der Würde jedes Menschen als solchen, unabhängig von möglichen Eigeninteressen gefordert werden kann, wird eine im vollen Sinn ethische Norm möglich. Nur sie kann für eine Weltwirtschaftsordnung eine hinreichende Grundlage abgeben. Hier mit Rücksicht auf den weltanschaulichen Pluralismus um höherer Plausibilität auf schwächere ethische Argumente zu bauen, heißt letztlich stets auch schon dem Stärkeren einen Vorteil verschaffen.

Was daher oben für die nationalökonomische Struktur hinsichtlich einer aus Gründen der Gerechtigkeit nur in sozialem Rahmen zu verantwortenden Marktwirtschaft schon aufgezeigt wurde, wird so im Horizont der weltwirtschaftlichen Ordnungsproblematik noch dringlicher. Auch hier gilt es zu beleuchten, wie sehr nicht nur einzelne Menschen, sondern, Staaten oder einzelne, vor allem privilegierte oder/und herrschende Völkerschichten dem Wahn eigener Verabsolutierung und menschlichkeitsgefährdender Selbstüberheblichkeit (theologisch gesprochen also der Sünde) ausgesetzt bleiben, die sich dann gesellschaftlich verfestigen und zu eigentlichen sozialen «Strukturen der Sünde»[14] verhärten können.

Gerechtigkeit im Sinne unbedingter Achtung der unveräußerlichen Würde jedes Menschen muß sich daher gerade auch im weltwirtschaftlichen Bereich stets in und gegen solche sündigen Strukturen bewähren. Obwohl diese Strukturen in den Entscheidungen des einzelnen wirtschaftlichen Subjekts, vor allem etwa des in transnationalen Konzernen tätigen Managers als einem «direkten Arbeitgeber» als unausweichliche Vorgabe, also als eine Art Sachzwang erscheinen mögen, darf es christliche Sozialethik keinesfalls bei diesem Urteil bewenden lassen. Vielmehr hat sie, wie es vor allem die neueren lehramtlichen Dokumente auf gesamtkirchlicher wie auf regionaler Ebene[15] immer wieder eindringlich versuchten, diese sündigen Strukturen als solche zu denunzieren und sich gegen eine vorschnelle Beurteilung als weltökonomischer Sachzwang abzugrenzen. Sie hat aber auch in Zusammenarbeit mit den einschlägigen Humanwissenschaften als eine auch auf der internationalen Ebene dialogermöglichende und -fördernde, also integrative Kraft nach institutionellen Ordnungsstrukturen zu suchen, welche es erlauben, diese angeblichen Zwangsstrukturen so zu lockern, daß dem einzelnen zuständigen Unternehmer oder Manager ethisch verantwortliche Entscheide möglich werden und Ungerechtigkeit sich wenigstens mittelfristig nicht auszahlt.

D. h.: Sie hat auf weltwirtschaftlicher Ebene auf jene Konzeption wirtschaftspolitischer Ordnung hinzuarbeiten, die sich als soziale Marktwirtschaft vor allem in Europa in der zweiten Hälfte des 20. Jahrhunderts, z. T. unter mitgestaltender Einflußnahme der christlichen Sozialethik herausgebildet und auf nationaler Ebene bewährt hat.

Konkret gefaßt sind die wichtigsten Parameter einer solchen Ordnung in den zwar meist eher pragmatisch aus negativen Kontrasterfahrungen als in einer systematisch ethischen Begründung erarbeiteten Menschenrechtserklärungen, vor allem in den in der UNO-Menschenrechtsdeklaration von 1948 festgehaltenen sogenannten sozialen Rechten[16], deren Verwirklichung aber stets eine ökonomische Grundlage voraussetzt. Ihre Gewährleistung einzufordern, ist dann die genuine Aufgabe einer auf der unbedingten Gerechtigkeitsforderung aufbauenden Wirtschaftsethik allgemein wie vor allem unter weltweitem Anspruch.

Aus dieser Perspektive der Menschenrechte ergibt sich für das Problem der Gestaltung der Weltwirtschaft somit konkret die Frage, wieweit die Weltwirtschaftsordnung für mehr Menschen die materielle Voraussetzung dafür schafft, daß sie ihre elementaren Menschenrechte verwirklichen können. Dabei ist allerdings zu berücksichtigen, daß internationale Ordnungen bisher einen relativ kleinen Beitrag zur Realisierung von Menschenrechten leisten können, weil die gegenwärtige Weltordnung mit ihrer noch immer starken Betonung der nationalen Souveränität den Einzelstaaten großes Gewicht zumißt und darüber hinaus auch innerhalb der Staaten verschiedene gesellschaftliche Organisationen, wie Verbände, etablierte herrschende Sippen, ja sogar verbrecherische Organisationen faktisch erhebliche Verantwortung für die Realisierung von Menschenrechten tragen. Die allgemein garantierte politische Fähigkeit zur Mitwirkung im einzelnen Staat bleibt als ein Wirkfaktor zwar zu berücksichtigen, eine Garantie für ihre Verwirklichung von Gerechtigkeit stellt sie dennoch nicht dar. Gerade eine christliche Sozialethik wird im Gegenteil darauf hinzuweisen haben, daß die unbedingte Gleichheit der Menschen in ihrer fundamentalen Personenwürde die Bindung der menschenrechtlichen Ordnung an nationale Verfassungen oder an nur von diesen getragene internationale völkerrechtliche Pakte zwar als praktikables Ordnungsprinzip, nicht aber als wesentliche Struktur gelten läßt. D. h. der Souveränität einzelner Staaten und Nationen kann nur relative Bedeutung zukommen; deren Beschränkung um weltweiter Gerechtigkeitsstrukturen willen, gerade in einer faktisch längst weltweit vernetzten Wirtschaft muß daher sozialethisch zunehmend gefordert werden. Was die europäischen Staaten über die völkerrechtlich bindende Charta für die sozialen Menschenrechte zu verwirklichen begonnen haben, müßte daher in der damit gegebenen freiwilligen Beschränkung nationaler Souveränität beispielhaft werden auch für eine Weltwirtschaftsordnung. Entsprechend gälte es aber, die Ablehnung jeder internationalen diesbezüglichen Kritik als Einmischung in die inneren Angelegenheiten eines Staates und als den faktisch gegebenen Abhängigkeiten unangemessen und daher sozialethisch unverantwortlich zurückzuweisen. Von einer christlichen Sozialethik muß dies in Anbetracht des menschheitsweiten Universalismus des Schöpfungs- und Heilsglaubens für schlechterdings alle Menschen wie der darin aufgetragenen besonderen Sorge um die Armen und Benachteiligten (auf deren Kosten ja sehr oft die besondere Souveränität als Privilegienschutz der Mächtigen geht) sogar noch besonders deutlich gemacht werden.

Aber auch unter optimalen völkerrechtlichen Voraussetzungen kann eine internationale Ordnung der Weltwirtschaftsbeziehungen nur einen Rahmen vorgeben, der nationalstaatlichen wie privaten Anstrengungen innerhalb von Entwicklungsländern Möglichkeiten und Chancen eröffnet. Auch hier wird eine allgemeine humanistische Ethik wie eine diese vertiefende christliche Sozialethik in erster Linie die Verwirklichung von Menschenrechten für alle Menschen anzumahnen haben und dort, wo diese Rechte besonders bedroht sind, ihre vorrangige Aufmerksamkeit fordern. Eben dies wird in der Sozialverkündigung der Kirche gemäß der neutestamentlichen Botschaft auch als «Option und vorrangige Liebe für die Armen»[17] bezeichnet, und aus dieser Perspektive muß an die Struktur der Weltwirtschaft die Frage gerichtet werden, ob die Armen faire Chancen haben, durch Eigenanstrengungen ihre materiellen Lebensbedingungen zu verbessern und damit jene Voraussetzungen zu schaffen, welche es ihnen erst erlauben, Menschenrecht im umfassenden Sinn zu verwirklichen.

Faire Chancen können dabei als formal gleiche wie als

material gleich Chancen interpretiert werden: Am Beginn des wirtschaftlichen Liberalismus in Westeuropa stand zunächst die Durchsetzung formal gleicher Rechte – und dabei vor allem die formal gleichen Chancen im Rahmen der Gewerbefreiheit – im Mittelpunkt des Interesses. Erst später ist diese Idee formal gleicher Chancen durch die Forderung nach material gleichen Chancen weiterentwickelt worden, weil man einsah, daß ohne ein Minimum an materieller Sicherheit solche Chancen als persönliches Freiheitsrecht gar nicht wahrgenommen werden können und so reine Theorie bleiben.

Nachdem sich für die Verwirklichung dieser Forderungen auf nationalstaatlicher Stufe zentralplanerische Organisationsmodelle nirgends bewährt haben und eine soziale Marktwirschaft sich dagegen als theoretisch wie praktisch brauchbare Ordnungsstruktur erweisen läßt, macht es wenig Sinn, auf Weltebene andere abstrakt konzipierte Idealmodelle weiter zu verfolgen. Denn ähnlich wie schon der platonische Idealstaat bei seinem Verwirklichungsversuch in Syrakus an den realistischen Herausforderungen scheiterte, sind auch später rein theoretische Modelle aller Regel nach erfolglos geblieben, wobei die Rechnung für solche Mißerfolge dann meist von den ohnehin schon mittellosen Schichten bezahlt werden mußte. Vielmehr muß es konkret darum gehen können, in dieser in mancherlei Verzerrungen existierenden, aber doch funktionierenden Weltmarktwirtschaft die zugunsten der Mächtigen spielenden protektionistischen Wettbewerbsverzerrungen als krasse Ungerechtigkeit ethisch anzumahnen und auf deren Behebung zu drängen. Nicht weniger gilt es ferner, wo immer nötig, das Fehlen der unerläßlichen sozialen Rahmenbedingungen zum Schutz der Schwachen für einen der Menschlichkeit angemessenen Markt einzuklagen und so gut als möglich auch durchzusetzen; m. a. W.: es gilt das, was Leo XIII. etwa für die (gewerkschaftliche) Vereinigung der Arbeiter zur Wahrnehmung ihrer Rechte seinerzeit auf nationaler Ebene schon gefordert hat und was sich zum ethisch verantwortbaren Modell der sozialen Marktwirtschaft entwickelt hat, auf der internationalen Ebene innovativ weiterzudenken[18].

3. Das Postulat der Chancengleichheit

Dies vorausgesetzt muß es einer universalen Gerechtigkeitsethik also darum gehen, gleiche ökonomische Chancen weltweit für alle Menschen ermöglichen zu helfen. Da die Menschen aber nicht in direkter Interaktion stehen, sondern ihre Beziehungen durch verschiedene Institutionen (Unternehmen, Verbände, Parteien, Regierungen) vermittelt werden, sind auf der internationalen Ebene als Akteure vor allem Einzelstaaten und ihr Zusammenwirken in internationalen Organisationen zu beachten und entsprechend analytisch zwei Ebenen zu unterscheiden, nämlich erstens die Gerechtigkeit der Regeln im internationalen Austausch, die in einer auf weltwirtschaftliche Belange bezogenen Ethik im Vordergrund stehen muß, sowie zweitens die innerstaatliche Gerechtigkeit, die aber über alle internen Belange hinaus erst dann gewährleistet ist, wenn sie nicht durch implizite Um- und Auslagerung von Problemen in ein wirtschaftlich schwächeres Ausland erreicht wird, wie dies beispielsweise für die Endlagerung gefährlicher Zivilisationsabfälle immer wieder versucht wird.

3.1 Formale Gesichtspunkte von Chancengleichheit

Formale Chancengleichheit im ökonomischen Sinn bedeutet, daß nach den Regeln des internationalen Handels ein Anbieter – unabhängig von seinem Herkunftsland – auf einem Markt seine Güter unter für alle gleich geltenden Regeln absetzen darf. Eine so verstandene formale Chancengleichheit fordert dann, daß Anbieter aus Industrieländern frei auf Märkten der Entwicklungsländer ebenso wie umgekehrt Entwicklungsländer frei auf den Märkten der Industrieländer ihre Produkte absetzen dürften. Für diese formale Chancengleichheit wäre daher ein internationales Regelwerk zu schaffen, obwohl es derzeit von den Entwicklungsländern für ihre Märkte noch abgelehnt wird, weil sie – entsprechend dem klassischen Argument des «Erziehungszolls» für Deutschland von Friedrich List († 1846)[19] – ihre neuentstehenden Industriezweige vor zu schneller Konkurrenz etablierter Anbieter aus Industrieländer noch schützen wollen. Während solche befristeten Schutzmaßnahmen zugunsten der Schwächeren prinzipiell ethisch erwägenswert sind und sich folglich nur die Frage ihrer konkreten Wirksamkeit stellt, ist die umgekehrte Diskriminierung der schwächeren Entwicklungsländer durch die starken Industrieländer ethisch an sich unverantwortlich. Tatsächlich räumen aber die Industrieländer den Entwicklungsländern keine Chancengleichheit ein: Neben einigen generellen und weniger wichtigen Diskriminierungen aller ausländischen Anbieter durch Zölle werden Anbieter aus Entwicklungsländern so vor allem durch eine Vielzahl protektionistischer Maßnahmen, deren Fülle fast unüberschaubar ist, von den Märkten der Industrieländer ferngehalten. Dabei wird noch zusätzlich zwischen verschiedenen Anbieterländern, verschiedenen Verarbeitungsstufen von Produkten oder bestimmten Güterarten diskriminiert und zugleich die Konkurrenzfähigkeit heimischer Anbieter durch Steuerprivilegien oder sogar direkte Finanzhilfen gegen die allgemeinen Entwicklungen am Weltmarkt künstlich aufrechterhalten. Aufgrund dieser selektiven und diskriminierenden Handhabung des außenwirtschaftlichen Instrumentariums durch die Industrieländer sind Investitionen von Entwicklungsländern in spezifisches Sach- wie Humankapital, aber auch in die Erschließung von Absatzwegen oder in die Infrastrukturen für Transport und Kommunikation permanent von einer Entwertung bedroht, da die Industrieländer die Instrumente z. T. willkürlich und ohne offene Ankündigung handhaben und langfristige Planungen entsprechend nicht nur den Staaten, sondern auch den einzelnen Unternehmern erschweren, wenn nicht sogar praktisch verunmöglichen. Wenn zudem in den Entwicklungsländern solche Investitionen auf Kreditbasis getroffen wurden, wird durch solche Verunsicherungen die Schuldenbedienung erheblich erschwert, ja oft unmöglich. Zumindest eine Ursache der weltweiten Schuldenproblematik ist daher in diesen Zusammenhängen zu suchen.

Unter sozialethischen Gesichtspunkten sind daher generelle Regelungen formeller Chancengleichheit für Anbieter aus Entwicklungsländern für den Absatz auf Märkten der Industrieländer zu fordern, während umgekehrt den Entwicklungsländern ein Abweichen von den Bedingungen des freien Marktzutritts zum Aufbau einer eigenen Industrie für einen begrenzten Zeitraum gestattet werden könnte. D. h. Abweichungen von der formalen Chancengleichheit sind ausschließlich zugunsten schwächerer Wettbewerber und nur temporär begrenzt zuzulassen. Entsprechend sind die im gegenwärtigen Weltmarkt faktisch permanent zugunsten der starken Marktteilnehmer wirkenden protektionistischen Maßnahmen sozialethisch als unsittliche Ausnutzung von Marktmacht auf Kosten der Schwächeren zu denunzieren.

3.2 Materielle Chancengleichheit

Nach der Durchsetzung der Gewerbefreiheit und weiterer Instrumente zur Schaffung einer marktwirtschaftlichen Allokationsordnung ist in den westlichen Industriegesellschaften diese Ordnung durch gezielte distributive Maßnahmen ergänzt worden. Dies geschah zum einen für die Versorgung von Personen, die nicht oder nur in geringem Maß marktleistungsfähig sind, zum anderen sollten so Maßnahmen zur Förderung von Marktzutrittschancen ermöglicht werden.

Der zweite Gesichtspunkt hat in modernen Gesellschaften, in denen für über 90 % der Bevölkerung Arbeit der zentrale Faktor für die Teilnahme am Wirtschaftsleben darstellt, besonders für die Förderung von Bildungschancen große Bedeutung: Die Förderung der Arbeitsqualifikation, die ökonomisch gesprochen eine kollektive Finanzierung von Investitionen in «Humankapital» darstellt, dient der Förderung des Marktzutritts auf dem Arbeitsmarkt. In keiner Industriegesellschaft ist daher das Bildungswesen allein der individuellen Zahlungsfähigkeit und Zahlungsbereitschaft der Eltern oder der Auszubildenden selber überlassen worden. In diesem Bereich ist zudem eine weitgehende Harmonie von Effizienz und Gerechtigkeit zu finden, weil die stete Förderung der Bildungschancen zugleich auch die Ausschöpfung der Humankapitalpotentiale der Volkswirtschaft ermöglicht. Internationale Unterstützung zum Aufbau des Schul- und Bildungswesens durch öffentliche wie private Träger dienen daher sehr direkt dem Aufbau materieller Chancengleichheit und sind entsprechend unter dem Gesichtspunkt einer weltweiten Wirtschaftsethik zu begrüßen.

Daneben gibt es in den modernen Industriegesellschaften auch Förderinstrumente zur Gründung selbständiger Existenzen, also für den Marktzutritt im Unternehmenssektor, deren Zielsetzung ebenfalls auf die staatenübergreifende Weltebene übertragen werden können. Dabei ist unter weltwirtschaftlichem Gesichtspunkt bemerkenswert, daß innerhalb der EG die Schaffung der Allokationsordnung des Binnenmarktes 1992 an eine deutliche Aufstockung des Sozialfonds wie des Struktur- und Regionalfonds der Gemeinschaft gebunden wurde. D. h. die armen Länder der Gemeinschaft wollten durch die verbesserte Qualifizierung von Arbeitskräften (finanziert durch den gemeinsamen Sozialfonds) und Infrastrukturinvestitionen ihre Wettbewerbsfähigkeit für den Binnenmarkt verbessern. Sowohl diesen internen Maßnahmen zur Förderung der materiellen Chancen innerhalb der Industriegesellschaften wie auch den Maßnahmen der EG liegen Gerechtigkeitsüberlegungen zugrunde, die denen der christlichen Sozialethik entsprechen, nur sind sie dann in einer weltweiten Perspektive nicht nur auf Einzelstaaten bzw. Staatenbündnisse zu beschränken, sondern müssen auch auf die Weltwirtschaftsordnung übertragen werden.

Was in den einzelnen Industrieländern wie ansatzweise in deren Wirtschaftsverbänden die marktwirtschaftliche Wettbewerbsordnung sozial absichert, muß also universalisiert werden. Dennoch darf dies – was als Gefahr in Wirtschaftsverbänden wie der EG ohne Zweifel noch zu wenig gewährleistet ist – nicht dazu führen, daß geschichtlich kulturell gewachsene Formen sozialer Sicherung oder sozialpartnerschaftlicher Absprachen zentralistisch vereinheitlicht werden. Auch hier gilt es, nach dem Subsidiaritätsprinzip den sozialen Solidaritätsansprüchen gerecht werdenden Formen ihre Eigenarten (wie etwa frei vertragliche Einigungen statt gesetzliche Regelungen u. ä.) zu belassen und seitens der zentralen Instanzen erst dann tätig zu werden, wenn partikuläre Formen die soziale Gerechtigkeit nicht mehr gewährleisten. D. h. es sind Institutionen, Instrumente und Regeln zu schaffen, die auf der Ebene der Weltwirtschaft zu einer Verbesserung der Marktchancen von Entwicklungsländern beitragen und diesen doch ihre Eigenarten, die stets zugleich auch eine Bereicherung des Ganzen darstellen, zu belassen[20].

4. Reformansätze für eine internationale Wirtschaftsordnung

Da eine weltweite Lenkung von Wirtschaftsaktivitäten durch zentrale Verwaltungsinstanzen, selbst wenn sie einmal funktionell werden sollten, noch weniger möglich ist als eine planwirtschaftliche Ordnung auf nationaler Ebene, ist eine Weltwirtschaftsordnung wie angedeutet realistischerweise nur auf marktwirtschaftlicher Grundlage möglich. Planwirtschaften sind aber nicht nur unrealistisch und der Sicherung von Wohlfahrt und Effektivität abträglich. Sie sind auch wegen ihrer kulturellen Vereinheitlichungstendenz und der schwer kontrollierbaren Machtzusammenballung bei ihren Planungsbehörden um der Wahrung der personellen Eigenart und Freiheit willen menschlich unerwünscht. Darauf hat gerade auch für die weltweite Dimension eine christliche Sozialethik besonders hinzuweisen. Nicht weniger aber muß sie stets neu betonen, daß auch eine marktwirtschaftliche Ordnung auf internationaler Ebene zwar um der Wahrung der elementaren Gerechtigkeit als fairer Chancengleichheit sowohl einer Rechtsordnung zum Schutz der Schwächeren wie einer Verteilungsordnung zur Stärkung der materiellen Chancen bedarf. Eine Reform auf dieser Grundlage betrifft dann erstens die internationalen Organisationen und ihr Regelwerk; zweitens hat sie Auswirkungen auf die Industrieländer und drittens gibt es Konsequenzen für Entwicklungsländer.

4.1 Internationale Organisationen

Im Rahmen der internationalen Organisationen müßte im Sinne einer wirklich sozialen Marktwirtschaft daher als erstes eine Verknüpfung zwischen einem Welthandelssystem und einer Distributionsordnung erfolgen. D. h., genau wie innerhalb von Marktwirtschaften die Allokation am Markt gesellschaftlich nur in Verbindung mit einer Distributionsordnung, die den Schwachen so schützt, daß ihm eine Chancengleichheit zur Marktteilnahme gegeben bleibt, als gerecht akzeptiert wird, müßte dies in analoger Weise auch auf der Ebene der Weltwirtschaft auch für schwächere nationale Wirtschaften gelten.

Innerhalb des Welthandels müßten daher alle für den Austausch von Gütern und Dienstleistungen vorgesehenen Regelungen den Prinzipien formaler Chancengleichheit für alle folgen. D. h., diese Regeln müßten den Grundsätzen der Allgemeinheit, Unparteilichkeit und der Vorhersehbarkeit entsprechen und Ausnahmen von den allgemeinen Grundsätzen ex ante im Regelwerk fixiert werden[21]. Gezielte Ausnahmeregelungen für Entwicklungsländer als den Schwächeren sollen zudem in deren Selbstinteresse an allgemeine Kriterien gebunden, darin kontrolliert und zeitlich befristet werden.

Die Einhaltung von Regeln setzt allerdings ein entsprechendes Rechtsorgan voraus, also etwa einen internationalen Handelsgerichtshof, der wie der EG-Gerichtshof über die Auslegung des Gemeinschaftsrechts verbindlich entscheiden und gegebenenfalls auch Sanktionen verhängen kann. Über eine solche Instanz könnte dann in verbindlicher Weise für eine internationale Handelsordnung unparteiische Interpretationen der Regeln wie die Feststellung von Regelverletzungen erfolgen. Ein beachtliches Instrumentar zur Streitschlichtung hat in diesem Sinn das GATT mit seinen sog. «Panels» (vom Präsidenten vorgeschlagene und im Einvernehmen mit den Streitparteien bestellte, kleine Expertengruppen) entwikkelt, indem hier Konflikte nicht richterlich, aber in Expertisen von anerkannter Fachqualität behandelt und als Streitfragen beantwortet werden. Zu diesen Antworten nehmen dann nicht nur die Parteien, sondern auch die anderen Mitglieder Stellung, so daß einem einzelnen Staat eine Ablehnung des Entscheids bei positiver Stellungnahme der anderen schwer fällt[22]. Da dies noch keine rechtlich bindende Beurteilungsform darstellt, bleiben freilich auch bei diesem Verfahren noch Wünsche offen, wie denn überhaupt auf Weltebene ein erhebliches Defizit in der internationalen Rechtsordnung, mit der Folge zu beklagen bleibt, daß oft sogar Verstöße gegen formelles internationales Recht nicht oder nicht ausreichend sanktioniert werden. Während nämlich gegenüber schwächeren Ländern, etwa wenn sie auf Kredite und Hilfeleistungen angewiesen sind, ein Sanktionspotential besteht, gilt dies nicht für wirtschaftlich starke Industrienationen und damit auch kaum für die in ihnen domizilierten großen und meist transnationalen Konzerne.

Unter diesen Umständen kann wegen des Fehlens völkerrechtlicher Institutionen bislang nur über die öffentliche Meinung sowie durch den Druck von gesellschaftlichen Organisationen auf Einhaltung rechtlicher Verpflichtungen gedrungen werden. Entsprechend wichtig ist es unter sozialethischer Rücksicht daher, daß wenigstens in der öffentlichen Meinung das Bewußtsein für ungerechte Strukturen im weltweiten Zusammenhang so gestärkt wird, daß langfristig eine verbindlichere Rechtssetzung gefördert wird. Dies geschieht in erster Linie durch eine sachliche, ausführliche und kontinuierliche Information über die Tatbestände, die auch die öffentliche Benennung von Entscheidungsträgern, die ihre Marktmacht zur ungerechten Ausnützung ihrer Vorteile auf Kosten Schwächerer mißbrauchen, einschließt. Daß in diesem Feld den von ihrem Selbstverständnis her auf weltweite Förderung von «Gerechtigkeit, Frieden und Bewahrung der Schöpfung»[23] verpflichteten christlichen Kirchen eine besondere gewissensbildende Verantwortung zukommt, versteht sich. Über öffentliche Stellungnahmen, die kontinuierliche Bildungsarbeit der Hilfswerke, aber auch über Zeichenhandlungen wie Dritte-Welt-Läden, Auszeichnung von Produkten, die unter fairen Bedingungen hergestellt werden, Boykottaufrufe u. ä. ist diese Aufgabe in den letzten Jahren zunehmend wahrgenommen worden. Dennoch gilt es über die eher informative Phase hinaus den Druck als gesellschaftliche Organisation zu verstärken. Was diesbezüglich für die Beachtung der Menschenrechte durch eine Organisation wie «Amnesty International» erreicht wurde, könnte analog für die Gründung einer wirtschaftlichen Machtmißbrauch denunzierenden weltweiten Institution weitergedacht werden; jedenfalls scheint es nicht abwegig, auch eine solche zunächst ungewohnte Idee sorgfältig zu prüfen[24].

Eine besonders wichtige Aufgabe käme bei diesem Problem aber vor allem auch den Gewerkschaften zu, die sich gerechterweise nicht mehr bloß auf die Wahrung der Interessen ihrer Mitglieder im nationalen Zusammenhang beschränken dürften, sondern hinsichtlich der Geschäftstätigkeit transnationaler Konzerne sich selbst dann um weltweite Zusammenhänge zu kümmern haben, wenn dadurch Vorteile der eigenen Mitglieder geschmälert werden könnten. Wenn nämlich der längst selbstverständlichen internationalen Zusammenarbeit auf der Managementebene der großen Konzerne seitens der Gewerkschaften als den legitimen Sozialpartnern keine ebenbürtige Organisation gegenübergestellt wird oder gar statt einer internationalen Solidarität aller Arbeiter ein Interessenkartell der ohnehin privilegierten und abgesicherten Werktätigen in einem bestimmten Gebiet entsteht (oder bestehen bleibt), wird der ursprüngliche und eigentliche Sinn von Gewerkschaft aufgegeben. Sozialethisch würden sie damit kontraproduktiv vom Ferment für ausgleichende Gerechtigkeit zu einem sittlichen Störfaktor. Obwohl erste Schritte in dieser Richtung gerade auch von Christen in der Gewerkschaftsarbeit eingeleitet sind[25], bleibt es auch hier Aufgabe christlicher Sozialethik und kirchlicher Verkündigung diese Verpflichtungen deutlich anzumahnen.

Selbstverpflichtung großer Unternehmen, aber auch von

Verbänden, wie sie zum Schutz der Interessen Schwächerer in den letzten Jahren verschiedentlich in den Industrienationen von den Betroffenen selber eingegangen wurden, verdienen schließlich ebenfalls Unterstützung wie wirksame Begleitung seitens aller moralischen Instanzen der Gesellschaft, damit solche Initiativen sich zu allgemein verbindlichen Verpflichtungen verdichten können und nicht zur Alibifunktion für die Imagepflege in der Öffentlichkeit oder für die eigene Gewissensberuhigung entarten. Daß sog. «Sozialbilanzen» ohne einen Rechenschaftsbericht über die Einhaltung solcher Selbstverpflichtung völlig ungenügend sind, sollte dann aber auch von den Massenmedien und deren Wirtschaftsberichterstattung angemahnt werden.

Selbstverständlich kommt schließlich in all diesen Belangen auch weltweit gerechtigkeitsbewußten Konsumentenorganisationen in den reichen Ländern eine hervorragende Rolle zu. Dabei sollte es selbstverständlich sein, daß Einführung wie Durchführung aller derartigen Maßnahmen nicht einseitig von den stärkeren Partnern ausgehen, sondern im steten Kontakt mit allen Betroffenen unternommen werden. Dies ruft dann dringend nach einer kontinuierlichen Förderung des Nord-Süd-Dialogs, dessen christlich sozialethische Bedeutung daher immer neu in der kirchlichen Verkündigung hervorgehoben zu werden verdient.

In Verbindung mit der Regelung des Handels müssen aber auch entsprechende Maßnahmen zur Förderung der materiellen Chancen durch einen Ressourcentransfer stehen, wobei von den Industrieländern verbindliche Verpflichtungen zum Aufbringen bestimmter Ressourcen (etwa im Sinne des Ziels, 0,7 % des Bruttosozialprodukts für Entwicklungsaufgaben zur Verfügung zu stellen, das von den Industrieländern verbal akzeptiert wurde) einzugehen wären. Die Verwendung dieser Ressourcen müßte jedoch wie es alle Regeln des Welthandels verlangen, nach generellen Kriterien erfolgen, die zwischen

Industrie- und Entwicklungsländern fair ausgehandelt auch einer neutralen Überprüfung zu unterstellen wären und selbstverständlich nicht alle bisherigen Leistungen von Industrieländern an Entwicklungsländer (z. B. Waffenlieferungen) als Bestandteil dieses Ressourcentransfers angesehen werden dürften. Gleichzeitig lehrt die sozialpsychologische Erfahrung, daß dringend ein durch die Art des Ressourcentransfers hervorgerufenes sog. «Samariterdilemma» vermieden werden muß, weil die rein passive Annahme von fertigen Hilfeleistungen die Bereitschaft zu Eigenanstrengung mindert, die Hilfsbedürftigkeit verewigt und die personale Eigenständigkeit der Nutznießer langfristig untergräbt.

4.2 Konsequenzen für die Industrieländer

Eine Verpflichtung zum internationalen Ressourcentransfer stellt ebenso wie die Einhaltung der Welthandelsregeln eine Einschränkung des nationalen politischen Handlungsspielraums dar. Innerhalb der meisten Industrieländer würde dies zum einen eine Umverteilung von Haushaltsmitteln (eventuell durch Abrüstung) erforderlich machen, zum anderen würden z. T. erhebliche Strukturveränderungen der Wirtschaft erforderlich sein. Weil bei einer verschärften Importkonkurrenz aus Entwicklungsländern zudem außer dem Verlust einer relativen Vormacht am Markt auch eine Entwertung des Sachkapitals von Unternehmen und des «Humankapitals» von Arbeitnehmern drohen kann, was bei einer regionalen Konzentration bestimmter Wirtschaftszweige die Lebensbedingungen ganzer Regionen betreffen würde, ist in den Industrieländern gegen solche Strukturanpassungen mit erheblichem Widerstand zu rechnen. Zwar würden neben den Entwicklungsländern von einer Marktöffnung zugunsten der Entwicklungsländer längerfristig auch die Volkswirtschaften der Industrieländer insgesamt profitieren. Nur wäre dabei zugleich auch eine asymmetrische Verteilung zu befürchten, weil überproportionalen Gewinnen der einen leicht Verluste anderer Gruppen gegenüberstehen. So freut sich etwa der Konsument, wenn auch wirtschaftliche Produkte aus klimatisch begünstigten Gegenden billig angeboten werden, während der einheimische Produzent um seine Existenz fürchten muß. Damit stellt sich innerhalb der Industrieländer das ohne Zweifel für manche belastende Problem der Organisation internationaler Solidarität zur Abfederung des Strukturwandels für betroffene Arbeitnehmer, Unternehmer und Regionen, das aber um der Gerechtigkeit auf weltwirtschaftlicher Ebene willen, also aus sozialethischen Gründen, keinesfalls vertagt werden darf, sondern offen zu benennen und mit politischem Weitblick und Mut anzugehen ist. Daß dafür gerade in demokratisch verfaßten Gemeinwesen ein erhebliches Maß auch an im vollen Sinn politischem Verantwortungsbewußtsein aufzubauen, also entsprechende sozialethische Gewissensbildung zu leisten ist, versteht sich von selbst.

4.3 Konsequenzen für die Entwicklungsländer

Eine marktwirtschaftlich ausgerichtete Welthandelsordnung mit einem dauerhaften und garantierten Regelwerk in Verbindung mit einer internationalen Transferordnung würde also den Entwicklungsländern dauerhafte Marktchancen auf den Märkten der Industrieländer eröffnen und aufgrund stabiler Rahmenbedingungen einen Investitionsanreiz für neue Produkte bieten. Durch die Aufnahme weiterer Verarbeitungsstufen für Agrar- und Rohstoffe sowie durch die Verbreiterung der Exportstruktur könnte die außenwirtschaftliche Anfälligkeit der Entwicklungsländer zudem gemindert werden.

Ebenso könnte durch einen erhöhten Ressourcentransfer ihre Wettbewerbsfähigkeit gestärkt werden. Ergänzend zum öffentlichen Ressourcentransfer könnte bei entsprechenden Rahmenbedingungen in den Entwicklungsländern ferner ein privater Ressourcentransfer hinzutreten, der vor allem durch Direktinvestitionen von Unternehmen aus Industrieländern erfolgen könnte. Durch gemeinsame Vereinbarungen der Industrie- und Entwicklungsländer (z. B. im Bereich des Steuerrechts) wie durch das Einwirken der Mutterländer der multinationalen Unternehmen auf diese müßten allerdings für solche Investitionen Rahmenbedingungen geschaffen werden, welche die in der Vergangenheit aufgetretenen negativen Effekte (einseitige Konzentration auf bestimmte Produkte, ökologische Belastungen u. ä.) vermeiden helfen. So verständlich der Wunsch aller Länder ist, eine Überfremdung der einheimischen Wirtschaft durch eine Dominanz ausländischen Kapitalbesitzes zu vermeiden, so wenig können Abschreckung oder Verunsicherung von ausländischen Investoren der eigenen Entwicklung dienlich sein, weil so aller Regel nach langfristige und so nützliche Projekte ausbleiben, während die auf raschen Profit bedachten, für die eigene Substanz aber schädlichen Vorhaben meist forciert (u. U. sogar über eine in solchen Konzepten durchaus noch rentable Korruption) doch zu ihren Zielen kommen.

Im Rahmen der vorgeschlagenen Reformkonzeption müßten sich daher auch Entwicklungsländer einem internationalen Regelsystem unterwerfen und würden auch durch die Bedingungen des Ressourcentransfers an bestimmtes Verhalten gebunden. Da zur Zeit viele Regierungen in Entwicklungsländern das außenwirtschaftliche Instrumentarium willkürlich handhaben und oft auch zur persönlichen Bereicherung der Machtträger mißbrauchen, könnte eine Einschränkung dieser Handlungsmöglichkeiten wie eine damit verbundene Einbuße an Souveränität und vermeintlichem Prestige aber gerade auch im Interesse der ärmeren Schichten dieser Länder dennoch positiv gewertet werden. Natürlich verlangt das berechtigte Nationalgefühl gerade von noch jungen Nationen auch sozialethisch besondere Rücksichtnahme seitens der Weltgemeinschaft. Einen absoluten Wert, der selbst nicht gegen Gerechtigkeitsansprüche in Güterabwägung gezogen werden dürfte, kann es jedoch niemals darstellen. Solche Wertrelationen in Erinnerung zu rufen, gehört damit auch zur Aufgabe wirtschaftlich engagierter Sozialethik.

Letztlich kann eine Neuordnung des Welthandels wie ein erhöhter Ressoucentransfer also wohl nur die Möglichkeiten zu wirtschaftlicher Entfaltung aller erweitern. Sie kann die Entwicklungsländer jedoch nicht der Notwendigkeit entheben, dafür leistungsfähige wirtschaftliche Rahmenordnungen innerhalb ihrer Länder selber zu schaffen, Ordnungen, die es den Menschen ermöglichen, durch eigene Arbeit ihr Los zu verbessern. Zugleich sollte aber auch allgemein deutlich gemacht werden, daß der Hinweis auf diese internen gesellschafts- wie wirtschaftspolitischen Notwendigkeiten keinen Einbruch in die inneren Angelegenheiten eines Staates seitens wirtschaftlich Mächtiger darstellt, sondern daß der gegenseitige Verzicht auf gewisse Souveränitätsrechte zugunsten internationaler Verträge, Absprachen und Regelungen zum Vorteil aller ausschlägt und dafür auch die reichen Nationen in Pflicht nimmt. Vor allem aber kann nur so – was einmal mehr seitens christlicher Sozialethik betont zu werden verdient – einer der Menschheit als Ganzer, ohne Unterschied von Rasse und Kultur dienenden Weltordnung, die technisch-wirtschaftlich, so oder anders ohnehin immer mehr zur Tatsache wird, vorangeholfen werden. Denn letztlich liegt es in der Hand der Menschen selber, ob diese Weltordnung eine menschlich gerechte wird oder sich nach dem Recht der Stärkeren organisiert.

V. Abschließender Rückblick

Wirtschaft als der zu seiner Erhaltung und Entfaltung unerläßliche gestalterische Umgang des Menschen mit den Gütern dieser Welt erweist sich im Licht des christlichen Glaubens gleich in doppelter Hinsicht als relevant: Einmal ist es der Umgang mit der ihm nach dem Willen des Schöpfers als Gottes Ebenbild zugeordneten, aber doch auch in sich als Schöpfung Wertachtung erheischenden Eigenwerts der nichtmenschlichen Natur.

Dieser Umgang ist keineswegs beliebig, sondern er fordert die Beachtung einer inneren, zwar dynamischen, aber alles andere als willkürlichen Ordnung. Zweitens kann diese Weltgestaltung nicht im Alleingang erfolgen, da sie nur in gemeinsam mitmenschlichem Einsatz zur menschlicher Existenz tragenden Kultur zu werden vermag. Solche soziale Einbindung jedoch erfordert mitmenschliche Rücksicht in Anerkennung grundsätzlicher Gleichheit jedes anderen Menschen, wobei sich diese Forderung noch dadurch zuspitzt, daß die Güter dieser Welt im Vergleich zu den dynamischen Lebensbedürfnissen einer zahlenmäßig wie kulturell wachsenden Menschheit stets im Zeichen der Knappheit stehen.

Weil alles Wirtschaften so im Anspruch der grundlegenden Schöpfungsordnung steht, ist sie christlich gesehen keineswegs ein «bloß weltlich Ding», das für den Glaubensvollzug ohne Bedeutung wäre. Weil es zudem im Horizont von Freiheit und Rücksichtnahme steht, kommt ihm für die konkrete Gestaltung unter der Bedingung der Knappheit stets auch ethische Bedeutung zu. Obwohl dies der Christenheit seit ihren Anfängen bewußt war, hat eine systematische Auseinandersetzung mit wirtschaftlichen Problemen erst in der Neuzeit eingesetzt. Denn erst wo größeren sozialen Vernetzungen der Industrialisierung Probleme zur Ordnungsgestaltung aufwarfen, zu deren Lösung akthaft punktuelle Reaktionen nicht mehr genügten oder sogar kontraproduktiv wurden, begann sie sich als eigene Überlegung zu profilieren. Zudem hat auch erst zu diesem Zeitpunkt das humanwissenschaftliche Erkenntnisbemühen um ein systematisches Erfassen dieser Ordnungszusammenhänge – übrigens meist dank der Initiative von Moralphilosophen – eingesetzt. So erwiesen sich dann auch Ethik und Ökonomik vom geschichtlichen Ansatz wie von der sachlichen Struktur her als aufeinander bezogene Forschungsgebiete.

Wirtschaftsethik als Spezialgebiet christlicher Sozialethik gehört damit trotz mancher situativer, methodologischer und vermeintlich dogmatischer Divergenzen (erstere mehr in der katholischen, letztere eher in der protestantischen Theologie) in die moraltheologische Reflexion und findet als solche immer dann, wenn sie sich nicht bevormundend, sondern kritisch mitdenkend zu Wort meldet, in einer ihrer eigenen methodologischen Grenzen bewußten Ökonomik zunehmend und in einer für beide Seiten (und damit wohl auch für ein weltweit verstandenes Gemeinwohl) fruchtbaren Weise Beachtung. Gesprächspartner ist dabei vor allem die ordoliberale bzw. institutionen-ökonomische wirtschaftswissenschaftliche Schule, deren Ordnungskonzept über eine durchaus anerkennenswerte und utilitaristische Pragmatik hinaus die wirtschaftliche Ordnung in einem menschenrechtlichen Rahmen von Chancengleichheit und Fairneß, also letztlich von Gerechtigkeit so gesichert wissen will, daß wirklich alle Menschen einbezogen sind.

Hier vermag gerade auch eine christlich motivierte Sozialethik die Reflexion für die anthropologisch begründeten Prinzipien als Grundlage der gesamten Argumentation in den Dialog einzubringen. Sie vermag aber auch konkrete Ordnungsmodelle, etwa für Bereiche wie Arbeit, Eigentum oder

Umwelt kritisch auf ihre Konsistenz mit den eigenen Zielsetzungen und Prinzipien zu überprüfen und sie auch auf mögliche Verbesserungen hin stimulativ zu untersuchen. Damit versucht sie, diese Organisationsvorstellungen nicht bloß sozialeudaimonistisch, also nach dem Prinzip von «größtem Glück der größten Zahl» in allgemeinen Verbesserungen von Wohlergehen, Sicherheit und Freiheit zu führen und Schaden durch Engführungen zu vermeiden. Vielmehr will sie sie auch wirklich allgemein, also für schlechterdings alle Menschen zur Geltung bringen. Daß sie dabei ihre besonderes Augenmerk auf Minderheiten und Benachteiligte, die besonders leicht in der allgemeinen politischen Debatte vernachlässigt werden, richtet, versteht sich von selbst.

Obwohl dieser Schwerpunkt von der Botschaft Jesu her vorgegeben wäre, hat sich die abendländische Ethik zumindest auf weltweiter Ebene mit dem Ernstnehmen dieser Dimension lange insofern schwer getan, als sie zwar zwischenmenschliche Hilfe durchaus bereitzustellen suchte, die eigentlich gesellschaftliche, d. h. strukturverändernde Komponente aber zu wenig beachtete und so wenigstens faktisch bestehende Unrechtsstrukturen hinnahm und damit zu deren Stabilisierung beitrug.

So wird es nicht erstaunen, wenn eine nicht zuletzt durch den lateinamerikanischen Aufbruch der Befreiungstheologie angestoßene, deutlich auf Veränderung in der Wirtschaftsordnung zugunsten des Schutzes der Interessen der schwächeren Glieder in der Gesellschaft gerichtete Schwerpunktsetzung in der Öffentlichkeit oft Erstaunen hervorrief. Insofern aber gerade die Vernachlässigung der Schwächeren sowohl im Bereich der sogenannten «neuen Armut» in den reichen Industrienationen selber wie im wachsenden Nord-Süd-Gefälle auf Weltebene und im Ökobereich zunehmend als ein nicht nur für die Weltwirtschaft als solche, sondern auch für die Existenz der Menschheit als ganzer bedrohliches Konfliktpotential erkannt wird, beginnen Fragen einer global orientierten Wirtschaftsethik zunehmend zu interessieren.

Dies trifft umso mehr zu, als einfache Patentlösungen, wie etwa Verbesserung durch noch modernere Technologie, sich als unbrauchbar, ja oft sogar als gefährdungssteigernd erweisen. So erscheinen strukturkritische Ansätze seitens der Ethik, die auf Veränderung und Verbesserung ohne Preisgabe erreichter Sicherung von Existenz und Wohlergehen hinzielen, immer deutlicher als Überlegenswert.

Die Absicht dieser systematischen Einführung in die Wirtschaftsethik war es, dafür den Christen, die als Wirtschaftsfachleute direkt Ökonomie gestalten oder als mit der Verkündigung des Reiches Gottes, das eben hier und jetzt schon begonnen hat, beauftragte Theologen indirekt damit befaßt sind, jene systematische Grundinformation bereitzustellen, die einen Dialog von beiden Seiten her so erleichtert, daß auf einer gemeinsamen Basis der Kenntnis von Vorgeschichte, Problematik und Begrifflichkeit der beiden mit dem Humanen befaßten Wissenschaften ein Gespräch mit möglichst wenig Mißverständnissen geführt werden kann.

Dabei konnte es nicht bloß darum gehen, die Ansätze der eigenen Tradition abendländischer Philosophie und Theologie fortzuschreiben. Vielmehr sollte selbstkritisch und offen für andere Anregungen ein Weg in eine in manchem für die Menschheit unsichere Zukunft gesucht werden. Dazu «alles zu prüfen, und davon das Gute zu behalten» (vgl. 1 Thess 5,21) und fruchtbar zu machen, ist versucht worden. Manches – vor allem auch die zunehmend dringender werdende Problematik einer Weltwirtschaftsordnung – konnte, teils weil zu weit in spezialisierte Einzelheiten führend, teils aber auch mangels hinreichendem Erkenntnisstand bloß skizziert und angedeutet werden.

Wenn dennoch und gerade im Blick auf diese Mängel durch diesen Aufriß das interdisziplinäre Gespräch zwischen der sozialethischen Moraltheologie und den Wirtschaftswissenschaften um einen Schritt weitergebracht wurde, hat diese Einführung ihren Zweck erreicht.

Anmerkungen

I. Einleitung (S. 15–25)

1 Vgl. Kirchen und wirtschaftliche Unternehmen im internationalen Spannungsfeld, Köln ²1983.
2 Vgl. *P. Kennedy*, Aufstieg und Fall der großen Mächte – ökonomischer Wandel und militärischer Wandel von 1500–2000, Frankfurt 1989 (engl. Original: New York 1987).
3 Vgl. Joh 17,9–10, wonach der Jünger Christi zwar «in», aber nicht «von der Welt» ist.
4 Vgl. *F. Furger*, Wirtschaftsethik – neue Dimension oder Störenfried, in: *O. H. Kaufmann* u. a. (Hrsg.), Zur Zukunft von Staat und Wirtschaft in der Schweiz (FS K. Furgler), Zürich 1984, 23–29.

II. Die Problemstellung in ihrer Geschichte (S. 27–110)

1 Vgl. Politik 1253 b.
2 Dies bezeugen schon im 7. u. 6. Jh. v. Chr. Aussagen der griechischen Weisheitslehrer Solon und Hesiod.
3 Man vgl. dazu etwa die volkstümlichen Komödien des Aristophanes († 385 v. Chr.).
4 Vgl. dazu bes. Buch V der Nikomachischen Ethik von Aristoteles.
5 So etwa das Zeugnis von Cato d. Ä. († 149 v. Chr.) oder M. Terentius Varo († 27 v. Chr.).
6 Dazu gehört neben der Ablehnung von Spekulation und Luxus vor allem auch die Förderung der Freilassung von Sklaven.
7 Zu denken wäre hier etwa an die diokletianische Taxordnung, an den Grenzschutz, den Straßenbau usw.
8 So *K. Barth* (KD II/2 § 38).
9 Die Formulierung stammt ursprünglich von *R. Bultmann*, Das Problem der Ethik bei Paulus, 1924, ist aber mittlerweile vor allem im exegetischen Sprachgebrauch Allgemeingut geworden.
10 Obwohl diese Folgerung über das Verständnis von K. Barth und R. Bultmann hinausgeht, besteht darüber, wie der protestantische Sozialethiker H. Ruh in seiner Wirtschaftsethik (Stuttgart angekündigt 1992) unter Bezugnahme auf die katholischen Theologen *P. Hoffmann/V. Eid*, Jesus von Nazareth und eine christliche Moral (Freiburg 1975) betont, heute ökumenischer Konsens.
11 Näheres vgl. dazu: *H. Holzapfel*, Die sittliche Wertung der Arbeit im Christlichen Altertum, Würzburg 1941.

12 Eine solche lehnte die kirchliche Lehre, wie etwa die Aussagen Augustinus' gegen die radikale Bewegung der Montanisten zeigen, ausdrücklich ab. Zum Ganzen vgl.: *I. Seipel*, Die wirtschaftsethischen Lehren der Kirchenväter, Wien 1907, sowie *O. Schilling*, Reichtum und Eigentum in der altkirchlichen Literatur, Freiburg 1908.

13 Die bis heute im Bankwesen üblichen, ursprünglich italienischen Fachausdrücke verweisen noch immer auf diese Entstehungsgeschichte.

14 So trennten sich die radikalen Minoriten von den Klöster (= Konvente) bauenden Konventualen, während schon unter Bonaventura († 1274) als Generalmagister die als subversiv empfundenen Franziskuslegenden durch die Erstellung einer offiziellen, selektiv gemäßigten Sammlung, der sog. «Legenda aurea», aus dem Verkehr gezogen werden mußten.

15 Dies gilt nicht nur für die alttestamentliche Sicht, sondern – wie die Paulinische Paränese an wohlhabende Christen zeigt – ebenso für das christlich neutestamentliche Verständnis.

16 Näheres dazu vgl. *J. Höffner*, Kolonialismus und Evangelium, Trier [3]1972.

17 So in der Einleitung zu *A. Smith*, Theorie der ethischen Gefühle I, Hamburg 1977, S. XXXIII, und *J. Rawls*, A Theory of Justice, Harvard 1971.

18 *A. Smith*, ebd., 255.

19 Als Schotte hat Smith dabei offensichtlich die bedrückenden Vorrechte des englischen Adels in seiner Heimat vor Augen, was seiner Wirtschaftstheorie zugleich eine deutlich sozialkritische Note verleiht.

20 *G. Stavenhagen*, Geschichte der Wirtschaftstheorie, Göttingen [4]1969, 62.

21 *H. Freyer*, Die Bewertung der Wirtschaft im philosophischen Denken des 19. Jh., Stuttgart 1966, 103.

22 *G. Stavenhagen*, a.a.O., 97.

23 Vgl. vor allem die «Zeitschrift für die gesamte Staatswissenschaft» 1. Jg. (1844) – (Schüz gehörte zu den Mitbegründern) sowie *J. Kautz*, Nationalökonomie als Wissenschaft (1858), und vor allem: Die geschichtliche Entwicklung der Nationalökonomik und ihrer Literatur (1860), 518, wie *H. Pesch*, Nationalökonomie (Bd. I, Freiburg 1905, 462) hervorhebt.

24 Vgl. dazu Arbeiten wie diejenigen des Münchener Nationalökonomen *J. Strieder*: Zur Genesis des modernen Kapitalismus, Leipzig 1905; ders., Levantinische Handelsfahrten deutscher Kaufleute des 16. Jh., ebd. 1919; ders., Jacob Fugger der Reiche, ebd. 1925, wie auch eine ganze Anzahl von Dissertationen seiner Schüler.

25 So ein Kapitel-Titel in *Schmollers* »Grundriß der allgemeinen Volkswirtschaftslehre«, 2 Bde., Leipzig 1900/1904.

26 Unter Grenznutzen wird der Wert verstanden, den ein Konsument der letzten konsumierten Gütereinheit zumißt und der bei zunehmender Gütermenge daher abnimmt, was sich über einen Differenzialquotienten: $d^n - x$, wo n = Nutzen und x = Menge bedeuten, mathematisch formalisieren läßt.

27 Weniger auf die Wirtschaftswissenschaft als nur auf die Soziologie bezogen, warf dabei die neomarxistische »Frankfurter Schule« (Th. W. Adorno, J. Habermas) den Wissenschaftstheoretikern des kritischen Rationalismus (K. R. Popper, H. Albert) vor, mit ihrer Forderung nach wertfreier Falsifikation (human-) wissenschaftlicher Aussagen die eigentlichen gesellschaftlich menschlichen Probleme aus der wissenschaftlichen Untersuchung auszuklammern und so den status quo zu Gunsten der Stärkeren zu stabilisieren.

28 Vgl. *C. Menger*, Untersuchungen über die Methoden der Sozialwissenschaften, Leipzig 1883, 265.

29 Vgl. *M. Weber*, Gesammelte Aufsätze zur Wirtschaftslehre, Tübingen 1917, 492 f.

30 Ebd., 151.

31 So wurde der Verelendung des Proletariats am besten durch gewerkschaftlichen Zusammenschluß und Tarifverhandlungen aus einer Position der Stärke, nicht aber durch Umsturz begegnet, während der Monopolkonzentration Kartellgesetze entgegengestellt wurden. Wo dagegen Revolutionen stattfanden, führten sie nicht zu einer Befreiung, sondern zu weiterer Unterdrückung sowie zu katastrophaler Mißwirtschaft durch hochprivilegierte, aber weitgehend korrupte Funktionärsklassen.

32 Vgl. die entsprechenden Versuche des Schweizer Kapuziners T. Florentini († 1865), der allerdings ohne Erfolg entsprechende Versuche zu menschlicherer Betriebsgestaltung des Engländers R. Owen († 1858) christlich umzusetzen versuchte.

33 Frühe Vertreter sind in Cambridge A. Marshall († 1924) sowie der Begründer der «Lausanner-Schule» L. Walras († 1910); der Neoklassik zuzurechnen sind aber auch die Nobellpreisträger K. J. Arrow, G. Debreu, P. A. Samuelsen und R. M. Solow.

34 So in den demokratischen Präsidentschaften von L. B. Johnson und J. F. Kennedy oder unter dem deutschen Wirtschaftsmininster K. Schiller.

35 So ist in den meisten Industrieländern – die Schweiz ausgenommen – trotz der neuerlichen Hochkonjunktur der 1980er Jahre die Staatsverschuldung weiter gewachsen statt zurückgegangen, wobei der Ausgabenüberschuß erst noch auf konsumptive Sozialausgaben und nicht auf langfristig nützliche Investitionen entfällt. Dies heizt nicht nur die Inflation an, sondern macht auch bei späteren Krisen die Intervention schwieriger, so daß dann Inflation und wirtschaftliche Stagnation sich zur sog. «Stagflation» kumulieren können.

36 So hat der staatlich verordnete Lohnschnitt verbunden mit einem gesetzlichen Preis- und Lohnstopp 1936 in der Schweiz zu einer Verbesserung am Arbeitsmarkt geführt, während die Arbeitslosigkeit seit Mitte der 1970er Jahre sich trotz staatlicher Investitionen fast nirgendwo verringerte.

37 Daß diese Schule den christlichen Ansätzen der Katholischen Soziallehre nahesteht, erhellt aus der Tatsache, daß der spätere Münsteraner Sozial-

ethiker und Kölner Kardinal J. Höffner († 1987) 1941 bei Eucken promovierte.

38 Vgl. *J. M. Buchanan*, Hemmnisse und Hindernisse marktwirtschaftlicher Reformen (amerik.: The Limits of Liberty, Chicago/London 1975), Tübingen 1984, sowie ders., Freedom and Constitutional Contruct, London 1977; einen guten Überblick zu seinem Denken gibt, der Vf. in seinem Artikel: NZZ 27. 1. 1990, 21f.

39 Vgl. *M. Olson*, The Rise and Decline of Nations, London 1982.

40 Vgl. *J. M. Buchanan*, Hemmnisse ... a. a. O.

41 Vgl. dazu im einzelnen: *H. Kleinewefers*, Reformen für Wirtschaft und Gesellschaft – Utopien, Konzepte und Rivalitäten, Frankfurt 1985.

42 Vgl. *E. Bieri*, Die Menschlichkeit unserer technischen Zivilisation, Berlin 1980.

43 Vgl. dazu den Wirtschaftshirtenbrief der US-amerikanischen Bischöfe von 1986, deutsch: Gegen Unmenschlichkeit in der Wirtschaft, Freiburg 1987.

44 Die Begriffe folgen der Terminologie von *Kleinewefers* a. a. O., 20 f.

45 Vgl. *J. D. Rosche*, Katholische Soziallehre und Unternehmensordnung, Paderborn 1988, hier bezogen auf den Vorschlag für eine «paritätische Unternehmensordnung» der KAB in der BRD von 1977.

46 Einzelne aus «Vertragsorganisationen vereinter Arbeiter» bestehende sog. «Grundorganisationen der vereinten Arbeit» (GOVA) als eine Art «Profitcenter» bilden zusammen sog. Arbeitsorganisationen, die ihrerseits über eine zentrale Verwaltung oder Arbeitsgemeinschaft zu einer «zusammengesetzten Organisation der vereinten Arbeit», dem Konzern verbunden sind. Näheres s. *Kleinewefers* a. a. O., 200–202.

47 Vgl. *R. Bahro*, Die Alternative, Köln 1977, und ders., Elemente einer neuen Politik, Berlin 1980.

48 *H. C. Binswanger/W. Geissberger/T. Ginsburg* (Hrsg.), Wege aus der Wohlstandsfalle, Frankfurt 1979 (der sog. NAWU [= Neue Analysen für Wirtschaft und Umwelt] Rapport).

49 Vgl. *Kleinewefers*, a. a. O., 331 f.

50 Vgl. *R. Fernandes*, Ota Šiks Mitarbeitergesellschaft und das ihr zugrundeliegende Menschenbild im Licht einer christlichen Sozialethik, in: JCSW 31 (1990), 114–134.

51 Vgl. *O. Šik*, Humane Wirtschaftsdemokratie, Hamburg 1979.

52 Vgl. *J. Rawls*, Eine Theorie der Gerechtigkeit, Frankfurt 1975 (engl. Original 1971).

53 So im deutschen Sprachraum in St. Gallen 1988 und in Ingolstadt 1989.

III. Systematische Grundlagen

Abschnitt A. und B. (S. 113–154)

1 Vgl. *R. Clouse* (Hrsg.), Armut und Reichtum, Marburg 1988 (engl. Original 1984), sowie *H. Büchele*, Christlicher Glaube und politische Vernunft, Wien/Düsseldorf 1987.
2 Vgl. dazu etwa die Hinweise von *K. Homann*, Demokratie und Entwicklung, in: *P. Hünermann/M. Eckholt* (Hrsg.), Katholische Soziallehre – Wirtschaftsdemokratie, Mainz/München 1989, 94–96.
3 So vor allem in der Schule von J. Höffner († 1987) am Institut für Christliche Sozialwissenschaften in Münster.
4 Vgl. dazu die in manchem allerdings zu wenig differenzierte Kritik von *W. Kroh*, Kirche im gesellschaftlichen Widerspruch, München 1982, und die Replik von *O. v. Nell-Breuning*, Soziallehre der Kirche im Ideologieverdacht, ThPh 58 (1983) 88–99, sowie die in der späteren Instruktion der Glaubenskongregation «Libertatis conscientia» (1986) wie in «Sollicitudo rei socialis» (1987) ergänzte Gegenkritik durch die frühere Instruktion «Libertatis nuntius» (1984).
5 Vgl. aus den zahlreichen Veröffentlichungen vor allem *P. Koslowski*, Prinzipien der ethischen Ökonomie, Tübingen 1988.
6 Vgl. *P. Ulrich*, Wertfragen des Wirtschaftens, in: Der Monat (Basel) 3/89, 6–9.
7 Ebd. 7.
8 Vgl. ders., Wirtschaftsethik und Wirtschaftswissenschaften (Antrittsvorlesung in St. Gallen, NZZ 31. 8. 88, 201), wozu er dann auch selber einen Entwurf liefert: ders., Wirtschaftsethik, in: ders. (Hrsg.), Auf der Suche nach einer modernen Wirtschaftsethik, Bern 1990.
9 Der Ausdruck ist der Börsensprache entnommen und bezeichnet die Einpendelung der Preise im Wertpapierhandel, konkret erfahrbar wird es aber auch etwa beim spontanen Ausgleich der Länge von Warteschlangen vor mehreren geöffneten Fahrkartenschaltern. Vgl. *J. Starbatty*, Wichtige ordnungspolitische Determinanten – das Arbitragephänomen als Grundannahme menschlichen Verhaltens, in: NZZ 14. 2. 84, 37.
10 Vgl. *F. A. v. Hayek*, Recht, Gesetzgebung und Freiheit, 2 Bde., München/Landsberg, 1980/81, (Zitat: 2,112), sowie ders., Demokratie, Gerechtigkeit und Sozialismus, Tübingen 1977 (Zitat 34).
11 So *J. Meran*, Wirtschaftsphilosophie – Wirtschaftsethik, Hagen 1989, 80.
12 Ebd. 117.
13 Ebd. 141.
14 Vgl. *I. Kant*, Kritik der praktischen Vernunft, 1788, A 237.
15 Vgl. *K. Homann*, Philosophie und Ökonomik, in: Jahrbuch für neue politische Ökonomie, Tübingen, 7 (1988), 99–127 (Zitat 114).

16 Homann verweist in diesem Zusammenhang auf die Werke des Philosophen R. Spaemann und auf die genannten Arbeiten von P. Koslowski.

17 Für eine solche anthropologisch ethische Begründung vgl. unten Abschnitt C.3.3.

18 So *K. Homann*, Wettbewerb und Moral, in: JCSW 31 (1990), 34–56 (Zitat 38).

19 So ders., Philosophie und Ökonomik a. a. O., 106, mit Bezug auf J. Rawls ‹Gerechtigkeitstheorie›. Den Verdacht auf einen Kant'schen Deontologismus, der die Handlungsfolgen ungenügend beachte, den Homann in diesem Zusammenhang ausmacht, möchte er über einen ‹Hobbes'schen Ansatz› ausschalten, weil dieser mit dem Kriterium der »Produktivität von Moral« mit einem »schwächeren« Vernunftargument als die letztlich Kant'schen Ansätze auskomme. Dennoch muß auch Homann zugeben, daß eine »ökonomisch argumentierende Vertragstheorie ihr oberstes normatives Prinzip«, nämlich den Konsens aller nicht aus sich zu begründen vermag (vgl. ders., Strategische Rationalität, kommunikative Rationalität und die Grenze der ökonomischen Vernunft, in: *P. Ulrich* (Hrsg.), Auf der Suche nach einer modernen Wirtschaftsethik, Bern 1990, 103–119, hier 107).

20 Ebd. 120. Die Auseinandersetzung mit dem Gefangenendilemma findet sich in: Wettbewerb und Moral, a. a. O., 43.

21 Vgl. zu dieser methodologisch metaethischen Problemstellung: *F. Furger*, Was Ethik begründet, Zürich 1984, sowie in diesem Sinn direkt kritisch zu K. Homann: *K. O. Apel*, Diskursethik als Verantwortungsethik und das Problem der ökonomischen Rationaltät, in: ders., Diskurs und Verantwortung, Frankfurt 1988, 270–305 (bes. 279–289), und *H. Münk*, Wirtschaftswissenschaft und christliche Ethik auf dem Weg zu einem vertieften Dialog, in: *F. Furger* (Hrsg.), Ethische Theorie praktisch, Münster 1991, 180–201.

22 So auch *Homann*, Wettbewerb und Moral a. a. O., 46f (s. Anm. 18), sowie andeutungsweise auch in: ders., Strategische Rationalität, a. a. O. (s. Anm. 19).

23 Vgl. dazu *W. Zöller*, Heilsgewißheit, Erkenntnissicherheit und Verläßlichkeit sozialer Beziehungen; einige Bemerkungen zum Verhältnis von Liberalismus und Religion, in: *G. Gutmann/A. Schüller* (Hrsg.), Ethik und Ordnungsfragen der Wirtschaft, Baden-Baden 1989, 47–66.

24 Diese ursprünglich thomasischem und nicht neuscholastischem Verständnis folgende Sicht kann (anders als im Ansatz von R. Spaemann und P. Koslowski) seit der methodenkritischen Normfindungsdebatte der 1970er Jahre in einer selbstkritischen christlichen Ethik als Gemeingut angesehen werden. Vgl. dazu *W. Kerber* (Hrsg.), Sittliche Normen, Düsseldorf 1982.

25 Vgl. dazu *J. Rawls*, Eine Theorie der Gerechtigkeit, Frankfurt 1975 (engl. Original 1971).

26 Vgl. bes. ebd. Kap. 2, § 11 und 12; «Sparen» wird hier als die für ein

menschenwürdiges Leben kommender Generationen nötige Schaffung von Rücklagen verstanden; vgl. ebd. § 44.

27 Vgl. dazu im einzelnen: *K. H. Schelkle*, Theologie des Neuen Testaments, Bd. 3: Ethos, Düsseldorf 1970, sowie *H. D. Wendland*, Ethik des Neuen Testaments, Göttingen 1970, und *M. Gilbert* u. a., Morale et ancien testament, Louvain 1976.

28 Vgl. dazu die Erzählung des Brudermordes an Abel durch Kain (Gen 4), die in narrativer Form dem kategorischen Imperativ Kants durchaus entspricht.

29 Das Alte Testament redet entsprechend semitischem Sprachgebrauch von »Erkennen« (vgl. Gen 3.5).

30 Vgl. dazu das diesbzgl. besonders interessante Frühwerk von *O. v. Nell-Breuning*, Grundzüge der Börsenmoral, Freiburg 1928.

31 Vgl. dazu etwa *K. H. Schelkle* (a. a. O., 338), hier allerdings in Betonung der Welt- bzw. Staatsrelativierung: «Philon gebraucht philosophische, Paulus eschatologische Begriffe» (sc. für die gleiche Sache); analog (hier für ein paulinisches Autonomieverständnis) unterstreicht die gleiche Parallele auch *R. Hasenstab*, Modelle paulinischer Ethik, Mainz 1977, 185 f.

32 Vgl. oben die Ausführungen zu K. Homann (Anm. 19).

33 Das biblische Verständnis von menschlicher Gerechtigkeit als dem Abbild des allein wirklich gerechten und Gerechtigkeit dem Menschen zusagenden Schöpfergottes erschließt der bloß menschlichen Einsicht neue, tiefere Dimensionen, hebt diese aber als solche nicht auf, sondern bestätigt sie in transzendenter Dynamik.

34 Für eine ausführliche Darlegung der allgemeinen, auch diesem Entwurf einer Ethikvermittlung zugrundeliegenden Systematik einer christlichen Sozialethik vgl.: *F. Furger*, Christliche Sozialethik, Grundlagen und Zielsetzungen, Stuttgart 1991.

35 Im protestantischen Raum klafft zwischen den ausdrücklich dem Thema «Wirtschaftsethik» gewidmeten Monographien von *G. Wünsch*, Evangelische Wirtschaftsethik (Tübingen 1927) und *A. Rich*, Wirtschaftsethik I (Gütersloh 1984) eine Lücke von 57 Jahren (vgl. *K. Dahm*, Unternehmensbezogene Ethikvermittlung, in: ZEE 33 [1989] 121), und selbst da herrscht für die Vermittlung theologisch-ethischer Normativität zu wirtschaftlichen Faktizitäten in Ermangelung einer schöpfungstheologischen, letztlich irgendwie naturrechtlichen Begründung noch manche Unsicherheit (vgl. dazu die Kritik von P. Ulrich an A. Rich zur Unterscheidung von «sachgerecht und menschengerecht» in *P. Ulrich*, Transformation der ökonomischen Vernunft, Stuttgart 1987, 343). Dennoch scheint die hier vorgelegte Grundkonzeption, wenn auch in manchmal unterschiedlicher Terminologie zunehmend konfessionsübergreifend konsensfähig (vgl. besonders *A. Rich*, Wirtschaftsethik II, Gütersloh 1990, und *H. Ruh*, Wirtschaftsethik, Stuttgart [angekündigt] 1992).

36 Vgl. S.th. II II 66, art. 2, 3, 7.

37 Was sich in allen menschlichen Gruppierungen, gerade auch unter Kin-

dern und Jugendlichen abzeichnet, daß sich nämlich spontan entstandene und von allen zunächst als nützlich empfundene Führungsqualitäten und entsprechende Autorität ohne ethische Kontrolle in sachlich nicht mehr gerechtfertigte Privilegierungen zu verkehren droht, läßt sich wirtschaftlich besonders deutlich auch in Basisgruppen mit erfolgreichen Entwicklungsprojekten feststellen: Tüchtige Mitglieder organisieren ihre Arbeit besser, legen Vorräte an, helfen damit anderen, gewinnen so Einfluß und Macht und stehen eben damit – wie sich anhand konkreter Beobachtungen belegen läßt – zugleich in der Gefahr, daraus sich ergebende Vorteile egoistisch zu übernutzen.

38 Vgl. dazu: *H. B. Peter*, Gerechter Preis, Bern 1990.

39 Vgl. oben Abschnitt II C.

40 Ausdrücklich in der hundertjährigen Tradition der katholischen Soziallehre (seit der ersten Sozialenzyklika «Rerum Novarum» von *Papst Leo XIII.*, 1891), aber mit besonderer Deutlichkeit stellte 1991 *Papst Johannes Paul II.* in seinem Rundschreiben «Centesimus annus» (Nr. 40–43) diese Argumente für eine ethisch verantwortete soziale Marktwirtschaft heraus; vgl.: Vor neuen Herausforderungen der Menschheit, «Centesimus annus», mit einem Kommentar von *W. Kerber*, Freiburg 1991.

41 Vgl. unten Abschnitt III D.

Abschnitt C. (S. 155–223)

1 So in den Enzykliken *Johannes Pauls II* «Laborem exercens» von 1981, Nr. 12 und erneut deutlich in «Centesimus annus» von 1991 mit der Bejahung einer sozialen Marktwirtschaft.

2 Vgl. Gen 3 und 11,1–9: Die Erzählungen vom Sündenfall bzw. vom Turmbau zu Babel.

3 Vgl. die Hinweise auf die Lilien des Feldes und die Vögel des Himmels, die auch ohne zu sorgen, schön gekleidet und satt genährt werden (Lk 12,26–30), während der sich mit allerhand Vorräten versehene Bauer «töricht», also gottfern, genannt wird (Lk 12,16–21).

4 Vgl. *H. D. Chenu*, Pour une théologie du travail, Paris 1955, sowie *J. David*, Die schöpferische Kraft des Menschen – Theologie der Arbeit und der Technik, MySal II, Zürich 1967, 787–801.

5 Vgl. *H. J. Wallraff*, Arbeit – weltanschaulich, StL I, Freiburg 1957, 396–401.

6 Vgl. *M. Weber*, Die protestantische Ethik und der Geist des Kapitalismus (1905), in: ders., Gesammelte Aufsätze zur Religionssoziologie I, Tübingen 1920, 17–206.

7 Vgl. *B. Geremek*, Geschichte der Armut, Zürich 1988.

8 Vgl. *H. J. Hohn*, Arbeitsauffassung im Wandel (Kirche und Gesellschaft 103), Köln 1983, sowie H. Ruh, Wirtschaftsethik, Stuttgart (angekündigt) 1992.

9 Vgl. *J. Höffner*, Die Kirche und die Welt der Arbeit, Köln 1983, in: ders., In der Kraft des Glaubens II, Freiburg 1986, 543–556.

10 So «Laborem exercens» a.a.O., Nr.1.

11 Vgl. dazu *H. Hamm*, Ethik, Menschenrechte, Sicherung der Arbeitsplätze als menschenrechtliche Forderung, Limburg 1976; *O. v. Nell-Breuning*, Das Recht auf Arbeit, Std.2196 (1978), 523–533.

12 Vgl. dazu: *H. Lampert* (Hrsg.), Arbeitsmarktpolitik, Stuttgart 1979.

13 Vgl. dazu oben Abschnitt II D 2.

14 Die nach diesem Modell schon seit 1937 mit den sog. «Friedensabkommen» gestalteten schweizerischen sozialpartnerschaftlichen Beziehungen sind dafür der wohl am längsten erprobte Erfahrungsbeleg (Vgl. dazu *F. Furger*, Das Schweizerische Friedensabkommen und die Idee der berufsständischen Ordnung, in: *J. Mückl* (Hrsg.), Die Enzyklika Quadragesimo anno und der Wandel der sozialstaatlichen Ordnung, Paderborn 1991, 37–44).

15 Vgl. *N. Monzel*, Die katholische Kirche in der Sozialgeschichte, München 1980, Kap. 2 und 3 (dort auch weitere Literatur), sowie *W. Zorn*, Arbeit in Europa vom Mittelalter bis ins Industriezeitalter, in: *V. Schubert* (Hrsg.), Der Mensch und seine Arbeit, St. Ottilien 1986.

16 1870 in den USA eingeführt wurde die Fließarbeit von F. W. Taylor († 1915) als wissenschaftlicher Betriebsablauf theoretisch (sog. «Taylorismus») festgeschrieben.

17 Der an sich verkehrte Ausdruck macht deutlich, welches Kräfteverhältnis die sozialen Beziehungen prägt: Nicht der welcher arbeitet, sondern, wer andere arbeiten läßt, «gibt» Arbeit!

18 Vgl. «Rerum Novarum», Nr. 38, 44; für den Streik Nr. 31, die vom Staat fordert, seiner Entstehung zuvorzukommen; ausdrücklich dazu nimmt erst das II. Vatikanum 1965 positiv Stellung (vgl. GS 68).

19 So in «Laborem exercens» a.a.O., Nr. 20 (bes. die Abs. 3 und 7).

20 So die Forderung der integralistischen sog. Berliner Richtung mit dem Breslauer Erzbischof G. von Kopp und dem Trierer Bischof M. F. Korum, die allerdings seitens des Kölner Erzbischofs A. Fischer und der sog. Köln-Mönchengladbacher Richtung, der gem. dem sog. «Fuldaer Pastorale» von 1910 der Großteil des Episkopats nahestand, Widerspruch erhielt und 1912 seitens des Papstes Pius' X. die Duldung einer Mitgliedschaft hinnehmen mußte.

21 So seit 1937 in der Schweiz (in den sog. «Friedensabkommen», vgl. Anm. 14), sowie weniger ausgeprägt von 1948 in der BRD, wo anläßlich von Vertragserneuerungen in den späten 1980er Jahren gewissen Gewerkschaften der Streik noch als probates Mittel galt (vgl. *F. Steinkühler*, Vorsitzender der IG-Metall in FAZ 13. 5. 1987).

22 Ohne konkretisierende Vorschläge und so wohl mißverständlich (vgl. das ständestaatliche Konzept v. E. Dollfuß in Österreich im Jahr 1934) findet sich diese Idee in der Enzyklika «Quadragesimo anno» von 1931 (Nr. 81–98) und verdient es an sich, weitergedacht zu werden (vgl. dazu: *O. v.*

Nell-Breuning, Worauf es mir ankommt, Freiburg 1983, 91–93, sowie *F. Furger*, a.a.O., Anm. 14).

23 Für die rechtliche Situation in der BRD, wo anders als in der Schweiz die Sozialbeziehungen mehr auf Gesetzes- als auf Vertragsebene aufgebaut sind, vgl. *B. Rüthers*, Streik und Aussperrung (Kirche und Gesellschaft 56), Köln 1979, sowie *F. Hengsbach* (Hrsg.), Aussperrung und Streik – ungleiche Mittel, Mainz 1981.

24 Die Initiative der christlichen Hilfswerke der Schweiz nach 1984, für die durch einen Großverteiler aus der Dritten Welt importierten Früchte (Bananen und Ananas) beim Produzenten die Zahlung der Mindestlöhne kontrolliert zu garantieren, war zwar nicht in allen Teilen erfolgreich, deutet aber die Richtung für ein geeignetes Vorgehen an.

25 Man lese dazu die gesamtmenschlich, nicht bloß im materiellen Sinn fortschrittsoptimistischen kirchlichen Dokumente, vor allem die Enzyklika «Populorum progressio» (1967), sowie die Pastoralkonstitution des II. Vaticanums «Gaudium et spes» (1965).

26 Vgl. dazu *H. Marcuse*, Der eindimensionale Mensch. Studie zur Ideologie der fortgeschrittenen Industriegesellschaft, Neuwied 1967.

27 Vgl. dazu *A. Rich*, Wirtschaftsethik II, Gütersloh 1990, 53–70, der sich bes. auf *E. Ulich*, Arbeitspsychologische Konzepte und neue Technologien, in: *K. J. Zink* (Hrsg.), Personalwirtschaftliche Aspekte neuer Technologien, Berlin 1985, 135–159, stützt.

28 Vgl. dazu *Thomas von Aquin*, S.th. II II 66,2.

29 Vgl. dazu *W. Weber*, Geld und Zins in der spanischen Spätscholastik, Münster 1962.

30 Vgl. oben Abschnitt II A 4.

31 So *T. Strohm*, Eigentum – sozialethisch, in: Evangelisches Soziallexikon, Stuttgart [9]1970, 310–315, Zitat S. 310 (unter Verweis auf den protestantischen Sozialethiker E. Wolf, S. 314).

32 ebd., 313.

33 So haben die «alten» Industrieländer bis zum Ende des 19. Jh., die Schwellenländer bis vor kurzem, den Patentschutz abgelehnt; die Entwicklungsländer fordern entsprechend bis heute einen freien Zugang zur Nutzung von geistigem Eigentum. Vgl. dazu: *F. Beutter*, Die Eigentumsordnung in der Moraltheologie des 19. Jh., Paderborn 1971, bes. 75 ff. und 148.

34 *Beutter* (ebd., 149) redet von einer Unfähigkeit bzw. einem «umfassenden Unverständnis» gegenüber den Grundanliegen der sozialistischen Bewegung.

35 So *W. Kerber*, Perspektiven zur Eigentumsfrage, Handbuch der christlichen Ethik II, Freiburg/Gütersloh 1978, 371.

36 Man denke an die Forderungen, die in der Auseinandersetzung mit der Pastoralkonstitution «Gaudium et spes» dieses Konzils (1965), aber auch mit der Enzyklika «Populorum progressio» (1967) insbesondere von den lateinamerikanischen Befreiungstheologien erhoben worden sind.

37 So *Papst Paul VI.* in seinem Schreiben «Octogesima adveniens» von 1971.
38 Vgl. «Gaudium et spes» (1965) Nr. 23 (sowie analog 1967 die Enzyklika «Populorum progressio» Nr. 23).
39 Vgl. dazu *A. Pfeiffer* (Hrsg.), Religiöse Sozialisten, Olten 1976.
40 Vgl. unten Abschnitt III C 4.1 und 4.2, sowie *Pius XI.*, «Quadragesimo anno» (1931), Nr. 126 und 137; vgl. dazu *F. Beuter*, Soziale Liebe, in: *A. Klose* u. a. (Hrsg.), Kath. Soziallexikon, Innsbruck/Graz 1980, 1667–1673.
41 Vgl. *N. Gorgescu – Roegen*, The Entropy Law and the Economic Process, Cambridge (Mass) 1971.
42 Vgl. *W. Kingston*, Property Rights and the Making of Christendom, Dublin 1990, der dafür vor allem auf M. Olson, D. C. North und A. de Jasay verweist.
43 Vgl. dazu *H. Bonus*, Börsen für den Schmutz, in: FAZ 30. 09. 1989, 227, zu einer Politik der «Umweltzertifikate» sowie unten Abschnitt C 5.
44 Vgl. dazu exemplarisch für eine protestantische Sicht: *A. Rich*, Mitbestimmung in der Industrie, Zürich 1973, sowie aus katholischer Perspektive: *W. Spieler*, Kirche und Mitbestimmung, Bern 1976.
45 Vgl. unten Abschnitt IV C.
46 Als Beispiel für solche Projekte aus kirchlicher Initiative wäre etwa zu verweisen auf das deutsche kirchlich ökumenische Papier: *H. Kunst/H. Tenhumberg* (Hrsg.), Soziale Gerechtigkeit und internationale Wirtschaftsordnung, Mainz/München 1976, oder die Studie der päpstlichen Kommission «Justitia et Pax», Im Dienst der menschlichen Gemeinschaft: Ein ethischer Ansatz zur Überwindung der Schuldenkrise, Rom/Bonn 1987, sowie deren deutsche Weiterführung: Kommission Weltkirche (Hrsg.), Die internationale Schuldenkrise – eine ethische Herausforderung, Bonn 1988 (kath.) bzw. (protestantisch): Bewältigung der Schuldenkrise (eine Stellungnahme der Kammer der EKD für kirchlichen Entwicklungsdienst), Hannover 1988.
47 Vgl. dazu *F. Cremer/D. Funke*, Diakonisches Handeln, Freiburg 1988; *K. Deufel*, Sozialstaat und christliche Diakonie, in: *F. Böckle* u. a. (Hrsg.), Christlicher Glaube in moderner Gesellschaft, Freiburg 1982, 121–177, sowie *J. Höffner*, Christliches Helfen in der modernen Gesellschaft, in: Caritas 72, Freiburg 1973, 17–22.
48 So haben etwa in der Schweiz christliche Theologen die Schaffung einer allgemeinen Rentenversicherung für Alte und Invalide (AHV/IV) lange bekämpft, um eine Benachteiligung oder Vereinnahmung der kirchlich privaten Caritas zu verhindern, von der sie eine menschlichere Betreuung und Versorgung meinten erwarten zu können.
49 Vgl. oben Abschnitt III C 2.3.
50 Vgl. dazu als Übersicht in der BRD: *W. Schmähl*, Sicherheit im Alter (Kirche und Gesellschaft 163), Köln 1989, sowie *P. H. Werkahn*, Der Pflegefall, Trier 1991 (mit weiterer Literatur zur aktuellen Kontroverse in der BRD).

51 Eine solche Dreierkombination wurde konzeptuell vor allem im sog. «Drei-Säulen-Modell» der Schweiz entwickelt; weniger klar ausgeprägt kennzeichnet sie aber die Versorgungssysteme mancher fortschrittlicher Sozialstaaten.

52 Darunter wird jene Konsumgütermenge verstanden, die «zur Realisierung des Lebensunterhalts und der gewohnheitsmäßigen Annehmlichkeiten erforderlich ist» (Brockhaus Enzyklopädie Bd. 5, [17]1968, 819).

53 Vgl. dazu unter ökonomischen Gesichtspunkten: *G. Breman/J. Buchanan*, Besteuerung und Staatsgewalt, Hamburg 1988, und *F. Neumark*, Grundsätze gerechter und ökonomisch rationaler Steuerpolitik, Tübingen 1970; sowie sozialethisch: *F. Beutter*, Steuermoral, Staatslexikon, Bd. 5, Freiburg [7]1989, 309–311; *P. Kehl*, Die Steuer in der Lehre der Theologen des Mittelalters, Berlin 1927; *O. v. Nell-Breuning*, Steuermoral, in: Sacramentum mundi – Theol. Lexikon für die Praxis, Bd. 4, Freiburg 1969, 733–737; *W. Schmitz*, Steuer- und Besteuerungsmoral, in: Neues Lexikon der christlichen Moral, Innsbruck 1990, 732–739.

54 Insofern, aber auch nur insofern ist der Vorwurf von C. Amery von den «gnadenlosen Folgen des Christentums» (so der Untertitel zu dessen «Das Ende der Vorsehung», Reinbek 1972) berechtigt.

55 Vgl. dazu *O. Keel*, Umweltethik, in: Orient 51 (1987) 221/2.

56 Vgl. oben die Abschnitte II A 2 und III A 5.

57 Vgl. *W. Korff*, Technik – Ökologie – Ethik (Kirche und Gesellschaft 91), Köln 1982, 6.

58 Vgl. *P. Teilhard de Chardin*, Der Mensch im Kosmos, München 1959, 238.

59 Vgl. dazu *F. Furger*, Das Problem der Rechte von Tieren als nichtmenschliche Lebewesen, Jb. Zentrum für Niederlande-Studien, Münster 1 (1991), 107–111.

60 Vgl. dazu in: *W. R. Shea* und *B. Sitter* (Hrsg.), Scientists and their Responsibility, Canton (MA) 1989, die gegensätzlichen Positionen des deutschen Philosophen J. M. Mittelstrass und des amerikanischen Ökobiologen R. K. Colwell (1–57), sowie *R. Löw*, Warum Naturschutz? (Kirche und Gesellschaft 156), Köln 1988.

61 Diese Ausdrücke verwendet *Papst Johannes Paul II.* in seiner Enzyklika «Sollicitudo rei socialis» (1987), Nr. 28 bzw. 31.

62 So hatte etwa die den Rhein für Monate verschmutzende Brandkatastrophe im Chemie-Werk der Sandoz in Basel von 1986 ihre Erstursache darin, daß der durch Glimmen den Brand auslösende Farbstoff, das sog. «Berlinblau» vorher als «absolut» unbrennbar gegolten hatte.

63 So *W. Korff*, BKU-Vorträge I, Köln 1988.

64 Vortrag von *Kardinal F. König*, dokumentiert in: Vaterland 13. 09. 1980, 213.

65 So der Zürcher Theologe und Bankier *E. Bieri* in: ders., Die Menschlichkeit unserer technischen Zivilisation, Berlin 1980, 81.

66 Vgl. *A. Auer*, Umweltethik, Düsseldorf 1984, 143 (mit Verweis auf E. Topitsch).
67 Vgl. oben Abschnitt II E 3.
68 Vgl. *H. C. Binswanger/W. Geissberger/T. Ginsburg* (Hrsg.), Der NAWU-Rapport, Wege aus der Wohlstandsfalle, Strategien gegen Arbeitslosigkeit und Umweltkrise, Frankfurt 1978.
69 Als Leitphilosophie dient solcher Kritik vor allem: H. Jonas, Das Prinzip Verantwortung, Versuch einer Ethik für die technologische Zivilisation, Frankfurt 1979.
70 So *P. Klemmer*, Ökologische Wirtschaft – eine Alternative? (Kirche und Gesellschaft 110), Köln 1984, 8,11.
71 Vgl. dazu oben Abschnitt III C 2. 3.
72 Vom Lateinischen «tutior» = sicherer, was hier zwar nicht heißt: «niemals» aber doch «bei positivem Zweifel: nein».
73 Dies würde etwa dann eintreffen, wenn nationale Energiestudien Produktionsprozesse in schwächere Regionen des Auslands verlagern ließen.
74 D. h. ein einfacher Schluß aus vorgegebenen Tatbeständen auf eine sittliche Forderung.

Abschnitt D. (S. 224–240)

1 So besonders eindringlich der Wirtschaftshirtenbrief der US-amerikanischen Bischöfe von 1986, deutsch: Gegen Unmenschlichkeit in der Wirtschaft, Der Hirtenbrief der katholischen Bischöfe der USA «Wirtschaftliche Gerechtigkeit für alle», Aus deutscher Sicht kommentiert von *F. Hengsbach*, Freiburg 1987.
2 Vgl. *G. Stigler*, Die Intellektuellen und die Martktwirtschaft, in: NZZ (Themen und Thesen der Wirtschaft) 31. 12. 1989, 303.
3 Vgl. dazu *G. Schwarz* (Hrsg.), Wo Regeln bremsen, Zürich 1989.
4 So *W. Röpke*, Ethik und Wirtschaftsleben, zitiert nach *W. Stützel* (Hrsg.), Grundtexte zur sozialen Marktwirtschaft, Stuttgart 1984, 439.
5 Vgl. dazu die Vorschläge von B. Molitor, M. Balug, S. Borner und H. Bonus in: *G. Schwarz* (Hrsg.), a. a. O. (Anm. 3), einer Artikelserie, die bei aller Bejahung der sozialen Marktwirtschaft für unkonventionelle Ideen Platz hat.
6 So *C. Watrin*, Zur Frage einer marktwirtschaftlichen Orientierung in der DDR, in: BKU-Rundbrief 89/6, 1 f.
7 So etwa in verschiedenen Staaten die Luftfahrtsgesellschaften oder Teile des Fernmeldewesens.
8 Vgl. *L. Erhard*, Gedanken aus fünf Jahrzehnten, Düsseldorf 1988.
9 Vgl. unten Abschnitt IV 3.
10 Die seit mehr als 50 Jahren auf dieser Basis funktionierenden tarifpartnerschaftlichen schweizerischen sog. Friedensabkommen zeigen, daß solche Ansätze praktisch durchaus realisierbar sind.

11 Auf solche Sondermaßnahmen verweist übrigens sogar *Papst Paul VI.* in seinem Schreiben «Octogesima adveniens» von 1971, Nr. 43–45.

12 Vgl. unten Abschnitt IV 3.

IV. Konkretionen auf verschiedenen Vollzugsebenen

Abschnitt A. und B. (S. 243–261)

1 Entsprechend lassen sich, außer punktuellen Arbeiten vor allem im Zusammenhang mit den ökonomischen Problemen der Dritt-Weltländer, nur wenige Studien zu weltwirtschaftlichen Problemen aus ethischer Sicht ausmachen (vgl. Literaturliste).

2 Diese Terminologie verwendet *Papst Johannes Paul II.* in seiner Enzyklika «Laborem exercens» (1981), Nr. 17.

3 So beklagt *K. W. Dahm* eine von 1927–1984 reichende Lücke für systematisch wirtschaftsethische Überlegungen im Raum der evangelischen Theologie (vgl. ZEE 33 [1989], 121).

4 Vgl. dazu oben die Abschnitte III A 1–3.

5 Vgl. dazu *L. Roos*, Humanität und Fortschritt am Ende der Neuzeit, Köln 1984.

6 Vgl. dazu in den Enzykliken *Papst Johannes Pauls II.* «Laborem exercens» (1981), Nr. 17, und «Sollicitudo rei socialis» (1987), Nr. 15 .

7 Vgl. dazu im Wirtschaftshirtenbrief der US-amerikanischen Bischöfe (1986), Nr. 26.

8 Vgl. *K. W. Dahm*, Soll und kann man Führungskräfte ethisch erziehen?, Poensgen-Briefe (Düsseldorf) April 1989.

9 *F. Furger*, Ethik des Managements, in: ders., Weltgestaltung aus Glauben, Münster 1989, 160–165.

10 So *G. W. Wittkämper*, Ethik des Managements auf dem Weg in das dritte Jahrtausend, Münster 1989 (Lehr-Manuskript des Vf.), unter Verweis auf *P. Müri*, Das Führungsverständnis der 90er Jahre wird anders, Management Zeitschrift – Industrielle Organisation 57 (1988), 82–86.

11 Vgl. *J. A. Schumpeter*, Theorie der wirtschaftlichen Entwicklung, Eine Untersuchung über Unternehmergewinn, Kapital, Kredit, Zins und Konjunkturzyklus, Berlin ^{2}1952 (1. Aufl. Leipzig 1912).

12 Vgl. *A. Klose*, Unternehmerethik, heute gefragt? Linz 1988 (diese Studie beschränkt sich allerdings auf die individualethischen Belange der Unternehmensführung).

13 Vgl. «Laborem exercens», Nr. 15.

14 Vgl. dazu *J. D. Rosche*, Katholische Soziallehre und Unternehmensordnung, Paderborn 1988, dessen Bedenken hier also nicht geteilt werden.

15 So gemäß dem Bericht von *K. W. Dahm* (ZEE 33 [1989], 121–141) besonders die auf Unternehmensethik spezialisierten Autoren K. E.

Goodpaster (Harvard), K. O. Hanson (Stanford), C. S. McCoy (Berkley), M. G. Velasques (Los Angeles), von denen sich die beiden letzteren besonders den christlichen Wertvorstellungen verpflichtet wissen.

16 Vgl. dazu bes. als einschlägige Erhebungen für die BRD: *F. X. Kaufmann/W .Kerber/P. M. Zulehner*, Ethik und Moral bei Führungskräften, München 1986, die breiter abgestützt zu kritischeren Ergebnissen kommen als diejenigen von *E. Fröhlich* und *J. H. Pichler*, Werte und Typen mittelständischer Unternehmen, Berlin 1988.

17 Als besonders typisches Beispiel für ein solches Vorgehen vgl. etwa: *H. Helle*, Die unstetig beschäftigten Hafenarbeiter in den nordeuropäischen Häfen, Stuttgart 1960.

18 Zur ethischen Relevanz eines solchen Utilitarismus vgl.: *F. Furger*, Begründung des Sittlichen, Freiburg (Schweiz) 1975, 34–51.

19 D.h. die trotz aller sonstigen Gegensätze von M. Friedman und K. Galbraith vorgeschlagenen Ansätze zu einem von außen, also heteronom bestimmten Unternehmensethos werden ebenfalls abgelehnt.

20 So auch *T. J. Peters* und *R. H. Waterman*, In Search of Excellence, New York 1983, deutsch 1984, sowie o. Vf. Ethik und Marktwirtschaft, ASU-Info, Bern 1990, 41.

21 Exemplarisch dafür ist etwa die Vortragstätigkeit des Mailänder Kardinals Martini. Vgl. dazu *C. Martini*, Unterwegs zur Stadt Gottes, Salzburg 1986, sowie ders., Orizzonti per l'imprenditore cristiano, in: le cose nuove (Mailand) 1989/2, 3–11.

22 So z. B. «Kirchen und wirtschaftliche Unternehmungen im internationalen Spannungsfeld», Zürich ^{2}1983.

Abschnitt C. (S. 262–290)

1 So dürften etwa deutsche Unternehmen zwar nicht absprechen, daß der eine nur nach Bayern, der andere nach Nordrhein-Westfalen liefert. Aber es sind ihnen Absprachen gestattet, daß der eine nur nach Brasilien, der andere nur nach Argentinien liefert. Vgl. § 6 des deutschen Gesetzes gegen Wettbewerbsbeschränkung, das Exportkartelle ohne Inlandswirkung zuläßt.

2 Kürzel für «United Nations Congress for Trade and Developement»

3 S. oben Abschnitt III B 1. und 2.

4 Vgl. «Laborem exercens», Nr. 17.

5 So ausdrücklich in «Sollicitudo rei socialis», Nr. 41.

6 Vgl. diesen Ansatz von *Karl Homann*, Philosophie und Ökonomie, in: Jahrbuch für neue politische Ökonomie 7 (1988), 99–127, sowie allgemein oben Abschnitt III A 2. und 3.

7 Vgl. dazu für die Theorie als solche: *D. Senghaas* (Hrsg.), Peripherer Kapitalismus – Analysen über Abhängigkeit und Unterentwicklung,

Frankfurt 1974; *P. Rottländer*, Dependenztheorie in der Diskussion, in: *P. Eicher/N. Mette* (Hrsg.), Auf der Seite der Unterdrückten?, Düsseldorf 1989, 112–132; für das differenzierte Verständnis vgl. bes. *F. H. Cardoso/E. Faletto*, Abhängigkeit und Entwicklung in Lateinamerika, Frankfurt 1976.

8 Vgl. *O. v. Nell-Breuning*, Grundzüge der Börsenmoral, Münster 1928, der aus dieser seiner Dissertation wichtige Anregungen für sein sozialethisches Lebenswerk mitnahm.

9 Vgl. *A. Smith*, Der Wohlstand der Nationen, München 1983 (engl. Original: An Inquiry into the Nature and Consens of the Wealth of Nations, London 1776), der sich dieser heute weltwirtschaftlich einzubringenden ethischen Voraussetzungen, wie oben gezeigt, durchaus bewußt war.

10 Vgl. dazu oben (Abschnitt III A 3.) die Ausführungen zur Theorie von K. Homann.

11 Vgl. oben Abschnitt III B.

12 Vgl. *I. Kant*, Kritik der praktischen Vernunft (1788) A 237, sowie *J. Rawls*, A theory of justice, Cambridge (MA) 1971, (deutsch: Eine Theorie der Gerechtigkeit, Frankfurt 1975).

13 Vgl. *J. Hersch*, Le droit d'être un homme, Paris 1968.

14 Vgl. dazu die Enzyklika «Sollicitudo rei socialis», Nr. 36, die damit den von der Befreiungstheologie eingeführten und zeitweise sehr kontroversen Begriff gesamtkirchlich übernimmt.

15 So vor allem die Pastoralkonstitution des II. Vatikanischen Konzils «Gaudium et spes» (1965), sowie die päpstlichen Enzykliken «Populorum progressio» (1967), «Laborem exercens» (1971) und «Sollicitudo rei socialis» (1987) auf gesamtkirchlicher Ebene, sowie die Dokumente der lateinamerikanischen Bischofskonferenzen (CELAM) von Medellin und Puebla (1968 und 1979) und die Wirtschaftshirtenbriefe der US-amerikanischen (1986) und österreichischen (1990) Bischöfe.

16 Konkret geht es um die Artikel 22–27, die dann auch die Grundlage abgaben für die Europäische Sozialcharta (in Kraft seit 1965) und den Entwurf zu einer Sozialcharta der Europäischen Gemeinschaft.

17 Vgl. «Sollicitudo rei socialis», Nr. 42.

18 Außer verstreuten Hinweisen vor allem in wirtschaftswissenschaftlicher Literatur findet man noch kaum umfassende wirtschaftsethische Studien zu dieser Thematik; die folgenden Ausführungen stellen daher einen Versuch dar, wenigstens einige besonders wichtige Momente aufzugreifen.

19 Dieser deutsche Volkswirt hatte im Gegensatz zu liberalistischen Vorstellungen zugunsten der im Vergleich zu Großbritannien in ihrer Industrialisierung zurückgebliebenen deutschen Staaten die Einführung von Schutzzöllen auf Importprodukte gefordert, bis sie sich – nun «erzogen» – aus eigenen Kräften zu behaupten vermochten.

20 Ethisch bedenklich wäre dagegen, wenn reichen Ländern im Vergleich zu

dem übrigen einzigartige Eigenheiten zugestanden werden, während von wirtschaftlich schwächeren Partnern Anpassung verlangt wird.

21 Es ist bemerkenswert, daß die Forderung nach Ausnahmen nicht im Sinn der «Erziehungszölle» von F. List zugunsten Schwächerer, sondern vor allem mit dem Interesse der nationalen Sicherheit begründet wird. Dies dürfte darauf hindeuten, daß freier Handel auch eine friedensfördernde Funktion hat, da gegenseitige wirtschaftliche Abhängigkeit Kriege schon ökonomisch weitgehend unmöglich macht.

22 Vgl. *P. Pescatore*, Streitschlichtung im GATT, in: NZZ 14. 5. 90, 109 f.

23 Vgl. den konziliaren Prozeß und seine Dokumente von Stuttgart, Basel, Seoul (1988–1990).

24 Einen Ansatz dazu machte etwa das von Löwener Völkerrechtlern präsidierte «Gericht der Völker» (Tribunal dos pueblos), das 1989 zur Schuldenkrise in Berlin und 1990 zur Gefährdung der Indios in Amazonien durch die Umweltzerstörung durch wirtschaftliche Aktivitäten in Paris aktiv wurde und mit seinen «Urteilen» Beachtung in der Öffentlichkeit zu erlangen beginnt.

25 Vgl. dazu etwa: *Arbeitskreis Kirche und Gewerkschaft* (Hrsg.), Machen wir uns auf den Weg, Schritte zur internationalen Solidarität mit deutschen und brasilianischen Gewerkschaften, Mettingen 1987.

Literaturverzeichnis

Literatur zu Teil II

E. Brunner, Das Gebot und die Ordnungen, Zürich 1939.
O. Brunner, Neue Wege der Sozialgeschichte, Göttingen 1956 (dort besonders das Kapitel: Das «ganze Haus» und die alteuropäische «Ökonomik»).
G. Dautzenberg, Biblische Perspektiven zu Arbeit und Eigentum, in: Hdb. der christlichen Ethik, Bd. II, Gütersloh/Freiburg 1978, 343–362.
H. Freyer, Die Bewertung der Wirtschaft im philosophischen Denken des 19. Jh., Stuttgart 1966.
B. Geremek, Geschichte der Armut, Zürich 1988.
H. Grossekettler, Der Beitrag der Freiburger Schule zur Theorie der Gestaltung von Wirtschaftssystemen, Münster 1987.
W. Hoffmann, Ideengeschichte der sozialen Bewegungen des 19. und 20. Jh., Berlin 1968.
H. Kleinewefers, Reformen für Wirtschaft und Gesellschaft, Frankfurt [2]1985.
K. Lefringhausen, Wirtschaftsethik im Dialog, Stuttgart 1988.
E. Lohmeyer, Soziale Fragen im Urchristentum, Darmstadt 1973.
A. Meyer-Faje/P. Ulrich (Hrsg.), Der andere Adam Smith, Bern 1991.
M. Mollat, Die Armen im Mittelalter, München 1984 (franz. Original 1978).
N. Monzel/J. Stegmann, Die Katholische Kirche in der Sozialgeschichte, Bd. I: Von den Anfängen bis zur Gegenwart, München 1980 (postum hrsg. von T. Herweg und K. H. Grenner); Bd. II: Die Gegenwart (von J. Stegmann) ebd. 1983.
H. Pirenne, Sozial- und Wirtschaftsgeschichte Europas im Mittelalter, Bern o. J.
H. C. Recktenwald, Würdigung des Werks, in: ders. (Hrsg.), A. Smith, Der Wohlstand der Nationen, München 1978.
Ders. (Hrsg.), Die Nobelpreisträger der Ökonomischen Wissenschaft 1969–1988, Kritisches zum Werden neuer Tradition, Düsseldorf 1989.
T. Rendtdorff, Ethik, 2 Bde., Stuttgart 1980/1981 (Bd.II [2]1991).
L. Roos, Humanität und Fortschritt am Ende der Neuzeit, Köln 1984.
H. Ruh, Wirtschaftsethik, Stuttgart (angekündigt) 1992.
K. H. Schelkle, Theologie des Neuen Testaments Bd. 3: Ethos, Düsseldorf 1970, bes. § 23.
F. Schinzinger, Ansätze ökonomischen Denkens von der Antike bis zur Reformationszeit, Darmstadt 1977.
W. Schrage, Ethik des Neuen Testaments, Göttingen 1982.
J. A. Schumpeter, Kapitalismus, Sozialismus und Demokratie, München 1972.

I. Seipel, Die wirtschaftsethischen Lehren der Kirchenväter, Wien 1907.
O. Spann, Die Haupttheorien der Volkswirtschaftslehre, Leipzig [1]51923.
J. Starbatty (Hrsg.), Klassiker des ökonomischen Denkens, 2 Bde., München 1989.
G. Stavenhagen, Geschichte der Wirtschaftstheorie, Göttingen 1964.
T. Suranyi-Unger, Wirtschaftsphilosophie des 20. Jh., Stuttgart 1967.
H. Thielicke, Theologische Ethik I, Tübingen [3]1965.
U. Wagner, Dritter Weg?, Das jugoslawische Modell und die Wirklichkeit, Köln 1976.
H. J. Wallraff, Katholische Soziallehre – Leitideen der Entwicklung, Köln 1975.

Literatur zu Teil III, A. und B.

Für die allg. Literatur zur christlichen Sozialethik vgl. *F. Furger*, Christliche Sozialethik, Grundlagen und Zielsetzung, Stuttgart 1991.
Für die Dokumente der Kath. Soziallehre der kath. Kirche vgl. *Bundesverband der Katholischen Arbeitnehmer-Bewegung Deutschlands – KAB* (Hrsg.), Texte zur Katholischen Soziallehre, Kevelaer 1989[7] sowie «Vor neuen Herausforderungen der Menschheit» (die Enzyklika ‹Centesimus annus› von Papst Johannes Paul II. mit einem Kommentar von W. Kerber), Freiburg 1991.
Sozialhirtenbrief der kath. Bischöfe Österreichs, Wien 1990.
Wirtschaftshirtenbrief der US-amerikanischen Bischöfe von 1986, deutsch: Gegen Unmenschlichkeit in der Wirtschaft, Der Hirtenbrief der katholischen Bischöfe der USA «Wirtschaftliche Gerechigkeit für alle, Aus deutscher Sicht kommentiert von Friedhelm Hengsbach, Freiburg 1987.
K. O. Apel, Diskursethik als Verantwortungsethik – das Problem der ökonomischen Rationalität, in: ders. (Hrsg.), Diskurs und Verantwortung, Frankfurt 1988, 270–305.
K. Arrow, Social choice and Individual Values, New York 1951.
B. Bievert/M. Held (Hrsg.), Ökonomische Theorie und Ethik, Frankfurt 1987.
L. Bossle, Ordoliberalismus und Katholische Soziallehre, München 1983.
A. Buss, Die Wirtschaftsethik des russisch-orthodoxen Christentums, Heidelberg 1989.
E. Dussel, Ethik der Gemeinschaft, Düsseldorf 1988.
G. Enderle (Hrsg.), Ethik und Wirtschaftswissenschaft, Berlin 1985.
Ders., Wirtschaftsethik im Werden, Stuttgart 1988.

F. Furger, Begründung des Sittlichen, Freiburg (Schweiz) 1975.
F. Hengsbach, Wirtschaftsethik, Freiburg 1991.
H. Hesse (Hrsg.), Wirtschaftswissenschaft und Ethik, Berlin 1988.
J. Höffner, Christliche Gesellschaftslehre, Kevelaer 1962 (⁸1983).
K. Hohmann u. a., Die Ethik der sozialen Marktwirtschaft, Stuttgart 1988.
Ders., Philosophie und Ökonomik, Jahrbuch für neue politische Ökonomie 7 (1988), 99–127.
Ders., Wettbewerb und Moral, JCSW 31 (1990), 37–59.
S. Katterle, Sozialwissenschaften und Sozialethik, Göttingen 1972.
P. Koslowski, Ethik des Kapitalismus, Tübingen ³1986.
Ders., Prinzipien der ethischen Ökonomie, Tübingen 1988.
Ders., Wirtschaft als Kultur, Wirtschaftskultur und Wirtschaftsethik in der Postmoderne, Köln 1989.
W. Lachmann, Wirtschaft und Ethik, Maßstäbe wirtschaftlichen Handelns, Stuttgart/Neuhausen 1987.
H. Lutz, Katholische und Evangelische Soziallehre, ein Vergleich, Recklinghausen 1967.
J. Meran, Wirtschaftsphilosophie – Wirtschaftsethik (Kurs der Fernuniversität), Hagen 1989.
B. Molitor, Wirtschaftsethik, München 1989.
J. H. Müller (Hrsg.), Wohlfahrtsökonomie und Gemeinwohl, Paderborn 1987.
A. Müller-Armack, Religion und Wirtschaft, Stuttgart 1959.
H. J. Münk, Wirtschaftswissenschaft und christliche Ethik auf dem Weg zu einem vertieften Dialog über die ökologische Herausforderung, in: F. Furger (Hrsg.), Ethische Theorie praktisch (Festschrift: K. Demmer), Münster 1991, 180–201.
J. Rawls, Eine Theorie der Gerechtigkeit, Frankfurt 1975 (engl. Original 1971).
A. Rich, Wirtschaftsethik, 2 Bde., Gütersloh 1984/1990.
G. Schwarz (Hrsg.), Wo regeln bremsen – Deregulierung und Privatisierung im Vormarsch, Zürich 1989.
Ders. (Hrsg.), Das Soziale der Marktwirtschaft, Zürich 1990.
E. K. Seifert/R. Pfriem (Hrsg.), Wirtschaftsethik und ökologische Wirtschaftsforschung, Bern 1989.
A. Sen, Collective Choice and Social Welfare, Amsterdam 1979.
P. Ulrich, Transformation der ökonomischen Vernunft, Bern ²1987.
Ders. (Hrsg.), Auf der Suche nach einer modernen Wirtschaftsethik, Bern 1990.
E. Waibl, Ökonomie und Ethik, Stuttgart 1984.
C. Watrin, Soziale Marktwirtschaft – Was heißt das?, Dresden 1990.
B. Ward, Die Ideenwelt der Ökonomen – Liberale, Radikale, Konservative, Frankfurt 1981.

Literatur zu Teil III, C. und D.

Die hier angeführten Broschüren «Kirche und Gesellschaft» der «Kath. Sozialwissenschaftlichen Zentralstelle» in Mönchengladbach orientieren über die soziale und rechtliche Lage in der BRD (bis Ende 1990).

1. Arbeit

Art. «Arbeit», in: TRE III (Berlin 1978), 613–669 (div. Vf.).
Arbeit und Religion, Sonderheft Conc 20 (1984) Nr. 1.
H. D. Chenu, Pour une théologie du travail, Paris 1955 (deutsch: Die Arbeit und der göttliche Kosmos, Mainz 1956).
J. David, Die schöpferische Kraft des Menschen – Theologie der Arbeit und der Technik, in: MySal II, Zürich 1967, 787–801.
F. Furger, Leistung und Erfolg – Leitbilder des Menschen, JCSW 14 (1973), 89–111.
J. Gimpel, Die industrielle Revolution des Mittelalters, Zürich 1980.
F. Hengsbach (Hrsg.), Aussperrung und Streik – ungleiche Mittel, Mainz 1981.
H. J. Hohn, Arbeitsauffassung im Wandel (Kirche und Gesellschaft 103), Köln 1983.
W. Kerber (Hrsg.), Arbeitswelt im Umbruch, Düsseldorf 1984.
R. Kramer, Arbeit, Göttingen 1982.
O. v. Nell-Breuning, Arbeitet der Mensch zuviel? Freiburg 1985.
A. Rich, Mitbestimmung in der Industrie, Zürich 1973.
B. Rüthers, Streik und Aussperrung, Köln (Kirche und Gesellschaft 56), Köln 1979.
V. Schubert (Hrsg.), Der Mensch und seine Arbeit, St. Ottilien 1986.
W. Spieler, Kirche und Mitbestimmung, Bern 1976.
P. Spescha, Arbeit – Freizeit – Sozialzeit, Frankfurt 1989.
M. Weber, Die protestantische Ethik und der Geist des Kapitalismus (1905), in: ders., Gesammelte Aufsätze zur Religionssoziologie I, Tübingen 1920, 17–206.

2. Eigentum

L. C. Becker, Property Rights, Oxford 1977.
F. Beutter, Die Eigentumsbegründung in der Moraltheologie des 19. Jahrhunderts, Paderborn 1971.
R. Clouse (Hrsg.), Armut und Reichtum, Marburg 1988 (US-amerik. Original 1984).

F. Furger, Die Sozialpflichtigkeit des Eigentums – Gesichtspunkte der christlichen Sozialethik, in: Holzhey/Kohler (s. unten), 129–144.
A. Hertz u. a. (Hrsg.), Handbuch christlicher Ethik II, Freiburg/Gütersloh 1978, Teil IV: Wirtschaft und Arbeit (div. V f.), 343–436.
H. Holzhey/G. Kohler (Hrsg.), Eigentum und seine Gründe (Stud. phil. Supl. 12), Bern 1983.
D. C. North, Structures and Change in Economic History, New York 1981.
T. Strohm (Hrsg.), Christliche Wirtschaftsethik vor neuen Aufgaben (FS: A. Rich), Zürich 1980.
F. Troxler, Die Lehre vom Eigentum bei Thomas von Aquin und Karl Marx, Freiburg (Schweiz) 1973.

3. Soziale Sicherung

F. Cremer/D. Funke, Diakonisches Handeln, Freiburg 1988.
K. Deufel, Sozialstaat und christliche Diakonie, in: F. Böckle u. a. (Hrsg.), Christlicher Glaube in moderner Gesellschaft, Freiburg 1982, 121–177.
B. v. Maydell/W. Kannengießer (Hrsg.), Handbuch Sozialpolitik, Pfullingen 1988.
O. v. Nell-Breuning, Soziale Sicherheit, Freiburg 1979.
W. Schmähl, Sicherheit im Alter (Kirche und Gesellschaft 163), Köln 1989.
W. Zohlnhöfer, Markt oder soziale Gerechtigkeit – eine falsche Alternative (Kirche und Gesellschaft 166), Köln 1990.

4. Umwelt

G. Altner, Zwischen Natur und Menschengeschichte – Perspektiven für eine neue Schöpfungstheologie, München 1975.
C. Amery, Das Ende der Vorsehung, Die gnadenlosen Folgen des Christentums, Reinbek [2]1974.
A. Auer, Umweltethik, Düsseldorf 1984 (zu wirtschaftsethischen Fragen bes. Kap. 5: 136–187).
U. Beck, Risikogesellschaft, Frankfurt 1986.
Ders., Gegengifte – die organisierte Unverantwortlichkeit, Frankfurt 1988.
H. C. Binswanger/W. Geissberger/T. Ginsburg (Hrsg.), Der NAWU-Rapport, Wege aus der Wohlstandsfalle, Strategien gegen Arbeitslosigkeit und Umweltkrise, Frankfurt 1978.
H. C. Binswanger/H. Bonus/M. Timmermann, Wirtschaft und Umwelt, Berlin 1981.
D. Birnbacher (Hrsg.), Ökologie und Ethik, Stuttgart 1980.
F. Cramer, Fortschritt durch Verzicht: Ist das biologische Wesen Mensch seiner Zukunft gewachsen?, Frankfurt 1978.

E. Drewermann, Der tödliche Fortschritt, Regensburg 1981.
J. Huber, Die verlorene Unschuld der Ökologie, Frankfurt 1982.
H. Jonas, Das Prinzip Verantwortung, Versuche einer Ethik für die technologische Zivilisation, Frankfurt 1979.
G. K. Kaltenbrunner (Hrsg.), Überleben und Ethik, Freiburg 1976.
P. Klemmer, Ökologische Wirtschaft – eine Alternative (Kirche und Gesellschaft 110), Köln 1984.
W. Kluxen, Moralische Aspekte der Energie und Umweltfrage, in: Handbuch der christlichen Ethik III, Freiburg/Gütersloh 1982, 379–424.
J. Reiter, Menschliche Würde und christliche Verantwortung, Kevelaer 1989.
W. Roepke, Jenseits von Angebot und Nachfrage, Stuttgart [4]1966.
W. R. Shea/B. Sitter (Hrsg.), Scientists and their Responsibility, Canton/Mass. 1989.
P. Spescha, Energie, Umwelt und Gesellschaft, Freiburg (Schweiz) 1983.
G. M. Teutsch, Soziologie und Ethik der Lebewesen, Bern 1975.
M. Thürkauf, Technomanie – die Todeskrankheit des Materialismus, Schaffhausen 1978.
C. F. v. Weizsäcker, Wege in der Gefahr, München [6]1977.

Literatur zu Teil IV

1. Corporate Ethics

R. Antonoff, Corporate Identity, Frankfurt 1983.
S. Brantl, Management and Ethics, München 1985.
R. T. de George, Business Ethics, New York 1982.
K. W. Dahm, Unternehmensbezogene Ethikvermittlung – Literaturbericht: Zur neueren Entwicklung der Wirtschaftsethik, in: ZEE 33 (1989) 121–147.
W. Draeger, Das Unternehmen im Dienst des Menschen und der Gesellschaft, Köln 1973.
E. Fröhlich/J. H. Pichler, Werte und Typen mittelständischer Unternehmer, Berlin 1988.
E. Gabele/H. Kretschmer, Unternehmensgrundsätze, Zürich 1986.
E. Heinen u. a., Unternehmenskultur, Perspektiven für Wissenschaft und Praxis, München 1987.
A. Jäger, Diakonie als christliches Unternehmen, Gütersloh 1986.
F. X. Kaufmann/W. Kerber/P. M. Zulehner, Ethos und Religion bei Führungskräften, München 1986.
A. Klose, Unternehmerethik – heute gefragt?, Linz 1988.
R. Lay, Ethik für Manager, Düsseldorf 1989.

C. McCoy, Management of Values, Boston 1985.
K. Nagel, Die 6 Erfolgsfaktoren des Unternehmens, Landsberg a. L. 1986.
T. J. Peters, R. H. Waterman, Auf der Suche nach Spitzenleistungen – was man von den bestgeführten US-Unternehmen lernen kann, Landsberg a. L. 1984 (amerik.: In Search of Excellence, New York 1983).
L. Roos/C. Watrin (Hrsg.), Das Ethos des Unternehmers, Trier 1989.
R. Rüttinger, Unternehmenskultur, Erfolg durch Vision und Wandel, Wien 1986.
C. Scholz, Strategisches Management, Berlin 1987.
H. Steinmann/A. Löhr (Hrsg.), Unternehmensethik, Stuttgart 1989.
H. Staehle, Management, eine verhaltenswissenschaftliche Einführung, München 1987.
H. Ulrich (Hrsg.), Management-Philosophie für die Zukunft, Bern 1981 (dort bes.: P. Ulrich, Wirtschaftsethik und Unternehmungsverfassung, 57–75).
M. G. Velasques, Business Ethics, Engelwood Cliffs [2]1988.
A. Ziegler, Unternehmensethik, St. Gallen 1987.

2. *Weltwirtschaft*

F. H. Cardoso/E. Faletto, Abhängigkeit und Entwicklung in Lateinamerika, Frankfurt 1976 (span.: Mexiko 1969).
E. Dussel, Ethik der Gemeinschaft, Düsseldorf 1988.
P. Eicher/N. Mette (Hrsg.), Auf der Seite der Unterdrückten?, Düsseldorf 1989.
G. Fels (Hrsg.), Kirche und Wirtschaft in der Verantwortung für die Zukunft der Weltwirtschaft, Köln 1987.
J. Höffner, Weltwirtschaftsordnung und Weltwirtschaftspraxis, Bonn 1985.
H. Kunst/H. Tenhumberg (Hrsg.), Soziale Gerechtigkeit und internationale Wirtschaftsordnung, München/Mainz 1976.
G. Link/M. Spangenberger (Hrsg.), Brennpunkt Dritte Welt, Köln 1985.
O. v. Nell.-Breuning, Gerechtigkeit und Freiheit, Wien 1980[2], besonders 279–312.
K. Nürnberger, Ethik des Nord-Süd-Konflikts, Gütersloh 1987.
D. Senghaas (Hrsg.), Peripherer Kapitalismus – Analysen über Abhängigkeit und Unterentwicklung, Frankfurt 1974.
A. Utz u. a. (Hrsg.), Weltwirtschaftsordnung, Walberberg 1983.
H. Zwiefelhofer, Neue Weltwirtschaftsordnung und katholische Soziallehre, München/Mainz 1980.

Personenverzeichnis